令和6年版教科書対応

板書で見る
全単元の授業のすべて
国語
小学校5年 上

中村和弘 監修
井上陽童・小木和美 編著

東洋館出版社

まえがき

令和２年に全面実施となった小学校の学習指導要領では、これからの時代に求められる資質・能力や教育内容が示されました。

この改訂を受け、これからの国語科では、

・言語活動を通して「言葉による見方・考え方」を働かせながら学習に取り組むことができるようにする。

・単元の目標／評価を、〔知識及び技能〕と〔思考力、判断力、表現力等〕のそれぞれの指導事項を結び付けて設定し、それらの資質・能力が確実に身に付くよう学習過程を工夫する。

・「主体的・対話的で深い学び」の視点から、単元の構成や教材の扱い、言語活動の設定などを工夫する授業改善を行う。

などのことが求められています。

一方で、こうした授業が全国の教室で実現するには、いくつかの難しさを抱えているように思います。例えば、言語活動が重視されるあまり、「国語科の授業で肝心なのは、言葉や言葉の使い方などを学ぶことである」という共通認識が薄れているように感じています。

あるいは、活動には取り組めているけれども、「今日の学習で、どのような言葉の力が付いたのか」が、子供たちだけでなく教師においても、ややもすると自覚的でない授業を見ることもあります。

国語科の授業を通して「どんな力が付けばよいのか」「何を教えればよいのか」という肝心な部分で、困っている先生方が多いのではないかと思います。

＊　＊

さて、『板書で見る全単元の授業のすべて 小学校国語』（本シリーズ）は、平成29年の学習指導要領の改訂を受け、令和２年の全面実施に合わせて初版が刊行されました。このたび、令和６年版の教科書改訂に合わせて、本シリーズも改訂することになりました。

GIGA スクール構想に加え、新型コロナウイルス感染症の猛威などにより、教室での ICT 活用が急速に進み、この４年間で授業の在り方、学び方も大きく変わりました。改訂に当たっては、単元配列や教材の入れ替えなど新教科書に対応するだけでなく、ICT の効果的な活用方法や、個別最適な学びと協働的な学びを充実させるための手立てなど、今求められる授業づくりを発問と子供の反応例、板書案などを通して具体的に提案しています。

＊　＊

日々教室で子供たちと向き合う先生に、「この単元はこんなふうに授業を進めていけばよいのか」「国語の授業はこんなところがポイントなのか」と、国語科の授業づくりの楽しさを感じながらご活用いただければ幸いです。

令和６年４月

中村　和弘

本書活用のポイント―単元構想ページ―

本書は、各学年の全単元について、単元全体の構想と各時間の板書のイメージを中心とした本時案を紹介しています。各単元の冒頭にある単元構想ページの活用のポイントは次のとおりです。

教材名と指導事項、関連する言語活動例

本書の編集に当たっては、令和6年発行の光村図書出版の国語教科書を参考にしています。まずは、各単元で扱う教材とその時数、さらにその下段に示した学習指導要領に即した指導事項や関連する言語活動例を確かめましょう。

単元の目標

単元の目標を示しています。各単元で身に付けさせたい資質・能力の全体像を押さえておきましょう。

評価規準

ここでは、指導要録などの記録に残すための評価を取り上げています。本書では、記録に残すための評価は❶❷のように色付きの丸数字で統一して示しています。本時案の評価で色付きの丸数字が登場したときには、本ページの評価規準と併せて確認することで、より単元全体を意識した授業づくりができるようになります。

同じ読み方の漢字 （2時間扱い）

単元の目標

知識及び技能	・第5学年までに配当されている漢字を読むことができる。第4学年までに配当されている漢字を書き、文や文章の中で使うとともに、第5学年に配当されている漢字を漸次書き、文や文章の中で使うことができる。((1)エ)
学びに向かう力、人間性等	・言葉がもつよさを認識するとともに、進んで読書をし、国語の大切さを自覚して思いや考えを伝え合おうとする。

評価規準

知識・技能	❶第5学年までに配当されている漢字を読んでいる。第4学年までに配当されている漢字を書き、文や文章の中で使うとともに、第5学年に配当されている漢字を漸次書き、文や文章の中で使っている。(〔知識及び技能〕(1)エ)
主体的に学習に取り組む態度	❷同じ読み方の漢字の使い分けに関心をもち、同訓異字や同音異義語について進んで調べたり使ったりして、学習課題に沿って、それらを理解しようとしている。

単元の流れ

時	主な学習活動	評価
1	学習の見通しをもつ 同訓異字を扱ったメールのやり取りを見て、気付いたことを発表する。 同訓異字と同音異義語について調べるという見通しをもち、学習課題を設定する。 同じ読み方の漢字について調べ、使い分けられるようになろう。 教科書の問題を解き、同訓異字や同音異義語を集める。 〈課外〉・同訓異字や同音異義語を集める。 ・集めた言葉を教室に掲示し、共有する。	❶
2	集めた同訓異字や同音異義語から調べる言葉を選び、意味や使い方を調べ、ワークシートにまとめる。 調べたことを生かして、例文やクイズを作って紹介し合い、同訓異字や同音異義語の意味や使い方について理解する。 学習を振り返る 学んだことを振り返り、今後に生かしていきたいことを発表する。	❷

授業づくりのポイント

〈単元で育てたい資質・能力〉

本単元のねらいは、同じ読み方の漢字の理解を深め、正しく使うことができるようにすることである。

同じ読み方の漢字
156

単元の流れ

単元の目標や評価規準を押さえた上で、授業をどのように展開していくのかの大枠をここで押さえます。各展開例は学習活動ごとに構成し、それぞれに対応する評価をその右側の欄に示しています。

ここでは、「評価規準」で挙げた記録に残すための評価のみを取り上げていますが、本時案では必ずしも記録には残さない、指導に生かす評価も示しています。本時案での詳細かつ具体的な評価の記述と併せて確認することで、指導と評価の一体化を意識することが大切です。

また、学習の見通しをもつ 学習を振り返る という見出しが含まれる単元があります。見通しをもたせる場面と振り返りを行う場面を示すことで、教師が子供の学びに向かう姿を見取ったり、子供自身が自己評価を行う機会を保障したりすることに活用できるようにしています。

そのためには、どのような同訓異字や同音異義語があるか、国語辞典や漢字辞典などを使って進んで集めたり意味を調べたりすることに加えて、実際に使われている場面を想像する力が必要となる。

選んだ言葉の意味や使い方を調べ、例文やクイズを作ることで、漢字の意味を捉えたり、場面に応じて使い分けたりする力を育む。

[具体例]

○教科書に取り上げられている「熱い」「暑い」「厚い」を国語辞典で調べると、その言葉の意味とともに、熟語や対義語、例文が掲載されている。それらを使って、どう説明したら意味が似通っているときでも正しく使い分けることができるかを考え、理解を深めることができる。

〈教材・題材の特徴〉

教科書で扱われている同訓異字や同音異義語は、子どもに身に付けさせたい漢字や言葉ばかりであるが、ともすれば練習問題的な扱いになりがちである。子ども一人一人に応じた配慮をしながら、主体的に考えて取り組める活動にすることが大切である。

本教材での学習を通して、同訓異字や同音異義語が多いという日本語の特色とともに、一文字で意味をもち、使い分けることができる漢字の豊かさに気付かせたい。そのことが、漢字に対する興味・関心や学習への意欲を高めることになる。

[具体例]

○導入では、同訓異字によってすれ違いが起こる事例を提示する。生活の中で起こりそうな場面を設定することで、これから学習することへの興味・関心を高めるとともに、その事例の内容から課題を見つけ、学習の見通しをもたせることができる。

〈言語活動の工夫〉

数多くある同訓異字や同音異義語を区別して正しく使えるようになることを目標に、集めた言葉を付箋紙またはホワイトボードアプリにまとめる。言葉を集める際は、「自分たちが使い分けられるようになりたい漢字」という視点で集めることで、主体的に学習に取り組めるようにする。

さらに、例文やクイズを作成する過程では、使い分けができるような内容になっているかどうか、友達と互いにアドバイスし合いながら対話的に学習を進められるようにする。自分が理解するだけでなく、友達に自分が調べたことを分かりやすく伝えたいという相手意識を大切にしたい。

〈ICT の効果的な活用〉

調査：言葉集めの際は、国語辞典や漢字辞典を用いたい。しかし、辞典の扱いが厳しい児童にはインターネットでの検索を用いてもよいこととし、意味や例文の確認のために辞典を活用するよう声を掛ける。

記録：集めた言葉をホワイトボードアプリに記録していくことで、どんな言葉が集まったのかをクラスで共有することができる。

共有：端末のプレゼンテーションソフトなどを用いて例文を作り、同訓異字や同音異義語の部分を空欄にしたり、選択問題にしたりすることで、もっとクイズを作りたい、友達と解き合いたいという意欲につなげたい。

157

授業づくりのポイント

ここでは、各単元の授業づくりのポイントを取り上げています。

全ての単元において〈単元で育てたい資質・能力〉を解説しています。単元で育てたい資質・能力を確実に身に付けさせるために、気を付けたいポイントや留意点に触れています。授業づくりに欠かせないポイントを押さえておきましょう。

他にも、単元や教材文の特性に合わせて〈教材・題材の特徴〉〈言語活動の工夫〉〈他教材や他教科との関連〉〈子供の作品やノート例〉〈並行読書リスト〉などの内容を適宜解説しています。これらの解説を参考にして、学級の実態に応じた工夫を図ることが大切です。各項目では解説に加え、具体例も挙げていますので、併せてご確認ください。

ICT の効果的な活用

1人1台端末の導入・活用状況を踏まえ、本単元における ICT 端末の効果的な活用について、「調査」「共有」「記録」「分類」「整理」「表現」などの機能ごとに解説しています。活用に当たっては、学年の発達段階や、学級の子供の実態に応じて取捨選択し、アレンジすることが大切です。

本ページ、また本時案ページを通して、具体的なソフト名は使用せず、原則、下記のとおり用語を統一しています。ただし、アプリ固有の機能などについて説明したい場合はアプリ名を記載することとしています。

〈ICT ソフト：統一用語〉

Safari、Chrome、Edge →ウェブブラウザ ／ Pages、ドキュメント、Word →文書作成ソフト
Numbers、スプレッドシート、Excel →表計算ソフト ／ Keynote、スライド、PowerPoint →プレゼンテーションソフト ／ クラスルーム、Google Classroom、Teams →学習支援ソフト

本書活用のポイント―本時案ページ―

単元の各時間の授業案は、板書のイメージを中心に、目標や評価、学習の進め方などを合わせて見開きで構成しています。各単元の本時案ページの活用のポイントは次のとおりです。

本時の目標

本時の目標を示しています。単元構想ページとは異なり、各時間の内容により即した目標を示していますので、「授業の流れ」などと併せてご確認ください。

本時の主な評価

ここでは、各時間における評価について２種類に分類して示しています。それぞれの意味は次のとおりです。

○❶❷などの色付き丸数字が付いている評価

指導要録などの記録に残すための評価を表しています。単元構想ページにある「単元の流れ」の表に示された評価と対応しています。各時間の内容に即した形で示していますので、具体的な評価のポイントを確認することができます。

○「・」の付いている評価

必ずしも記録に残さない、指導に生かす評価を表しています。以降の指導に反映するための教師の見取りとして大切な視点です。指導との関連性を高めるためにご活用ください。

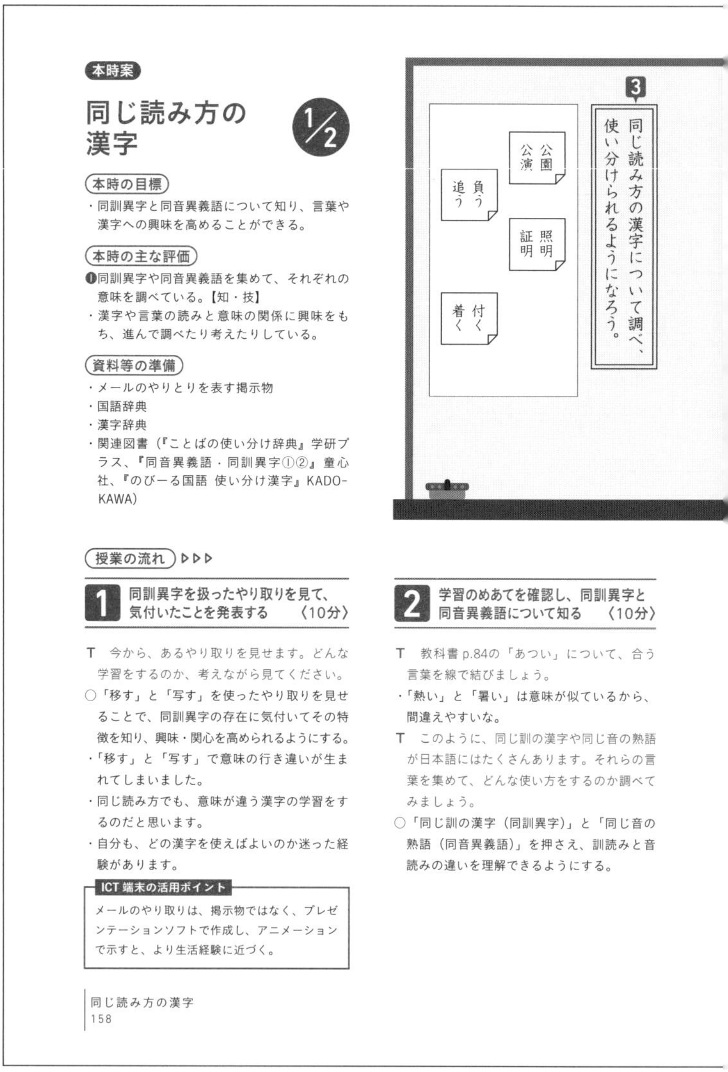
本時案

同じ読み方の漢字　1/2

本時の目標

・同訓異字と同音異義語について知り、言葉や漢字への興味を高めることができる。

本時の主な評価

❶同訓異字や同音異義語を集めて、それぞれの意味を調べている。【知・技】

・漢字や言葉の読みと意味の関係に興味をもち、進んで調べたり考えたりしている。

資料等の準備

・メールのやりとりを表す掲示物

・国語辞典

・漢字辞典

・関連図書（『ことばの使い分け辞典』学研プラス、『同音異義語・同訓異字①②』童心社、『のびーる国語 使い分け漢字』KADOKAWA）

3
同じ読み方の漢字について調べ、使い分けられるようになろう。
公園
公演
負う
追う
照明
証明
付く
着く

授業の流れ ▷▷▷

1　同訓異字を扱ったやり取りを見て、気付いたことを発表する　〈10分〉

T　今から、あるやり取りを見せます。どんな学習をするのか、考えながら見てください。

○「移す」と「写す」を使ったやり取りを見せることで、同訓異字の存在に気付いてその特徴を知り、興味・関心を高められるようにする。

・「移す」と「写す」で意味の行き違いが生まれてしまいました。

・同じ読み方でも、意味が違う漢字の学習をするのだと思います。

・自分も、どの漢字を使えばよいのか迷った経験があります。

ICT 端末の活用ポイント

メールのやり取りは、掲示物ではなく、プレゼンテーションソフトで作成し、アニメーションで示すと、より生活経験に近づく。

2　学習のめあてを確認し、同訓異字と同音異義語について知る　〈10分〉

T　教科書 p.84の「あつい」について、合う言葉を線で結びましょう。

・「熱い」と「暑い」は意味が似ているから、間違えやすいな。

T　このように、同じ訓の漢字や同じ音の熟語が日本語にはたくさんあります。それらの言葉を集めて、どんな使い方をするのか調べてみましょう。

○「同じ訓の漢字（同訓異字）」と「同じ音の熟語（同音異義語）」を押さえ、訓読みと音読みの違いを理解できるようにする。

同じ読み方の漢字
158

資料等の準備

ここでは、板書をつくる際に準備するとよいと思われる絵やカード等について、箇条書きで示しています。なお、[↓]の付いている付録資料については、巻末にダウンロード方法を示しています。

ICT 端末の活用ポイント／ICT 等活用アイデア

必要に応じて、活動の流れの中での ICT 端末の活用の具体例や、本時における ICT 活用の効果などを解説しています。

学級の子供の実態に応じて取り入れ、それぞれの考えや意見を瞬時に共有したり、分類することで思考を整理したり、記録に残して見返すことで振り返りに活用したりなど、学びを深めるための手立てとして活用しましょう。

本時の板書例

子供たちの学びを活性化させ、授業の成果を視覚的に確認するための板書例を示しています。学習活動に関する項立てだけでなく、子供の発言例なども示すことで、板書全体の構成をつかみやすくなっています。

板書に示されている**1** **2**などの色付きの数字は、「授業の流れ」の各展開と対応しています。どのタイミングで何を提示していくのかを確認し、板書を効果的に活用することを心掛けましょう。

色付きの吹き出しは、板書をする際の留意点です。実際の板書では、テンポよくまとめる必要がある部分があったり、反対に子供の発言を丁寧に記していく必要がある部分があったりします。留意点を参考にすることで、メリハリをつけて板書を作ることができるようになります。

その他、色付きの文字で示された部分は実際の板書には反映されない部分です。黒板に貼る掲示物などが当たります。

これらの要素をしっかりと把握することで、授業展開と一体となった板書を作り上げることができます。

同じ読み方の漢字
同じ訓の漢字や同じ音の熟《じゅく》語を集めよう。
1
花がとどいたよ。お庭に出しておくね。
花をうつしておいてね。
2
・同じ訓の漢字……「移す」「写す」「映《うつ》す」
「暑い」「熱い」「厚い」
・同じ音の熟語……「公園」「公演」
「週間」「週刊」

3 教科書の問題を解き、同訓異字や同音異義語を集める 〈25分〉

T　同じ訓の漢字や同じ音の熟語は、意味を考えて、どの漢字を使うのが適切かを考えなければなりません。教科書の問題を解いて、練習してみましょう。

○初めから辞典で調べるのではなく、まずは子ども自身で意味を考えさせたい。難しい子どもには、ヒントとなるような助言をする。

T　これまで習った漢字の中から、自分たちが使い分けられるようになりたい同じ訓の漢字や、同じ音の熟語を集めてみましょう。

○漢字辞典や国語辞典だけでなく、関連図書を準備しておくとよい。

T　次時は、理解を深めたい字の使い分け方について調べて、友達に伝えましょう。

ICT 等活用アイデア

調査活動を広げる工夫

第1時と第2時の間の課外で、同訓異字・同音異義語を集める活動を行う。辞典だけでなく、経験やインタビュー、さらにインターネットなどを活用するとよい。

また、集めた言葉を「同じ訓の字」と「同じ音の熟語」に分けてホワイトボードアプリに記録していくことで、友達がどんな言葉を見つけたのか、どのくらい集まったのかをクラスで共有することができる。

第1時
159

よりよい授業へのステップ

ここでは、本時の指導についてポイントを絞って解説しています。授業を行うに当たって、子供がつまずきやすいポイントやさらに深めたい内容について、各時間の内容に即して実践的に示しています。よりよい授業づくりのために必要な視点を押さえましょう。

授業の流れ

1時間の授業をどのように展開していくのかについて示しています。

各展開例について、主な学習活動とともに目安となる時間を示しています。導入に時間を割きすぎたり、主となる学習活動に時間を取れなかったりすることを避けるために、時間配分もしっかりと確認しておきましょう。

各展開は、T：教師の発問や指示等、・：予想される子供の反応例、○：留意点等の3つの内容で構成されています。この展開例を参考に、各学級の実態に合わせてアレンジを加え、より効果的な授業展開を図ることが大切です。

板書で見る全単元の授業のすべて

国語 小学校 5 年上 —令和 6 年版教科書対応—

もくじ

1 第 5 学年における授業づくりのポイント

2 第 5 学年の授業展開

1

第5学年における授業づくりのポイント

「主体的・対話的で深い学び」を目指す授業づくりのポイント

1 国語科における「主体的・対話的で深い学び」の実現

平成29年告示の学習指導要領では、国語科の内容は育成を目指す資質・能力の３つの柱の整理を踏まえ、〔知識及び技能〕と〔思考力、判断力、表現力等〕から編成されている。これらの資質・能力は、国語科の場合は言語活動を通して育成される。

つまり、子供の取り組む言語活動が充実したものであれば、その活動を通して、教師の意図した資質・能力は効果的に身に付くということになる。逆に、子供にとって言語活動がつまらなかったり気が乗らなかったりすると、資質・能力も身に付きにくいということになる。

ただ、どんなに言語活動が魅力的であったとしても、あるいは子供が熱中して取り組んだとしても、それらを通して肝心の国語科としての資質・能力が身に付かなければ、本末転倒ということになってしまう。

このように、国語科における学習活動すなわち言語活動は、きわめて重要な役割を担っている。その言語活動の質を向上させていくための視点が、「主体的・対話的で深い学び」ということになる。学習指導要領の「指導計画の作成と内容の取扱い」では、次のように示されている。

> 単元など内容や時間のまとまりを見通して、その中で育む資質・能力の育成に向けて、児童の主体的・対話的で深い学びの実現を図るようにすること。その際、言葉による見方・考え方を働かせ、言語活動を通して、言葉の特徴や使い方などを理解し自分の思いや考えを深める学習の充実を図ること。

ここにあるように、「主体的・対話的で深い学び」の実現は、「資質・能力の育成に向けて」工夫されなければならない点を確認しておきたい。

2 主体的な学びを生み出す

例えば、「読むこと」の学習では、子供の読む力は、何度も文章を読むことを通して高まる。ただし、「読みましょう」と教師に指示されて読むよりも、「どうしてだろう」と問いをもって読んだり、「こんな点を考えてみよう」と目的をもって読んだりした方が、ずっと効果的である。問いや目的は、子供の自発的な読みを促してくれる。

教師からの「〇場面の人物の気持ちを考えましょう」という指示的な学習課題だけでは、こうした自発的な読みが生まれにくい。「〇場面の人物の気持ちは、前の場面と比べてどうか」「なぜ、変化したのか」「AとBと、どちらの気持ちだと考えられるか」など、子供の問いや目的につながる課題や発問を工夫することが、主体的な学びの実現へとつながる。

この点は、「話すこと・聞くこと」や「書くこと」の授業でも同じである。「まず、こう書きましょう」「書けましたか。次はこう書きましょう」という指示の繰り返しで書かせていくと、活動がいつの間にか作業になってしまう。それだけではなく、「どう書けばいいと思う？」「前にどんな書き方を習った？」「どう工夫して書けばいい文章になるだろう？」などのように、子供に問いかけ、考えさせながら書かせていくことで、主体的な学びも生まれやすくなる。

3 対話的な学びを生み出す

対話的な学びとして、グループで話し合う活動を取り入れても、子供たちに話し合いたいことがなければ、形だけの活動になってしまう。活動そのものが大切なのではなく、何かを解決したり考えたりする際に、１人で取り組むだけではなく、近くの友達や教師などの様々な相手に、相談したり自分の考えを聞いてもらったりすることに意味がある。

そのためには、例えば、「疑問（〇〇って、どうなのだろうね？）」「共感や共有（ねえ、聞いてほしいんだけど……）」「目的（いっしょに、〇〇しよう！）」「相談（〇〇をどうしたらいいのかな）」などをもたせることが有用である。その上で、何分で話し合うのか（時間）、誰と話し合うのか（相手）、どのように話し合うのか（方法や形態）といったことを工夫するのである。

また、国語における対話的な学びでは、相手や対象に「耳を傾ける」ことが大切である。相手の言っていることにしっかり耳を傾け、「何を言おうとしているのか」という意図など考えながら聞くということである。

大人でもそうだが、思っていることや考えていることなど、頭の中の全てを言葉で言い表すことはできない。だからこそ、聞き手は、相手の言葉を手がかりにしながら、その人がうまく言葉にできていない思いや考え、意図を汲み取って聞くことが大切になってくる。

聞くとは、受け止めることであり、フォローすることである。聞き手がそのように受け止めてくれることで、話し手の方も、うまく言葉にできなくても口を開くことができる。対話的な学びとは、話し手と聞き手とが、互いの思いや考えをフォローし合いながら言語化する共同作業である。対話することを通して、思いや考えが言葉になり、そのことが思考を深めることにつながる。

国語における対話的な学びの場面では、こうした言葉の役割や対話をすることの意味などに気付いていくことも、言葉を学ぶ教科だからこそ、大切にしていきたい。

4 深い学びを生み出す

深い学びを実現するには、言葉による見方・考え方を働かせ、言語活動を通して国語科としての資質・能力を身に付けることが欠かせない（「言葉による見方・考え方」については、次ページを参照）。授業を通して、子供の中に、言葉や言葉の使い方についての発見や更新が生まれるということである。

国語の授業は、言語活動を通して行われるため、どうしても活動することが目的化しがちである。だからこそ、読むことでも書くことでも、「どのような言葉や言葉の使い方を学習するために、この活動を行っているのか」を、常に意識して授業を考えていくことが最も大切である。

そのためには、例えば、学習指導案の本時の目標と評価を、できる限り明確に書くようにすることが考えられる。「〇場面を読んで、人物の気持ちを想像する」という目標では、どのような語句や表現に着目し、どのように想像させるのかがはっきりしない。教材研究などを通して、この場面で深く考えさせたい叙述や表現はどこなのかを明確にすると、学習する内容も焦点化される。つまり、本時の場面の中で、どの語句や表現に時間をかけて学習すればよいかが見えてくる。全部は教えられないので、扱う内容の焦点化を図るのである。焦点化した内容について、課題の設定や言語活動を工夫して、子供の学びを深めていく。言葉や言葉の使い方についての、発見や更新を促していく。評価についても同様で、何がどのように読めればよいのかを、子供の姿で考えることでより具体的になる。

このように、授業のねらいが明確になり、扱う内容が焦点化されると、その部分の学習が難しい子供への手立ても、具体的に用意することができる。どのように助言したり、考え方を示したりすればその子供の学習が深まるのかを、個別に具体的に考えていくのである。

「言葉による見方・考え方」を働かせる授業づくりのポイント

1 「言葉を学ぶ」教科としての国語科の授業

国語科は「言葉を学ぶ」教科である。

物語を読んで登場人物の気持ちについて話し合っても、説明文を読んで分かったことを新聞にまとめても、その言語活動のさなかに、「言葉を学ぶ」ことが子供の中に起きていなければ、国語科の学習に取り組んだとは言いがたい。

「言葉を学ぶ」とは、普段は意識することのない「言葉」を学習の対象とすることであり、これもまたあまり意識することのない「言葉の使い方」（話したり聞いたり書いたり読んだりすること）について、意識的によりよい使い方を考えたり向上させたりしていくことである。

例えば、国語科で「ありの行列」という説明的文章を読むのは、アリの生態や体の仕組みについて詳しくなるためではない。その文章が、どのように書かれているかを学ぶために読む。だから、文章の構成を考えたり、説明の順序を表す接続語に着目したりする。あるいは、「問い」の部分と「答え」の部分を、文章全体から見つけたりする。

つまり、国語科の授業では、例えば、文章の内容を読み取るだけでなく、文章中の「言葉」の意味や使い方、効果などに着目しながら、筆者の書き方の工夫を考えることなどが必要である。また、文章を書く際にも、構成や表現などを工夫し、試行錯誤しながら相手や目的に応じた文章を書き進めていくことなどが必要となってくる。

2 言葉による見方・考え方を働かせるとは

平成29年告示の学習指導要領では、小学校国語科の教科の目標として「言葉による見方・考え方を働かせ、言語活動を通して、国語で正確に理解し適切に表現する資質・能力を次のとおり育成することを目指す」とある。その「言葉による見方・考え方を働かせる」ということついて、『小学校学習指導要領解説　国語編』では、次のように説明されている。

> 言葉による見方・考え方を働かせるとは、児童が学習の中で、対象と言葉、言葉と言葉との関係を、言葉の意味、働き、使い方等に着目して捉えたり問い直したりして、言葉への自覚を高めることであると考えられる。様々な事象の内容を自然科学や社会科学等の視点から理解することを直接の学習目的としない国語科においては、言葉を通じた理解や表現及びそこで用いられる言葉そのものを学習対象としている。このため、「言葉による見方・考え方」を働かせることが、国語科において育成を目指す資質・能力をよりよく身に付けることにつながることとなる。

一言でいえば、言葉による見方・考え方を働かせるとは、「言葉」に着目し、読んだり書いたりする活動の中で、「言葉」の意味や働き、その使い方に目を向け、意識化していくことである。

前に述べたように、「ありの行列」という教材を読む場合、文章の内容の理解のみを授業のねらいとすると、理科の授業に近くなってしまう。もちろん、言葉を通して内容を正しく読み取ることは、国語科の学習として必要なことである。しかし、接続語に着目したり段落と段落の関係を考えたりと、文章中に様々に使われている「言葉」を捉え、その意味や働き、使い方などを検討していくことが、言葉による見方・考え方を働かせることにつながる。子供たちに、文章の内容への興味をもたせるとともに、書かれている「言葉」を意識させ、「言葉そのもの」に関心をもたせることが、国語科の授業では大切となる。

3 〔知識及び技能〕と〔思考力、判断力、表現力等〕

言葉による見方・考え方を働かせながら、文章を読んだり書いたりさせるためには、〔知識及び技能〕の事項と〔思考力、判断力、表現力等〕の事項とを組み合わせて、授業を構成していくことが必要となる。文章の内容ではなく、接続語の使い方や文末表現への着目、文章構成の工夫や比喩表現の効果など、文章の書き方に目を向けて考えていくためには、そもそもそういった種類の「言葉の知識」が必要である。それらは主に〔知識及び技能〕の事項として編成されている。

一方で、そうした知識は、ただ知っているだけでは、読んだり書いたりするときに生かされてこない。例えば、文章構成に関する知識を使って、今読んでいる文章について、構成に着目してその特徴や筆者の工夫を考えてみる。あるいは、これから書こうとしている文章について、様々な構成の仕方を検討し、相手や目的に合った書き方を工夫してみる。これらの「読むこと」や「書くこと」などの領域は、〔思考力、判断力、表現力等〕の事項として示されているので、どう読むか、どう書くかを考えたり判断したりする言語活動を組み込むことが求められている。

このように、言葉による見方・考え方を働かせながら読んだり書いたりするには、「言葉」に関する知識・技能と、それらをどう駆使して読んだり書いたりすればいいのかという思考力や判断力などの、両方の資質・能力が必要となる。単元においても、〔知識及び技能〕の事項と〔思考力、判断力、表現力等〕の事項とを両輪のように組み合わせて、目標／評価を考えていくことになる。先に引用した『解説』の最後に、「『言葉による見方・考え方』を働かせることが、国語科において育成を目指す資質・能力をよりよく身に付けることにつながる」としているのも、こうした理由からである。

4 他教科等の学習を深めるために

もう１つ大切なことは、言葉による見方・考え方を働かせることが、各教科等の学習にもつながってくる点である。一般的に、学習指導要領で使われている「見方・考え方」とは、その教科の学びの本質に当たるものであり、教科固有のものであるとして説明されている。ところが、言葉による見方・考え方は、他教科等の学習を深めることとも関係してくる。

これまで述べてきたように、国語科で文章を読むときには、書かれている内容だけでなく、どう書いてあるかという「言葉」の面にも着目して読んだり考えたりしていくことが大切である。

この「言葉」に着目し、意味を深く考えたり、使い方について検討したりすることは、社会科や理科の教科書や資料集を読んでいく際にも、当然つながっていくものである。例えば、言葉による見方・考え方が働くということは、社会の資料集や理科の教科書を読んでいるときにも、「この言葉の意味は何だろう、何を表しているのだろう」と、言葉と対象の関係を考えようとしたり、「この用語と前に出てきた用語とは似ているが何が違うのだろう」と言葉どうしを比較して検討しようとしたりするということである。

教師が、「その言葉の意味を調べてみよう」「用語同士を比べてみよう」と言わなくても、子供自身が言葉による見方・考え方を働かせることで、そうした学びを自発的にスタートさせることができる。国語科で、言葉による見方・考え方を働かせながら学習を重ねてきた子供たちは、「言葉」を意識的に捉えられる「構え」が生まれている。それが他の教科の学習の際にも働くのである。

言語活動に取り組ませる際に、どんな「言葉」に着目させて、読ませたり書かせたりするのかを、教材研究などを通してしっかり捉えておくことが大切である。

学習評価のポイント

1 国語科における評価の観点

各教科等における評価は、平成29年告示の学習指導要領に沿った授業づくりにおいても、観点別の目標準拠評価の方式である。学習指導要領に示される各教科等の目標や内容に照らして、子供の学習状況を評価するということであり、評価の在り方としてはこれまでと大きく変わることはない。

ただし、その学習指導要領そのものが、「知識及び技能」「思考力、判断力、表現力等」「学びに向かう力、人間性等」の資質・能力の３つの柱で、目標や内容が構成されている。そのため、観点別学習状況の評価についても、この３つの柱に基づいた観点で行われることとなる。

国語科の評価観点も、これまでの５観点から次の３観点へと変更される。

「(国語への) 関心・意欲・態度」 「話す・聞く能力」 「書く能力」 「読む能力」 「(言語についての) 知識・理解 (・技能)」	→	「知識・技能」 「思考・判断・表現」 「主体的に学習に取り組む態度」

2 「知識・技能」「思考・判断・表現」の評価規準

国語科の評価観点のうち、「知識・技能」と「思考・判断・表現」については、それぞれ学習指導要領に示されている〔知識及び技能〕と〔思考力、判断力、表現力等〕と対応している。

例えば、低学年の「話すこと・聞くこと」の領域で、夏休みにあったことを紹介する単元があり、次の２つの指導事項を身に付けることになっていたとする。

・音節と文字との関係、アクセントによる語の意味の違いなどに気付くとともに、姿勢や口形、発声や発音に注意して話すこと。 〔知識及び技能〕(1)イ
・相手に伝わるように、行動したことや経験したことに基づいて、話す事柄の順序を考えること。 〔思考力、判断力、表現力等〕A 話すこと・聞くことイ

この単元の学習評価を考えるには、これらの指導事項が身に付いた状態を示すことが必要である。したがって、評価規準は次のように設定される。

「知識・技能」	姿勢や口形、発声や発音に注意して話している。
「思考・判断・表現」	「話すこと・聞くこと」において、相手に伝わるように、行動したことや経験したことに基づいて、話す事柄の順序を考えている。

このように、「知識・技能」と「思考・判断・表現」の評価については、単元で扱う指導事項の文末を「〜こと」から「〜している」として置き換えると、評価規準を作成することができる。その際、単元で育成したい資質・能力に照らして、指導事項の文言の一部を用いて評価規準を作成する場合もあることに気を付けたい。また、「思考・判断・表現」の評価を書くにあたっては、例のように、冒頭に「『話すこと・聞くこと』において」といった領域名を明記すること（「書くこと」「読む

こと」も同様）も必要である。

3 「主体的に学習に取り組む態度」の評価規準

一方で、「主体的に学習に取り組む態度」の評価については、指導事項の文言をそのまま使うということができない。学習指導要領では、「学びに向かう力、人間性等」については教科の目標や学年の目標に示されてはいるが、指導事項としては記載されていないからである。そこで、「主体的に学習に取り組む態度」の評価規準は、それぞれの単元で、育成する資質・能力と言語活動に応じて、次のように作成する必要がある。

「主体的に学習に取り組む態度」の評価規準は、次の①～④の内容で構成される（〈　〉内は当該内容の学習上の例示）。

①粘り強さ〈積極的に、進んで、粘り強く等〉
②自らの学習の調整〈学習の見通しをもって、学習課題に沿って、今までの学習を生かして等〉
③他の２観点において重点とする内容（特に、粘り強さを発揮してほしい内容）
④当該単元（や題材）の具体的な言語活動（自らの学習の調整が必要となる具体的な言語活動）

先の低学年の「話すこと・聞くこと」の単元の場合でいえば、この①～④の要素に当てはめてみると、例えば、①は「進んで」、②は「今までの学習を生かして」、③は「相手に伝わるように話す事柄の順序を考え」、④は「夏休みの出来事を紹介している」とすることができる。

この①～④の文言を、語順などを入れ替えて自然な文とすると、この単元での「主体的に学習に取り組む態度」の評価規準は、

「主体的に学習に取り組む態度」	進んで相手に伝わるように話す事柄の順序を考え、今までの学習を生かして、夏休みの出来事を紹介しようとしている。

と設定することができる。

4 評価の計画を工夫して

学習指導案を作る際には、「単元の指導計画」などの欄に、単元のどの時間にどのような言語活動を行い、どのような資質・能力の育成をして、どう評価するのかといったことを位置付けていく必要がある。評価規準に示した子供の姿を、単元のどの時間でどのように把握し記録に残すかを、計画段階から考えておかなければならない。

ただし、毎時間、全員の学習状況を把握して記録していくということは、現実的には難しい。そこで、ABC といった記録に残す評価活動をする場合と、記録には残さないが、子供の学習の様子を捉え指導に生かす評価活動をする場合との、２つの学習評価の在り方を考えるとよい。

記録に残す評価は、評価規準に示した子供の学習状況を、原則として言語活動のまとまりごとに評価していく。そのため、単元のどのタイミングで、どのような方法で評価するかを、あらかじめ計画しておく必要がある。一方、指導に生かす評価は、毎時間の授業の目標などに照らして、子供の学習の様子をそのつど把握し、日々の指導の工夫につなげていくことがポイントである。

こうした２つの学習評価の在り方をうまく使い分けながら、子供の学習の様子を捉えられるようにしたい。

板書づくりのポイント

1 縦書き板書の意義

国語科の板書のポイントの１つは、「縦書き」ということである。教科書も縦書き、ノートも縦書き、板書も縦書きが基本となる。

また、学習者が小学生であることから、板書が子供たちに与える影響が大きい点も見過ごすことができない。整わない板書、見にくい板書では子供たちもノートが取りにくい。また、子供の字は教師の字の書き方に似てくると言われることもある。

教師の側では、ICT 端末や電子黒板、デジタル教科書を活用し、いわば「書かないで済む板書」の工夫ができるが、子供たちのノートは基本的に手書きである。教師の書く縦書きの板書は、子供たちにとっては縦書きで字を書いたりノートを作ったりするときの、欠かすことのできない手がかりとなる。

デジタル機器を上手に使いこなしながら、手書きで板書を構成することのよさを再確認したい。

2 板書の構成

基本的には、黒板の右側から書き始め、授業の展開とともに左向きに書き進め、左端に最後のまとめなどがくるように構成していく。板書は45分の授業を終えたときに、今日はどのような学習に取り組んだのかが、子供たちが一目で分かるように書き進めていくことが原則である。

黒板の右側　授業の始めに、学習日、単元名や教材名、本時の学習課題などを書く。学習課題は、色チョークで目立つように書く。

黒板の中央　授業の展開や学習内容に合わせて、レイアウトを工夫しながら書く。上下二段に分けて書いたり、教材文の拡大コピーや写真や挿絵のコピーも貼ったりしながら、原則として左に向かって書き進める。チョークの色を決めておいたり（白色を基本として、課題や大切な用語は赤色で、目立たせたい言葉は黄色で囲むなど）、矢印や囲みなども工夫したりして、視覚的にメリハリのある板書を構成していく。

黒板の左側　授業も終わりに近付き、まとめを書いたり、今日の学習の大切なところを確認したりする。

3 教具を使って

⑴ 短冊など

画用紙などを縦長に切ってつなげ、学習課題や大切なポイント、キーワードとなる教材文の一部などを事前に用意しておくことができる。チョークで書かずに短冊を貼ることで、効率的に授業を進めることができる。ただ、子供たちが短冊をノートに書き写すのに時間がかかったりするなど、配慮が必要なこともあることを知っておきたい。

⑵ ミニホワイトボード

グループで話し合ったことなどを、ミニホワイトボードに短く書かせて黒板に貼っていくと、それらを見ながら、意見を仲間分けをしたり新たな考えを生み出したりすることができる。専用のものでなくても、100円ショップなどに売っている家庭用ホワイトボードの裏に、板磁石を両面テープで貼るなどして作ることもできる。

⑶ 挿絵や写真など

物語や説明文を読む学習の際に、場面で使われている挿絵をコピーしたり、文章中に出てくる写真や図表を拡大したりして、黒板に貼っていく。物語の場面の展開を確かめたり、文章と図表との関係を考えたりと、いろいろな場面で活用できる。

⑷ ネーム磁石

クラス全体で話合いをするときなど、子供の発言を教師が短くまとめ、板書していくことが多い。そのとき、板書した意見の上や下に、子供の名前を書いた磁石も一緒に貼っていく。そうすると、誰の意見かが一目で分かる。子供たちも「前に出た○○さんに付け加えだけど……」のように、黒板を見ながら発言をしたり、意見をつなげたりしやすくなる。

4 黒板の左右に

⑴ 単元の学習計画や本時の学習の流れ

単元の指導計画を子供向けに書き直したものを提示することで、この先、何のためにどのように学習を進めるのかという見通しを、子供たちももつことができる。また、今日の学習が全体の何時間目に当たるのかも、一目で分かる。本時の授業の進め方も、黒板の左右の端や、ミニホワイトボードなどに書いておくこともできる。

⑵ スクリーンや電子黒板

黒板の上に広げるロール状のスクリーンを使用する場合は、当然その分だけ、板書のスペースが少なくなる。電子黒板などがある場合には、教材文などは拡大してそちらに映し、黒板のほうは学習課題や子供の発言などを書いていくことができる。いずれも、黒板とスクリーン（電子黒板）という２つをどう使い分け、どちらにどのような役割をもたせるかなど、意図的に工夫すると互いをより効果的に使うことができる。

⑶ 教室掲示を工夫して

教材文を拡大コピーしてそこに書き込んだり、挿絵などをコピーしたりしたものは、その時間の学習の記録として、教室の背面や側面などに掲示していくことができる。前の時間にどんなことを勉強したのか、それらを見ると一目で振り返ることができる。また、いわゆる学習用語などは、そのつど色画用紙などに書いて掲示していくと、学習の中で子供たちが使える言葉が増えてくる。

5 上達に向けて

⑴ 板書計画を考える

本時の学習指導案を作るときには、板書計画も合わせて考えることが大切である。本時の学習内容や活動の進め方とどう連動しながら、どのように板書を構成していくのかを具体的にイメージすることができる。

⑵ 自分の板書を撮影しておく

自分の授業を記録に取るのは大変だが、「今日は、よい板書ができた」というときには、板書だけ写真に残しておくとよい。自分の記録になるとともに、印刷して次の授業のときに配れば、前時の学習を振り返る教材として活用することもできる。

⑶ 同僚の板書を参考にする

最初から板書をうまく構成することは、難しい。誰もが見よう見まねで始め、工夫しながら少しずつ上達していく。校内でできるだけ同僚の授業を見せてもらい、板書の工夫を学ばせてもらうとよい。時間が取れないときも、通りがかりに廊下から黒板を見させてもらうだけでも勉強になる。

ICT 活用のポイント

1 ICT を活用した国語の授業をつくる

GIGA スクール構想による 1 人 1 台端末の整備が進み、教室の学習環境は様々に変化している。子供たちの手元にはタブレットなどの ICT 端末があり、教室には大型のモニターやスクリーンが用意されるようになった。また、校内のネットワーク環境も整備されて、かつては学校図書館やパソコンルームで行っていた調べ学習も、教室の自分の席に座ったままでいろいろな情報にアクセスできるようになった。

一方、子供たちの机の上には、これまでと同じく教科書やノートもあり、前面には黒板もあって様々に活用されている。紙の本やノート、黒板などを使って手で書いたり読んだりする学習と、ICT を活用して情報を集めたり共有したりする学習との、いわば「ハイブリッドな学び」が生まれている。

それぞれの学習方法のメリットを生かし、学年の発達段階や学習の内容に合わせて、活用の仕方を工夫していきたい。

2 国語の授業での ICT 活用例

ICT の活用によって、国語の授業でも次のような学習活動が可能になっている。本書でも、単元ごとに様々な活用例を示している。

共有する

文章を読んだ意見や感想、また書いた作文などをアップロードして、その場で互いに読み合うことができる。また、付箋機能などを使って、考えを整理したり、意見を視覚化して共有しながら話合いを行ったりすることもできる。ICT を活用した共有や交流は、国語の授業の様々な場面で工夫することができる。

書く

書いたり消したり直したりすることがしやすい点が、原稿用紙に書くこととの違いである。字を書くことへの抵抗感を減らす点もメリットであり、音声入力からまずテキスト化して、それを推敲しながら文章を作っていくという支援が可能になる。同時に、思考の速度に入力の速度が追いつかないと、かえって書きにくいという面もあり、また国語科は縦書きが多いので、その点のカスタマイズが必要な場合もある。

発表資料を作る

プレゼンテーションソフトを使って、調べたことなどをスライドにまとめることができる。写真や図表などの視覚資料も活用しやすく、文章と視覚資料を組み合わせたまとめを作りやすいというメリットがある。また、調べる活動もインターネットを活用する他、アンケートフォームを使うことでクラス内や学年内の様々な調査活動が簡単に行えるようになり、それらの調査結果を生かした意見文や発表資料を作ることが可能になった。

録音・録画する

話合いの単元などでは、グループで話し合っている様子を自分たちで録画し、それを見返しながら学習を進めることができる。また、音読・朗読の学習でも、自分の声を録音しそれを聞きながら、読み方の工夫へとつなげることができ、家庭学習でも活用することができる。一方、教材作成の面からも利便性が高い。例えば、教師がよい話合いの例とそうでない例を演じた動画教材を作って授業中に効果的に使うなど、様々な工夫が可能である。

蓄積する

自分の学習履歴を残したり、見返すことがしやすくなったりする点がメリットである。例えば、毎時の学習感想を書き残していくことで、単元の中の自分の考えの変化に気付きやすくなる。あるいは書いた作文を蓄積することで、以前の「書くこと」の単元でどのような書き方を工夫していたかをすぐに調べることができる。それらによって、自分の学びの成長を実感したり、前に学習したことを今の学習に生かしたりしやすくなる。

3 ICT 活用の留意点

⑴ 指導事項に照らして活用する

例えば、「読むこと」には「共有」の指導事項がある。先に述べたように、ICT の活用によって、感想や意見はその場で共有できるようになった。一方で、そうした活動を行えば、それで「共有」の事項を指導したということにはならない点に気を付ける必要がある。

高学年では「文章を読んでまとめた意見や感想を共有し、自分の考えを広げること」(「読むこと」カ)とあるので、「自分の考えを広げること」につながるように意見や感想を共有させるにはどうすればよいか、そうした視点からの指導の工夫が欠かせない。

⑵ 学びの土俵から思考の土俵へ

ICT は子供の学習意欲を高める側面がある。同時に、例えば、調べたことをプレゼンテーションソフトを使ってスライドにまとめる際に、字体やレイアウトのほうに気が向いてしまい、「元の資料をきちんと要約できているか」「使う図表は効果的か」など、国語科の学習として大切な思考がおろそかになりやすい、そうした一面もある。

ICT の活用で「学びの土俵」にのった子供たちが、国語科としての学習が深められる「思考の土俵」にのって、様々な言語活動に取り組めるような指導の工夫が必要である。

⑶「参照する力」を育てる

ICT を活用することで、クラス内で意見や感想、作品が瞬時に共有できるようになり、例えば、書き方に困っているときには、教師に助言を求めるだけでなく、友達の文章を見て書き方のコツを学ぶことも可能になった。

その際に大切なのは、どのように「参照するか」である。見ているだけは自分の文章に生かせないし、まねをするだけでは学習にならない。自分の周りにある情報をどのように取り込んで、自分の学習に生かすか。そうした力も意識して育てることで、子供自身が ICT 活用の幅を広げることにもつながっていく。

⑷ 子供が選択できるように

ICT を活用した様々な学習活動を体験することで、子供たちの中に多様な学習方法が蓄積されていく。これまでのノートやワークシートを使った学習に加えて、新たな「学びの引き出し」が増えていくということである。その結果、それぞれの学習方法の特性を生かして、どのように学んでいくのかを子供たちが選択できるようになる。例えば、文章を書くときにも、原稿用紙に手で書く、ICT 端末を使ってキーボードで入力する、あるいは下書きは画面上の操作で推敲を繰り返し、最後は手書きで残すなど、いろいろな組み合わせが可能になった。

「今日は、こう使うよ」と教師から指示するだけでなく、「これまで ICT をどんなふうに使ってきた?」「今回の単元ではどう使っていくとよいだろうね?」など、子供たちにも方法を問いかけ、学び方を選択しながら活用していくことも大切になってくる。

〈第５学年及び第６学年　指導事項／言語活動一覧表〉

教科の目標

	言葉による見方・考え方を働かせ、言語活動を通して、国語で正確に理解し適切に表現する資質・能力を次のとおり育成することを目指す。
知識及び技能	(1)　日常生活に必要な国語について、その特質を理解し適切に使うことができるようにする。
思考力、判断力、表現力等	(2)　日常生活における人との関わりの中で伝え合う力を高め、思考力や想像力を養う。
学びに向かう力、人間性等	(3)　言葉がもつよさを認識するとともに、言語感覚を養い、国語の大切さを自覚し、国語を尊重してその能力の向上を図る態度を養う。

学年の目標

知識及び技能	(1)　日常生活に必要な国語の知識や技能を身に付けるとともに、我が国の言語文化に親しんだり理解したりすることができるようにする。
思考力、判断力、表現力等	(2)　筋道立てて考える力や豊かに感じたり想像したりする力を養い、日常生活における人との関わりの中で伝え合う力を高め、自分の思いや考えを広げることができるようにする。
学びに向かう力、人間性等	(3)　言葉がもつよさを認識するとともに、進んで読書をし、国語の大切さを自覚して、思いや考えを伝え合おうとする態度を養う。

〔知識及び技能〕

（１）言葉の特徴や使い方に関する事項

(1)　言葉の特徴や使い方に関する次の事項を身に付けることができるよう指導する。	
言葉の働き	ア　言葉には、相手とのつながりをつくる働きがあることに気付くこと。
話し言葉と書き言葉	イ　話し言葉と書き言葉との違いに気付くこと。 ウ　文や文章の中で漢字と仮名を適切に使い分けるとともに、送り仮名や仮名遣いに注意して正しく書くこと。
漢字	エ　第５学年及び第６学年の各学年においては、学年別漢字配当表*の当該学年までに配当されている漢字を読むこと。また、当該学年の前の学年までに配当されている漢字を書き、文や文章の中で使うとともに、当該学年に配当されている漢字を漸次書き、文や文章の中で使うこと。
語彙	オ　思考に関わる語句の量を増し、話や文章の中で使うとともに、語句と語句との関係、語句の構成や変化について理解し、語彙を豊かにすること。また、語感や言葉の使い方に対する感覚を意識して、語や語句を使うこと。
文や文章	カ　文の中での語句の係り方や語順、文と文との接続の関係、話や文章の構成や展開、話や文章の種類とその特徴について理解すること。
言葉遣い	キ　日常よく使われる敬語を理解し使い慣れること。
表現の技法	ク　比喩や反復などの表現の工夫に気付くこと。
音読、朗読	ケ　文章を音読したり朗読したりすること。

*…学年別漢字配当表は、『小学校学習指導要領（平成29年告示）』（文部科学省）を参照のこと

（２）情報の扱い方に関する事項

(2)　話や文章に含まれている情報の扱い方に関する次の事項を身に付けることができるよう指導する。	
情報と情報との関係	ア　原因と結果など情報と情報との関係について理解すること。
情報の整理	イ　情報と情報との関係付けの仕方、図などによる語句と語句との関係の表し方を理解し使うこと。

（３）我が国の言語文化に関する事項

(3)　我が国の言語文化に関する次の事項を身に付けることができるよう指導する。	
伝統的な言語文化	ア　親しみやすい古文や漢文、近代以降の文語調の文章を音読するなどして、言葉の響きやリズムに親しむこと。 イ　古典について解説した文章を読んだり作品の内容の大体を知ったりすることを通して、昔の人のものの見方や感じ方を知ること。
言葉の由来や変化	ウ　語句の由来などに関心をもつとともに、時間の経過による言葉の変化や世代による言葉の違いに気付き、共通語と方言との違いを理解すること。また、仮名及び漢字の由来、特質などについて理解すること。
書写	エ　書写に関する次の事項を理解し使うこと。 (ア)用紙全体との関係に注意して、文字の大きさや配列などを決めるとともに、書く速さを意識して書くこと。 (イ)毛筆を使用して、穂先の動きと点画のつながりを意識して書くこと。 (ウ)目的に応じて使用する筆記具を選び、その特徴を生かして書くこと。
読書	オ　日常的に読書に親しみ、読書が、自分の考えを広げることに役立つことに気付くこと。

〔思考力、判断力、表現力等〕

A　話すこと・聞くこと

	(1)　話すこと・聞くことに関する次の事項を身に付けることができるよう指導する。

話すこと	話題の設定	ア　目的や意図に応じて、日常生活の中から話題を決め、集めた材料を分類したり関係付けたりして、伝え合う内容を検討すること。
	情報の収集	
	内容の検討	
	構成の検討	イ　話の内容が明確になるように、事実と感想、意見とを区別するなど、話の構成を考えること。
	考えの形成	
	表現	ウ　資料を活用するなどして、自分の考えが伝わるように表現を工夫すること。
	共有	
聞くこと	話題の設定	【再掲】ア　目的や意図に応じて、日常生活の中から話題を決め、集めた材料を分類したり関係付けたりして、伝え合う内容を検討すること。
	情報の収集	
	構造と内容の把握	エ　話し手の目的や自分が聞こうとする意図に応じて、話の内容を捉え、話し手の考えと比較しながら、自分の考えをまとめること。
	精査・解釈	
	考えの形成	
	共有	
話し合うこと	話題の設定	【再掲】ア　目的や意図に応じて、日常生活の中から話題を決め、集めた材料を分類したり関係付けたりして、伝え合う内容を検討すること。
	情報の収集	
	内容の検討	
	話合いの進め方の検討	オ　互いの立場や意図を明確にしながら計画的に話し合い、考えを広げたりまとめたりすること。
	考えの形成	
	共有	
(2)　(1)に示す事項については、例えば、次のような言語活動を通して指導するものとする。		
	言語活動例	ア　意見や提案など自分の考えを話したり、それらを聞いたりする活動。 イ　インタビューなどをして必要な情報を集めたり、それらを発表したりする活動。 ウ　それぞれの立場から考えを伝えるなどして話し合う活動。

B　書くこと

(1)　書くことに関する次の事項を身に付けることができるよう指導する。	
題材の設定	ア　目的や意図に応じて、感じたことや考えたことなどから書くことを選び、集めた材料を分類したり関係付けたりして、伝えたいことを明確にすること。
情報の収集	
内容の検討	
構成の検討	イ　筋道の通った文章となるように、文章全体の構成や展開を考えること。
考えの形成	ウ　目的や意図に応じて簡単に書いたり詳しく書いたりするとともに、事実と感想、意見とを区別して書いたりするなど、自分の考えが伝わるように書き表し方を工夫すること。
記述	エ　引用したり、図表やグラフなどを用いたりして、自分の考えが伝わるように書き表し方を工夫すること。
推敲	オ　文章全体の構成や書き表し方などに着目して、文や文章を整えること。
共有	カ　文章全体の構成や展開が明確になっているかなど、文章に対する感想や意見を伝え合い、自分の文章のよいところを見付けること。
(2)　(1)に示す事項については、例えば、次のような言語活動を通して指導するものとする。	
言語活動例	ア　事象を説明したり意見を述べたりするなど、考えたことや伝えたいことを書く活動。 イ　短歌や俳句をつくるなど、感じたことや想像したことを書く活動。 ウ　事実や経験を基に、感じたり考えたりしたことや自分にとっての意味について文章に書く活動。

C　読むこと

(1)　読むことに関する次の事項を身に付けることができるよう指導する。	
構造と内容の把握	ア　事実と感想、意見などとの関係を叙述を基に押さえ、文章全体の構成を捉えて要旨を把握すること。 イ　登場人物の相互関係や心情などについて、描写を基に捉えること。
精査・解釈	ウ　目的に応じて、文章と図表などを結び付けるなどして必要な情報を見付けたり、論の進め方について考えたりすること。 エ　人物像や物語などの全体像を具体的に想像したり、表現の効果を考えたりすること。
考えの形成	オ　文章を読んで理解したことに基づいて、自分の考えをまとめること。
共有	カ　文章を読んでまとめた意見や感想を共有し、自分の考えを広げること。
(2)　(1)に示す事項については、例えば、次のような言語活動を通して指導するものとする。	
言語活動例	ア　説明や解説などの文章を比較するなどして読み、分かったことや考えたことを、話し合ったり文章にまとめたりする活動。 イ　詩や物語、伝記などを読み、内容を説明したり、自分の生き方などについて考えたことを伝え合ったりする活動。 ウ　学校図書館などを利用し、複数の本や新聞などを活用して、調べたり考えたりしたことを報告する活動。

第５学年の指導内容と身に付けたい国語力

1 第５学年の国語力の特色

各学年の目標を２学年まとめて示し、子供の発達段階や中学校との関連を図る国語科において、第５学年は、低中学年の内容を発展させつつ、小学校への最高学年、そして中学校へとつなげていく意識をもって取り組みたい学年である。第６学年を小学校での学びの集大成の体現としていくためにも、高学年の学びを確かに身に付ける学年として、第５学年の学習を扱うようにする。

［知識及び技能］に関する目標は、全学年を通して共通であり、「日常生活に必要な国語の知識や技能を身に付ける」ことが求められる。高学年の学習においては、中学校の国語科の目標である「社会生活に必要な国語科の知識技能を身に付けること」にも意識を向け、日常生活の中でもより社会生活につながる知識・技能の習得を目指していきたい。また、「我が国の言語文化に親しんだり理解したりする」ことも、中学校への接続を考えて取り扱いたい。

［思考力、判断力、表現力等］に関する目標では、「筋道立てて考える力」と「豊かに感じたり想像したりする力を養う」こと、「日常生活における人との関わりの中で伝え合う力を高める」ことが、中学年と同様に示されている。自分の思いや考えについては、中学年の「まとめること」から「広げること」に発展している。

また、［学びに向かう力、人間性等］の態度の育成については、言葉がもつよさについて、中学年の「気付く」から「認識する」へ、読書については「幅広く読書をし」から「進んで読書をし」へと、自己認識や主体性をより重視した目標となっている。このような「学びに向かう力、人間性等」の育成によって、「知識及び技能」及び「思考力、判断力、表現力等」の育成も支えられている。

2 第５学年の学習指導内容

〔知識及び技能〕

学習指導要領では「⑴言葉の特徴や使い方に関する事項」「⑵情報の扱い方に関する事項」「⑶我が国の言語文化に関する事項」から構成されている。［思考力、判断力、表現力等］で構成されているものと別個に指導をしたり、先に〔知識及び技能〕を身に付けるという順序性をもたせたりするものではないことに留意をするようにする。

「⑴言葉の特徴や使い方に関する事項」では、他者との良好な関係をつくる働きや特徴に気付くために、「言葉には、相手とのつながりをつくる働きがあることに気付くこと」が今回の改訂で新設された。「日常よく使われる敬語を理解し使い慣れること」のように、相手と自分との関係を意識することも、他者との関係をつくる視点で発揮したい力となる。「話し言葉と書き言葉との違いに気付くこと」や「語感や言葉の使い方に対する感覚を意識して、語や語句を使うこと」など、総合的に言葉への理解を深め、実際に活用できることが求められている。教科書においては、『よりよい学校生活のために』『言葉を伝え合おう』など、他者との関わりを重視した単元も扱われている。

「⑵情報の扱い方に関する事項」では、「原因と結果など情報と情報との関係について理解すること」や「情報と情報との関連付けの仕方、図などによる語句と語句との関係の表し方を理解し使うこと」が示されている。複雑な事柄などを分解したり、多様な要素をまとめたり、類推したり系統化したりと、複数の情報を結び付けて捉えられるようにしたい。その際には、関連する語句を囲んだり線でつないだりと図示することによって情報を整理して考えを明確にし、思考をまとめることも重要である。教科書では、情報についての内容を前後の単元で活用して、より確かな知識として身に付けられるように配置されている。『原因と結果』は説明文『言葉の意味が分かること』、『統計資料の読み方』は説明文『固有種が教えてくれること』と書くこと『自然環境を守るために』の単元での活用がそれぞれ見込まれている。このように、指導に当たっては〔思考力、判断力、表現力等〕の各領域との関連を図り、指導の効果を高めることが考えられている。

「⑶我が国の言語文化に関する事項」には、「伝統的な言語文化」の項に、「昔の人のものの見方や感じ方を知ること」が示されている。昔の人々の生活や文化、世の中の様子を解説した文章や、作品の内容の大体を現代語で易しく書き換えられたものを用いて、作者や当時の人々の考えを知ることができる。現代人のものの見方や感じ方と比べ、古典や言語文化への興味・関心を深めて、様々な伝統芸能を鑑賞したり、日常にある年中行事や祭事を調べたりといった活動も考えられる。また、語句の由来や時間の経過による言葉の違い、共通語と方言の違いなど、言葉の変化や違いを意識することで、場に応じた適切な言葉遣いが身に付くようにさせたい。

「読書」の項には、「日常的に読書に親しみ、読書が自分の考えを広げることに役立つことに気付くこと」とある。学校での学習に留まらず、日常生活の中での主体的、継続的な読書を進めたい。

〔思考力、判断力、表現力等〕

① A　話すこと・聞くこと

高学年の「話すこと」では、「目的や意図に応じて、日常生活の中から」話題を設定するとともに、聞き手の求めに応じて材料をどう整理すればよいかを考えることが求められている。話の構成においては、自分の立場や結論などが明確になるようにする。事実と感想、意見とを区別するために、接続語や文末表現などにも注意する。表現する際には、資料を活用するなどして、相手や目的を一層意識した表現の工夫をしたい。

「聞くこと」では、話し手の目的や伝えたいことは何かを踏まえるとともに、自分はどのような情報を求めているのか、聞いた内容をどのように生かそうとしているのかなどを明確にして聞くことが示されている。話し手と自分の考えの共通点や相違点を整理したり、共感した内容や事例を取り上げたりして、自分の考えをまとめる。この経験を積み重ねることで、中学校での、自分の考えを筋道立てて整えることへ発展させていく。

「話し合うこと」では、「互いの立場や意図を明確にしながら計画的に話し合い、考えを広げたりまとめたりすること」が示されている。話題に対する互いの考えを明らかにし、話合いを通して何を達成するか、どのように話し合うかなどを明確にすることも重要である。話合いの内容、順序、時間配分などを事前に検討し、話合いの目的や方向性も検討して、計画的に話し合えるようにする。

本書では、「きくこと」について、『きいて、きいて、きいてみよう』で、インタビューをする側、される側、記録を取るとき、発表を聞くときなど、様々な「きく」を考える。また、『どちらを選びますか』を通して、それぞれの立場を明確にし、考えの違いを踏まえて話し合う経験を積む。その後の、『よりよい学校生活のために』で、「A⑵ウ　それぞれの立場から考えを伝えるなどして話し合う活動」を想定した学習へとつなげていく。

② B　書くこと

高学年の「書くこと」では、「目的や意図に応じて」書くことが示されている。これは、中学年で意識してきた相手や目的に加え、場面や状況を考慮することなども含んだものである。目的や意図に応じて書く材料を分類、関係付けしたり、簡単に書いたり詳しく書いたりと、構成や表現を工夫する。また、「引用したり、図表やグラフなどを用いたり」といった書き表し方の工夫も高学年の書くことの特徴である。

「知識及び技能」「⑵情報の扱い方に関する事項」での「情報と情報との関係」「情報の整理」の内

容も関連付けて活用していきたい。第５学年の学習では、『みんなが伝いやすいデザイン』で、調べたことを正確に報告する活動を行う前に、情報の扱い方として『目的に応じて引用するとき』の小単元で資料を集める際の留意点を学ぶ。また、説明文『固有種が教えてくれること』を読み、情報『統計資料の読み方』を学んだ後に、『自然環境を守るために』で資料を効果的に用いる学習が設定されている。このように、「読むこと」や「情報の扱いに関する事項」での学びを「書くこと」で実践し、他教科や日常生活にも生かしていけるようにしたい。

③C　読むこと

高学年の「読むこと」では、説明的な文章で、「事実と感想、意見などとの関係を叙述を基に押さえ、文章全体の構成を捉えて要旨を把握すること」が示されている。文章全体の構成を正確に捉え、書き手がどのような事実を理由や事例として挙げているのか、どのような感想や意見などをもっているのかに着目したい。また、要旨を手掛かりとして、必要な情報を見つけたり、論の進め方を考えたりする。目的に応じて、文章の中から必要な情報を取捨選択したり、整理したり、再構成したりするためにも、読む目的を明確にして取り組みたい。また、考えをより適切に伝えるために、書き手がどのように論を進めているのか、説得力を高めているのかについても考えをもたせたい。第５学年では、『言葉の意味が分かること』で、主に文章の要旨の捉え方、『固有種が教えてくれること』で、文章以外の資料の効果的な用い方、『想像力のスイッチを入れよう』で、自分の考えを明確にし、伝え合うことを学んでいく。

文学的な文章では、「登場人物の相互関係や心情などについて、描写を基に捉えること」が示されている。この場合の相互関係や心情には、登場人物の性格や情景なども含まれる。心情は、行動や会話、情景などを通して暗示的に表現されている場合もある。登場人物の相互関係などを手掛かりに、その人物像や物語などの全体像を具体的に思い描き、優れた叙述に着目しながら様々な表現の工夫の効果を考えたい。文学的な文章の『銀色の裏地』では、登場人物同士の関わりを読むこと、『たずねびと』では、物語の全体像から考えたことを伝え合うこと、『大造じいさんとガン』では、優れた表現に着目することを学んでいく。

高学年の「読むこと」では、文章を読んで理解したことに基づいて、自分の考えをまとめることや、まとめた意見や感想を共有し、自分の考えを広げることが示されている。互いの考えの違いを明らかにしたり、よさを認め合ったりすることが大切である。

3　第５学年における国語科の学習指導の工夫

第５学年は、高学年として国語科の年間授業時数が減少（中学年245時間→高学年175時間）する中で学習内容がより高度になる。カリキュラム・マネジメントを充実させながら、学級の子供の実態を踏まえた国語科の授業を実現していくことが肝要となる。

①話すこと・聞くことにおける授業の工夫について

【様々な音声言語活動の実施】

適切に話したり聞いたり話し合ったりする能力は、実際の音声言語活動を通して培われていく。したがって、子供には国語の授業のみならず、全教科の授業や生活の場面を通して様々な種類の音声言語活動を経験させていきたい。その際は、目的や意図を明確にして活動することが重要となる。例えば、話し合うことによって１つの結論に絞るのか、いろいろな意見を出し合って互いの考えを広げるのかなど、何のために言葉を交わすのかという目的や話し合う場面や状況を考慮することで、音声言語活動が充実したものとなる。

【事中・事後指導の充実】

話すこと・聞くことの学習の難しさは、長田友紀（2008）によれば、音声言語の２つの特徴に起因する。その第１は、音声言語が目に見えず生まれたそばから消えてしまう「非記録性」という特徴をもつからである。したがって、子供たちが価値あるコミュニケーションを行っていても、なかなか行為の当事者がその価値を自覚しにくいのである。さらに、音声言語の「非記録性」により、話合いの論点や友達の発言が学習者それぞれの中に曖昧に蓄積され、議論の共有性が低くなるという「非共有性」も生み出されることとなる。そこで、高学年の話すこと・聞くことの学習では、話合いを可視化するためのツールを活用した事中・事後指導が重要となる。自分たちが話したり聞いたり話し合ったりしている様子をホワイトボードや黒板に記録として残しそれを事中や事後に振り返ることで、話すこと・聞くことのコツを学習者自身が見いだしていくことができる。そういったメタ認知を伴った言語活動は、高学年ならではの学習と言えるだろう。

②書くことにおける授業の工夫について

【書くことの学習指導過程の軽重をつけた指導】

前述のとおり、高学年での国語の授業時間数は限られている。その中でも、書くことの学習の配当授業時間数は年間で55単位時間程度とされており、３学期制ならば１学期につき約20時間弱の時数しか取れないこととなる。したがって、国語の書くことの授業では、書くことの学習指導過程を意識しながら、年間を通して重点を決めて指導していくことが重要となる。具体的には、１つの書くことの単元において「題材の設定・情報の収集・内容の検討」「構成の検討」「考えの形成」「記述」「推敲」「共有」のどの段階を重点とするかを明確にして指導することが求められる。そして、年間を通して、上記の６つの学習指導過程のそれぞれが重点となる単元が実施されることで、書くことの能力が螺旋的・反復的に高められていくことを目指す。

また、書くことの評価で注意することとして、「完成した作品のみを評価対象としない」ことが挙げられる。評価のしやすさから完成した作品を評価対象としたくなるところであるが、そうなると「記述」や「推敲」の過程が常に評価項目となってしまう恐れがある。前述のとおり、単元ごとに重点を設定するからにはその重点を単元の評価項目とし、学習指導過程の適切なタイミングで評価をする必要があるだろう。

【他教科等での書くことの活用】

国語科の授業で培った書くことの能力は、国語科の授業時間内だけでは定着しない。そこで、他教科等の書くことの活動を通して、国語科で身に付けた書き方を大いに活用させていくことが重要となる。特に、高学年は総合的な学習の時間や理科や社会科の時間に、自分の考えをまとめる学習活動が多くなる時期である。それらの他教科等の学習を支える言葉の力として書くことの能力が生きることで、子供たちは書くことの大切さやおもしろさを再認識することになるだろう。そして、次の国語科の書くことの学習へ意欲をもって取り組むことにつながる。

③読むことにおける授業の工夫について

【ノート学習の充実】

子供たちは、中学年までの文学的文章の読むことの授業において、様々な読みの方略（登場人物の

長田友紀（2008）「話し合い指導におけるコミュニケーション能力観の拡張－事中・事後指導における視覚情報化ツール」，桑原隆『新しい時代のリテラシー教育』東洋館出版社，pp.196–206.

心情を想像する吹き出しや心情の変化を表す心情曲線、登場人物に同化しその人物の言葉で記述する日記等）を身に付けてきている。したがって、高学年の文学的文章の読むことの授業では、学習者一人一人が教材文の特徴や読みの目的に合わせて、これまでに培った読みの方略を生かしながら自分の読みをつくっていくことが重要となる。具体的には、ノート学習を積極的に活用させたい。

今村（2014）によれば、「ノート学習は教師が学習内容を知識として教授するのではなく、子供自身がノートというツールを使いながら思考を展開していくこと、それが思考力・判断力の基礎となり、ノートというフィールドに記されることによって表現力となる（p.2）」ものである。ワークシートなどのポイントを押さえた学習とノート学習のような学習者の主体性を生かした学習を併用しながら、子供たちの読みの力を高めていくことが求められる。

【非連続型テキストの活用】

近年の PISA 調査や全国学力・学習状況調査では、国語の設問において多用な形式のデジタルテキスト（ウェブサイト、投稿文、電子メール）が活用され、複数のインターネット上の情報を読み比べたり、事実か意見かを区別したりする能力が試されるようになってきた。情報化社会において必須のこういった読む能力を高めるためには、高学年の授業において積極的に非連続型テキストを読む学習を導入していく必要があるだろう。具体的には、社会科で学んだ貿易の輸出入のグラフや理科の天気図等のように、子供たちの学習や生活と関連した非連続型テキストを活用していきたい。

【読書の充実】

高学年になると、読書が好きな子供と嫌いな子供の二極化が進む傾向がある。また、高学年の忙しさから、授業内で図書の時間を確保することも難しくなる。しかし、読書は想像力や言語感覚を豊かにする重要な活動である。そこで、学校生活の隙間の時間でいつでも読書ができるように、机の横などに図書用のバックを準備させるとよいだろう。また、読書が苦手な子供用に、教師や学級の子供たちが選書したものを置く「おすすめ図書コーナー」を学級内に設置することも効果があるだろう。

④第 5 学年における ICT の活用について

ICT を活用した調査では、幅広く容易に行える。その一方で、書籍等も生かす視点や、ネット上の情報の信憑性の確認、著作権や肖像権への配慮、ネットリテラシーの順守などへの指導もあわせて行うようにする。より確かな情報を見付けるための検索方法等、指導者が事前に試みておくとよい。

表現活動では、文章以外にも、プレゼンテーションソフトを使った資料提示、ビデオ機能を使った動画発表など、学習者の（子供たちの）発想と必要感に応じて、自主的に活用させる。編集機能を生かし、相手にはどう伝わるのか、聞き取りやすいか、内容の順序はどうか、といった視点での作成を促す。考えの共有では、学習支援ソフトを使った感想の交流が可能である。その際は視点を明確にして、意義あるコメント交流を目指す。交流後は、再度自分の考えを読み返し、改善していく時間をもつとよい。修正前の内容も保存してから書き直しを行って、改善点を自覚できるようにしていく。

文章、映像や音声の保存はもちろん、様々な記録を残すことも ICT ならば容易である。例えば、学んだ筆者・作者の文章展開や表現の工夫を記録しておき、自身が文章を作成するときに読み返して参考にすることもできる。学級での共有フォルダを作成し、協働の作業に活用させるのもよいだろう。

ICT の利便性や効果、留意点などを学級全体で検討し、使用する箇所や方法を選択する意識をもたせていきたい。

今村久二（2014）『ノート学習についての一考察』，平成26年度東京都青年国語研究会月例会配布資料（私家版）.

2

第 5 学年の授業展開

言葉のじゅんび運動

ひみつの言葉を引き出そう　（1時間扱い）

単元の目標

知識及び技能	・言葉には、相手とのつながりをつくる働きがあることに気付くことができる。((1) ア)
思考力、判断力、表現力等	・目的や意図に応じて、日常生活の中から話題を決め、伝え合う内容を検討することができる。（Aア） ・話し手の目的や自分が聞こうとする意図に応じて、話の内容を捉えることができる。（Aエ）
学びに向かう力、人間性等	・言葉がもつよさを認識するとともに、進んで読書をし、国語の大切さを自覚して、思いや考えを伝え合おうとする。

評価規準

知識・技能	❶言葉には、相手とのつながりをつくる働きがあることに気付いている。(〔知識及び技能〕(1) ア)
思考・判断・表現	❷「話すこと・聞くこと」において、目的や意図に応じて、日常生活の中から話題を決め、伝え合う内容を検討している。(〔思考力、判断力、表現力等〕Aア) ❸「話すこと・聞くこと」において、話し手の目的や自分が聞こうとする意図に応じて、話の内容を捉えている。(〔思考力、判断力、表現力等〕Aエ)
主体的に学習に取り組む態度	❹進んで自分が聞こうとする意図に応じて話の内容を捉え、学習の見通しをもって友達から「ひみつの言葉」を引き出せるように話そうとしている。

単元の流れ

時	主な学習活動	評価
1	扉の詩を読み、目次や、p.9「国語の学びを見わたそう」を見て、1年間の学習の見通しをもつ。 気持ちや様子を表す言葉を1人1つずつカードに書く。他の人の言葉が見えないように、グループの中で交換する。 一人がカードを持ちグループで話す。カードを持たないメンバーは、どうすればカードを持つ人が「ひみつの言葉」を口にするのか考えながら話す。 カードに書かれている言葉を確かめ、会話を振り返る。 カードを持つ人を変えて再度行う。 学習を振り返る。	❶ ❷ ❸ ❹

授業づくりのポイント

〈単元で育てたい資質・能力〉

本単元のねらいは、目的や意図に応じて、日常生活の中から話題を決め、伝え合う内容を検討することができるようになることである。そのためには、カードに書かれた「ひみつの言葉」から連想できることや、その言葉をどんなときに使うのかを考えながら話題を決め、友達からその言葉を引き出せるように話すことが必要となる。また、話し合うことを通じて互いを知り、友達との相互の理解を図ることも本単元では重要な部分である。

〈教材・題材の特徴〉

「ひみつの言葉を引き出そう」は、友達からお題の言葉を引き出すように話すというゲーム性が高い活動である。相手からひみつの言葉を引き出そうとすることで、自然に気持ちや様子を表す言葉が使われる場面を想像し、対象となる言葉を意識しながら話題を決めたり、話し合いに向かったりすることができるだろう。振り返りでは、お題に関わる質問や話し合いの展開など、良かった点について質問し合いたい。相手から上手にお題を引き出す方法を確認することで、より活発に次のゲームに向かうことができるだろう。

本単元は、5年生の国語の一番初めの単元である。国語科の教科の特徴や、1年間の学習の予定を確認し、学習の見通しをもたせたい。また、学級開きの一環として、言葉を通じて友達について相互に理解を図ることも目的の一つとしていきたい。

〈言語活動の工夫〉

授業の導入では、活動に対しての興味・関心を高めたい。活動に見通しがもてない子供もいることが予想できる。最初は、子供を指名して、教師が一緒に活動を行い、その姿を実演して見せるとよいだろう。一連の活動の流れを全体で共有することで、活動に不安感なく取り組むことができる。

活動に慣れてきたら、ルールを工夫するなど活動を広げていくとよい。

[具体例]

○ひみつの言葉を2つにしたり、カードを持つ人は、ひみつの言葉を言ってはいけないルールにしたりする。また、話し合いの途中で沈黙しないように、黙っている時間を10秒以内と制限を付けることで活発な話し合いが期待できる。

〈ICT の効果的な活用〉

調査：気持ちや様子を表す言葉について、言葉の使い方や具体的な場面をウェブブラウザを使って調べることで、話し合いに生かせるようにする。

記録：端末の録音機能を用いることで、グループでの話し合いを再度聞くことができる。特に振り返りの際に、再度聞くことで自分たちの話し合いを客観的に捉えることができる。

共有：振り返りで気付いたことを、学習支援ソフトで共有することで、話し合いのよいところを全体で共有し、次の話し合いに生かすことができる。

本時案

ひみつの言葉を引き出そう 1/1

本時の目標

・言葉には、相手とのつながりをつくる働きがあることに気付くことができる。
・目的や意図に応じて、日常生活の中から話題を決め、伝え合う内容を検討することができる。

本時の主な評価

❶言葉には、相手とのつながりをつくる働きがあることに気付いている。【知・技】
❷目的や意図に応じて、日常生活の中から話題を決め、伝え合う内容を検討している。【思・判・表】

資料等の準備

・トランプサイズに切った画用紙

⑤ ①〜③をくりかえして全員がカードを持つようにする。

3 ○ルールの工夫
・ひみつの言葉を二つにする。
・カードに書く言葉をふだんよく使う言葉にする。

4 ○ふりかえり
・友達のことをよく知ることができて楽しかった。
・ひみつの言葉を引き出すように話すのがむずかしかった。

授業の流れ ▷▷▷

1 1年間の学習の見通しをもつ 〈10分〉

T　5年生の国語の学習が始まります。「国語の学びを見わたそう」を読んで1年間で学習することや学び方を確認しましょう。
○教科書の「どうやって学んでいくのかな」では、各領域に共通した学習の仕方が記載されている。年度初めのこの段階で学び方を確認していくことで、子供が見通しをもって学ぶことができるようにしていきたい。
T　5年生の国語の学習でできるようになりたいことや、してみたいことはありますか。p.17に書いておきましょう。
・物語を読んで友達とおもしろかったところを話し合いたい。
・友達とたくさん話し合いをして、話し合いが上手になりたい。

2 ルールを確認する 〈10分〉

T　今日はこれから、「ひみつの言葉を引き出そう」という学習をします。グループで話し合って、友達のことをたくさん知っていきましょう。まずはルールを確認しましょう。
○板書を使ってルールを確認することで、活動に移った際にも子供が参照できるようにする。
T　まずは先生とやってみます。誰か協力してくれる人はいますか。
○活動の初めは教師が演示して示すとよい。言葉のカードを子供に持たせ演示することで、ひみつの言葉を引き出すためには、その言葉に沿った話題を展開する必要性があることに気付かせる。

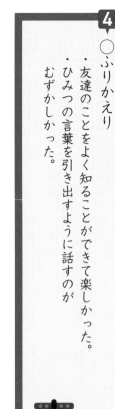

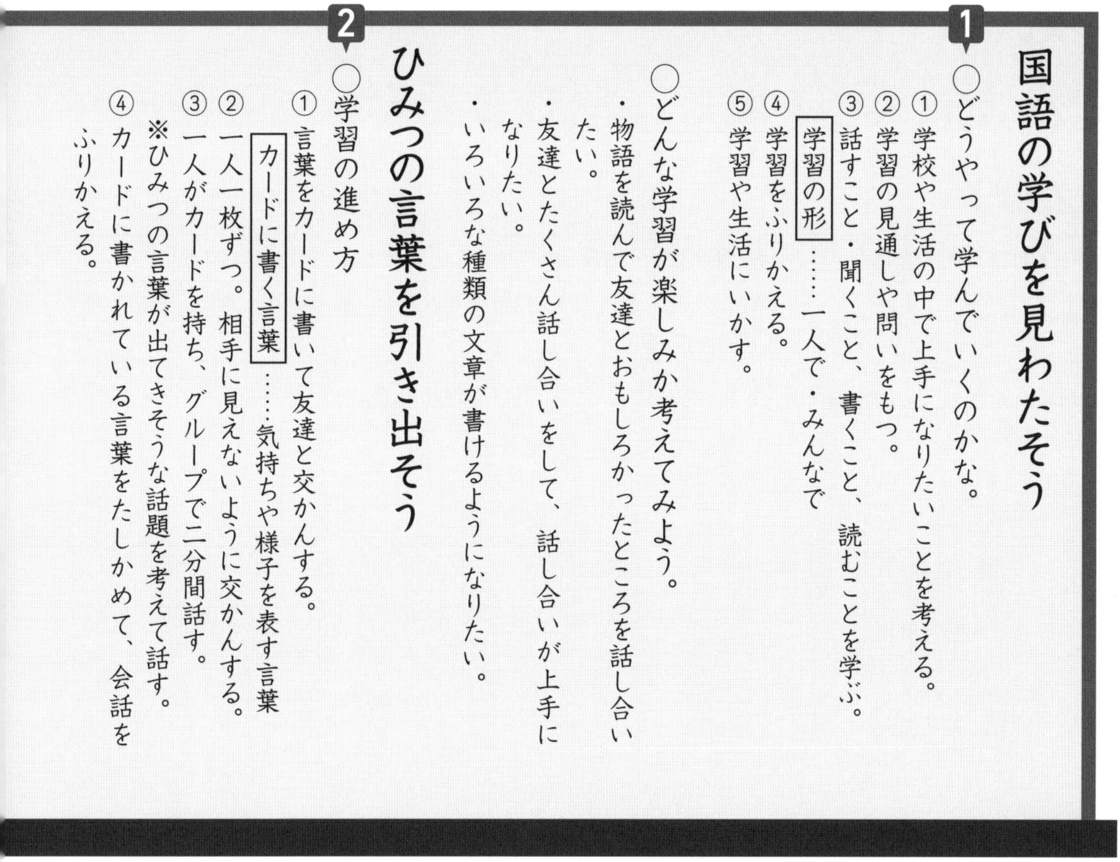
国語の学びを見わたそう
1
○どうやって学んでいくのかな。
①学校や生活の中で上手になりたいことを考える。
②学習の見通しや問いをもつ。
③話すこと・聞くこと、書くこと、読むことを学ぶ。
学習の形……一人で・みんなで
④学習をふりかえる。
⑤学習や生活にいかす。
○どんな学習が楽しみか考えてみよう。
・物語を読んで友達とおもしろかったところを話し合いたい。
・友達とたくさん話し合いをして、話し合いが上手になりたい。
・いろいろな種類の文章が書けるようになりたい。
ひみつの言葉を引き出そう
2
○学習の進め方
①言葉をカードに書いて友達と交かんする。
カードに書く言葉……気持ちや様子を表す言葉
②一人一枚ずつ。相手に見えないように交かんする。
③一人がカードを持ち、グループで二分間話す。
※ひみつの言葉が出てきそうな話題を考えて話す。
④カードに書かれている言葉をたしかめて、会話をふりかえる。

3 活動に取り組む 〈20分〉

T　2分間話したら、グループで話し合いの振り返りをしましょう。

○ひみつの言葉を言わせることだけに注意を向けるのではなく、どんな話題を選んだかや、どのように話し合いが展開されたかを振り返らせる。

T　全員が話すことができたら少しルールを変えるとおもしろくなります。ひみつの言葉を2つにしたり、カードに書く言葉を普段よく使う言葉にしたりしてみましょう。

ICT 端末の活用ポイント

録音機能を使うことで、音声言語の記録ができる。各グループでの振り返りで、話し合いを聞き直させたい。

4 学習の振り返りをする 〈5分〉

T　学習の振り返りをしましょう。話し合いをしてどんなことを感じたか、教えてください。

・今まで知らなかった友達のことを知ることができておもしろかった。

・相手にひみつの言葉を言わせようとすればするほど、直接的に質問をしてしまった。相手が自然にひみつの言葉を言ってしまうように話すのが難しかった。

T　みなさん上手に話し合いができましたね。これからの国語の時間でもたくさん話し合っていきましょう。

○活動に前向きに取り組めたことを褒め、今後の国語の学習への意欲付けとしていきたい。

詩を楽しもう

かんがえるのって　おもしろい

（1時間扱い）

単元の目標

知識及び技能	・詩を音読したり朗読したりすることができる。((1) ケ)
思考力、判断力、表現力等	・詩を読んでまとめた意見や感想を共有し、自分の考えを広げることができる。(C カ)
学びに向かう力、人間性等	・言葉がもつよさを認識するとともに、進んで読書をし、国語の大切さを自覚して、思いや考えを伝え合おうとする。

評価規準

知識・技能	❶詩を音読したり朗読したりしている。(〔知識及び技能〕(1) ケ)
思考・判断・表現	❷「読むこと」において、詩を読んでまとめた意見や感想を共有し、自分の考えを広げている。(〔思考力、判断力、表現力等〕C カ)
主体的に学習に取り組む態度	❸進んで詩を音読し、学習課題に沿って想像したことを伝え合おうとしている。

単元の流れ

時	主な学習活動	評価
1	詩を読み、考えたことや想像したことを友達と交流する。詩を自分なりのイメージをもって音読する。	❶ ❷ ❸

授業づくりのポイント

〈単元で育てたい資質・能力〉

本単元のねらいは、詩の構成や内容を視写や音読などを通して理解し、考えを広げることである。

理解するために、詩を視写し、構造について考えることが必要である。作者の意図を読み取り自分なりの思いを固められたら、友達と考えを共有し想像を広げる。

音読では、声の大きさや抑揚、リズムの取り方といった技能を生かすことが重要になってくる。繰り返し読むことで、作者が意図して選んだ言葉や文字数などに気付きやすくなる。

〈教材・題材の特徴〉

本教材は、大きく二連に分かれている。一連と二連は関連性が高く、一連の「きょうしつ」と二連の「がっこう」以外の文字数は同じで、繰り返しが多く使われているなど、子供にも分かりやすい構成になっている。そして、一連では知識や思考について触れ、二連では心情や人間関係について描かれている。

本教材は５年生で学習する最初の読み教材である。そのため、子供の実態把握にも大きく役に立つ。子供の語彙や想像力の豊かさ、音読（発表）の力、ノートの取り方など多くの面で見取ることができる。また、考えを共有する際には、相手の考えを肯定的に受け止め、多様な考えの広がりを許容できる雰囲気づくりが大切である。

〈子供の作品やノート例〉

詩を視写することは、構造を理解することにつながる。また、一言一句を落とさずに写すため、作者の意図的な言葉づかいに気付くこともできる。

そして、ノートに詩を視写することで、詩の特徴や工夫などの気付いたこと、音読の際の注意点などを書き込むことができるようになる。そのためにノートへの視写は、１行空けて書くことが大切である。その行間に、気付きや考えたことを書き込みながら詩を味わうことで、最初に教科書を読んだ時とノートに書き込んだ時との差が生まれ、子供は読みが深まったことを実感するだろう。

［具体例］

○視写することで、同じ音数や語句に気付かせるとともに、気付いたことも書き込んでいくことが大切である。例えば、「かんがえるって」と書いてもよいはずなのに、「かんがえるのって」と書いているのは文字数を合わせるためなのではないかなど、書いてみることで気付けることがある。

○音読する際は、さらに音読としての技能を書き込んで、読むときの参考にしていくと、苦手な子供でも読みの向上につながる。

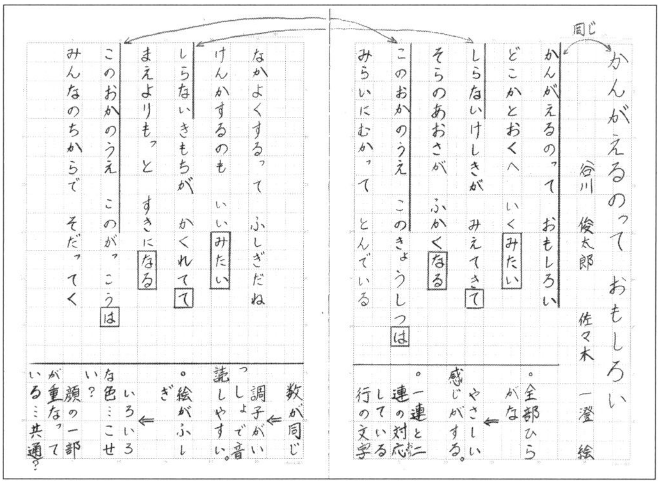

〈ICT の効果的な活用〉

共有：読み取ったことや音読の工夫などが書かれた自分のノートを、端末の写真機能で互いに共有することで、詩のイメージを友達がどう感じ取ったのか、お互いに分かり合える。

本時案

かんがえるのって おもしろい　1/1

本時の目標

・詩の構成や内容について自分の考えをまとめ、思いや考えが伝わるように音読することができる。

本時の主な評価

❶詩を工夫して音読している。【知・技】
❷詩を読んでまとめた意見や感想を共有し、自分の考えを広げている。【思・判・表】
❸進んで詩を音読し、学習課題に沿って想像したことを伝え合おうとしている。【態度】

資料等の準備

・教科書の拡大図（カラーで拡大したもの）

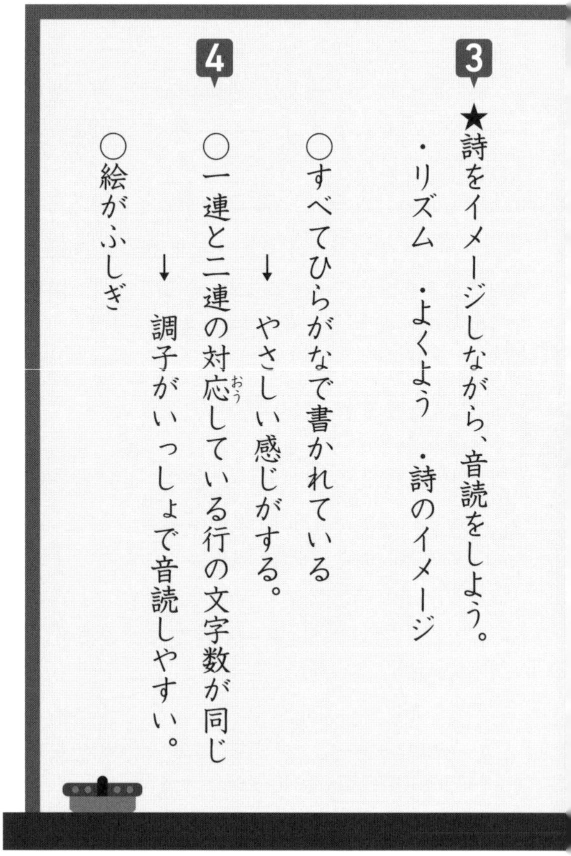

3
★詩をイメージしながら、音読をしよう。
・リズム　・よくよう　・詩のイメージ
○すべてひらがなで書かれている
↓　やさしい感じがする。
4
○一連と二連の対応《おう》している行の文字数が同じ
↓　調子がいっしょで音読しやすい。
○絵がふしぎ

授業の流れ ▷▷▷

1　詩の題名から想像できることを考える　〈5分〉

○教科書を開く前に、本日の学習単元「かんがえるのって　おもしろい」という題から、想像することを連想させるとよい。
T　今日は、「かんがえるのって　おもしろい」という詩を音読します。どんなことが書かれていると思いますか。
・考えていると時間があっという間に過ぎてしまう。分からなかったことが分かった時は、感動する。
○作者の谷川俊太郎さんの別の詩を例示しても、子供の想像がふくらむ。
（例）「いるか」「かっぱ」「ころころ」など

ICT端末の活用ポイント

谷川俊太郎さんの上記の詩を、検索して読んでみてもよい。

2　詩を視写する　〈7分〉

T　詩を視写してみましょう。
・全部ひらがなだから写しやすい。
・全ての行に1マス空く場所がある。
・ページの別れ目で、連が分かれているぞ。
○カラーによる拡大図の掲示が望ましい。白黒での拡大の場合は、絵に色を重ね描きするとよい。また、大きく映すICT機材があるなら、それで代用するのもよい。
○視写の際は、始めだけでもよいので、黒板に子供と同じように視写をすると模範となる。
○机間指導で早く終わった子を添削するとよい。

ICT端末の活用ポイント

音読に重点を置くなら、教材を端末のカメラで撮って気付いたことを書き込ませることで、考える時間を多く確保することもできる。

1 かんがえるのって　おもしろい

2 詩にえがかれていることを想像しながら音読しよう。

かんがえるのって　おもしろい

谷川《たにかわ》 俊太郎《しゅんたろう》

佐々木《ささき》 一澄《かずと》　絵

教科書 p.20-21
詩の拡大コピー

3 詩のイメージに合うように、音読をする 〈８分〉

T　リズムや詩のイメージを考えながら、視写した詩を音読しましょう。

・ここはゆっくり読もう。

・「みらいにむかって」を力強く読もう。

○視写した詩を読むことで、視写が間違っている場合には気付くことができる。

○読みながら発見したことをノートに書き込ませるとよい。

○友達に音読を聞いてもらって、意見をもらってもよい。

ICT 端末の活用ポイント

音読を、端末の録音・録画機能等を使って撮っておくことで、時間内に聞けなかった友達の音読も共有することができる。また、授業者側も評価材料として有効に活用できる。

4 詩のイメージをふくらませる 〈25分〉

T　視写や音読をしてみて気付いたことを、ノートに書いてみましょう。

・一連と二連の対応している行の文字数が同じ。

・語尾が同じところがある。

・絵には色がたくさん使われていて、いろいろな表情の顔が重なっている。

○視写したノートに線を引いたり書き込ませたりすることで、共有しやすくする。

○「個人→グループ→全体」と、気付いたことを共有していけるように授業を進める。

ICT 端末の活用ポイント

書き込んだノートを、端末のカメラ機能で撮影し共有することで、交流しやすくなる。全体で共有する際も、教室用ディスプレイに映し出せば、全体で共有できる。

楽しく書こう

名前を使って、自己しょうかい／続けてみよう 1時間扱い

単元の目標

知識及び技能	・言葉には、相手とのつながりをつくる働きがあることに気付くことができる。((1) ア) ・文と文との接続の関係、話や文章の構成や展開について理解することができる。((1) カ)
思考力、判断力、表現力等	・目的や意図に応じて、感じたことや考えたことなどから書くことを選ぶことができる。(Bア) ・文章全体の構成や展開が明確になっているかなど、文章に対する感想を伝え合い、自分の文章のよいところを見つけることができる。(Bカ)
学びに向かう力、人間性等	・言葉がもつよさを認識するとともに、進んで読書をし、国語の大切さを自覚して、思いや考えを伝え合おうとする。

評価規準

知識・技能	❶言葉には、相手とのつながりをつくる働きがあることに気付いている。(〔知識及び技能〕(1) ア) ❷文と文との接続の関係、話や文章の構成や展開について理解している。(〔知識及び技能〕(1) カ)
思考・判断・表現	❸「書くこと」において、目的や意図に応じて、感じたことや考えたことなどから書くことを選んでいる。(〔思考力、判断力、表現力等〕Bア) ❹「書くこと」において、文章全体の構成や展開が明確になっているかなど、文章に対する感想を伝え合い、自分の文章のよいところを見付けている。(〔思考力、判断力、表現力等〕Bカ)
主体的に学習に取り組む態度	❺積極的に文章の構成や展開について理解し、これまでの学習を生かして文章を書こうとしている。

単元の流れ

時	主な学習活動	評価
1	作例を基に、名前を使って自分を紹介する文章の書き方を理解する。 自分を紹介する文章を書く。 書いた文章をグループで読み合い、感想を伝える。 「続けてみよう」を読み、日々のことを記録することの大切さに気付いたり、ノートの書き方について知ったりする。	❶ ❷ ❸ ❹ ❺

授業づくりのポイント

〈単元で育てたい資質・能力〉

本単元のねらいは、目的や意図に応じて、感じたことや考えたことから書く内容を選ぶことができる力を育むことにある。そのために、身近な題材である名前の五十音から、自己紹介に必要な単語を選び、文章のつながりを意識して書く活動を行う。自分の好きなことや、普段行っている活動を想起し、適切な表現を工夫したり、交流を通じて互いの文章を見合ったりしながら、目的に応じて適切に言葉を選んで書けるように指導していきたい。

〈教材・題材の特徴〉

本単元の特徴は、自分の名前の中にある五十音を頭文字にして自己紹介をするという、目的に合った文章を作ることである。子供それぞれの名前の中にある文字が限定されていることから、その文字に合った言葉を選ぶ必要がある。高学年の子供であれば、語彙は低・中学年よりも比較的豊かであるが、自分の伝えたいことと、頭文字に合っているかの整合性を考えながら言葉を選ぶことには難しさが伴う。言葉が見つからないときには、国語辞典を活用するなど、適宜足りない語彙を補う手立てが必要となるだろう。

また、自己紹介をするという目的を達成する上で、名前に合うように頭文字を並べた際、それぞれの文章につながりをもたせることが重要になる。一文、一文が独立して存在しているのではなく、文章全体を通じて意味のつながりをもたせられるように指導していきたい。

文章の頭文字を使って作文することは、「あいうえお作文」という言葉遊びの一つである。子供が文章を書くことを楽しみながら活動できるようにしたい。そのために互いに書いたものを交流してよさを認め合えるようにしたい。また、実態に応じて和歌の「折句」に触れると、「我が国の言語文化に関する事項」の学びにもつながる。

本単元は、教科書の中では「書くこと」の導入の教材である。「続けてみよう」の「ノートの書き方」を読んで、ノートの書き方を確認するなど年間の学びを見通してノート指導を行うことも重要である。「日々のことを記録しよう」では、日記など「書くこと」の常時活動につなげていけるとよい。

〈言語活動の工夫〉

授業の導入では、教師の名前の頭文字で作った自己紹介の文章を子供に提示して、その規則性に気付かせていくとよい。全文を一斉に提示するのではなく、一文ずつ徐々に提示していくと子供の意欲も高まっていくだろう。

また、発展的な活動として、学級でキーワードを決めるなど頭文字になる言葉を変えたり、「感謝の気持ちを伝える言葉」など文章を書く目的を変えたりする活動も考えられる。

〈ICT の効果的な活用〉

調査：ウェブサイトを使って、言葉を調べたり、表現の幅を広げたりすることができる。また、自己紹介の内容に関することを調べて、書く内容がより充実するようにするとよい。

表現：端末の文書作成ソフトを使うことで、文章の編集や推敲が容易にできるようになる。交流後に互いのアドバイスを生かして、再度編集することも考えられる。

共有：学習支援ソフトの共有機能を使うことで、互いの書いたものを共有しやすくなる。また、グループだけでなく学級全体でも共有し、よいと思ったものを選ぶこともできるだろう。

本時案

名前を使って、自己しょうかい　1/1

本時の目標

・文と文との接続の関係、話や文章の構成や展開について理解することができる。
・目的や意図に応じて、感じたことや考えたことなどから書くことを選ぶことができる。

本時の主な評価

❷文と文との接続の関係、話や文章の構成や展開について理解している。【知・技】
❸目的や意図に応じて、感じたことや考えたことなどから書くことを選んでいる。【思・判・表】

資料等の準備

・ホワイトボードとペン（掲示用）
・教師の名前で作った自己紹介作文（掲示用）

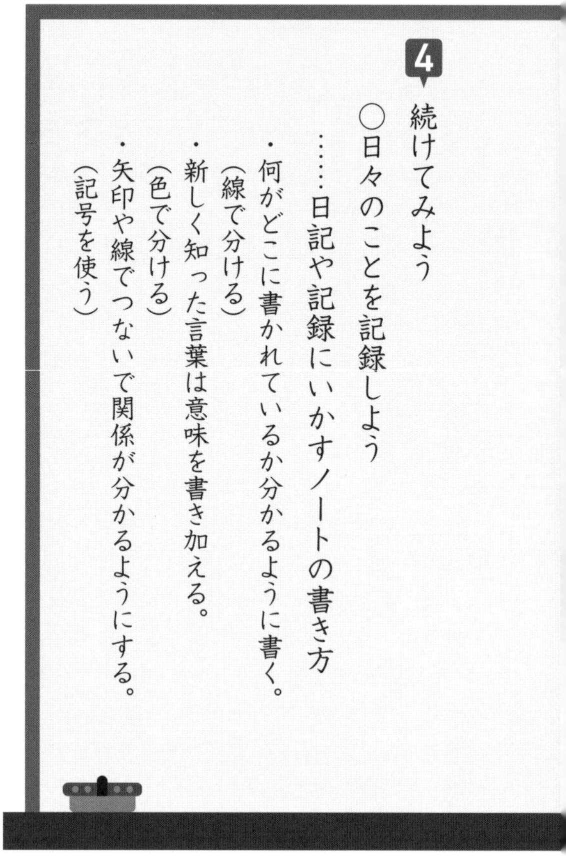

4
続けてみよう
○日々のことを記録しよう
……日記や記録にいかすノートの書き方
・何がどこに書かれているか分かるように書く。
（線で分ける）
・新しく知った言葉は意味を書き加える。
（色で分ける）
・矢印や線でつないで関係が分かるようにする。
（記号を使う）

授業の流れ ▷▷▷

1　本時の課題を確認する　〈10分〉

T　今からいくつかの文章を見せます。きまりが分かったら、静かに手を挙げてください。
○教師の名前の頭文字で作った文章を子供に提示する。段階的に提示することでその規則性に気付かせ、活動に対して意欲を高めたい。
T　この文章についてどんなことに気付きましたか。
・自己紹介をする文章になっています。
・文章の頭文字をつなげると、先生の名前になっています。
・先生が○○が好きなことを初めて知りました。

2　自己紹介をする文章を書いて友達と紹介し合う　〈15分〉

T　文章の書き方について確認しましょう。
○教師の作った文章を例にして、文章の書き方について確認する。表現に困った際には、類語辞典を使うとよいことを伝える。
T　書いたものを友達と共有しましょう。
○本単元は年度初めの「書くこと」の単元である。書くことの目標だけでなく、互いに自己紹介する文章を読み合うことで、新しく出会った友達と互いのことを理解していくことも大切にしていきたい。

ICT端末の活用ポイント

類語辞典のウェブサイト（「goo類語辞典」など）を参照することで、言葉の言い換え方を確認したり、自己紹介に関わる語彙を豊かにしたりすることができる。

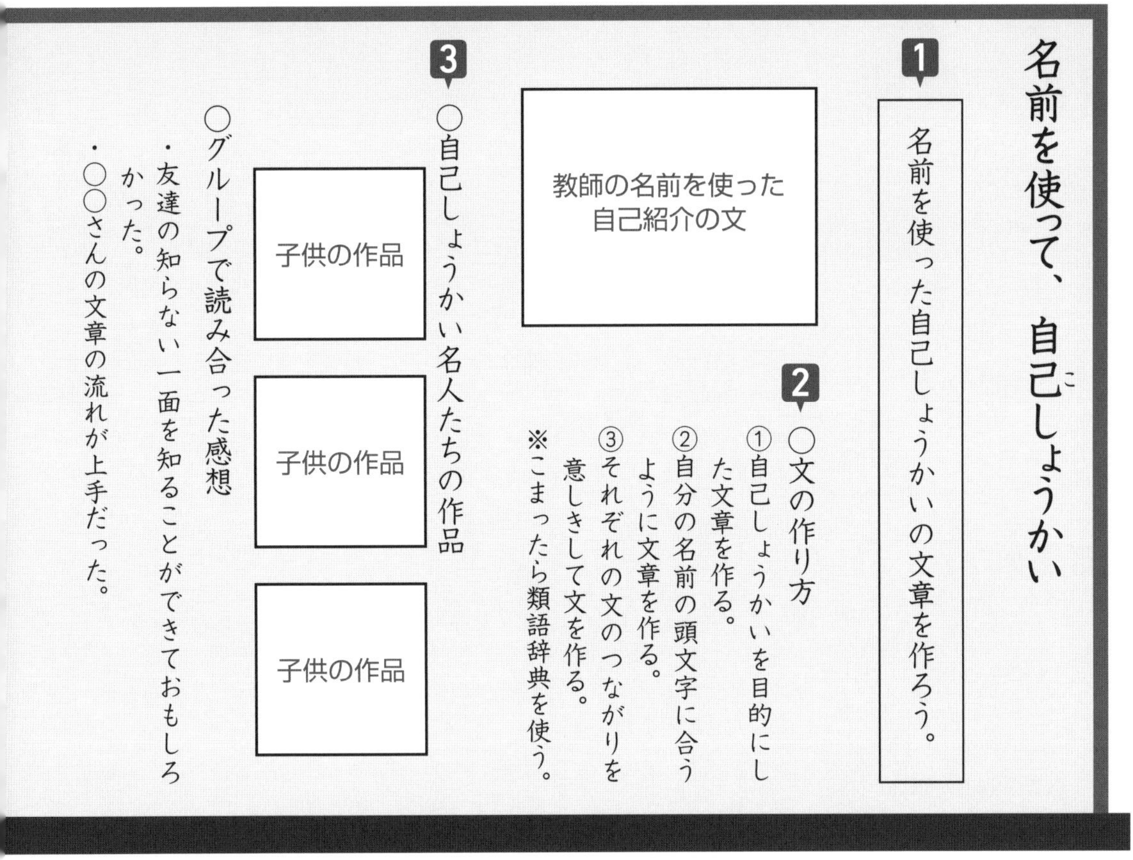
名前を使って、自己《こ》しょうかい
1
名前を使った自己しょうかいの文章を作ろう。
教師の名前を使った自己紹介の文
2
○文の作り方
①自己しょうかいを目的にした文章を作る。
②自分の名前の頭文字に合うように文章を作る。
③それぞれの文のつながりを意しきして文を作る。
※こまったら類語辞典を使う。
3
○自己しょうかい名人たちの作品
子供の作品
子供の作品
子供の作品
○グループで読み合った感想
・友達の知らない一面を知ることができておもしろかった。
・○○さんの文章の流れが上手だった。

3 よい作品を全体で共有し、活動を振り返る 〈15分〉

T　自己紹介が上手な自己紹介名人を選びましょう。誰の作品がよかったですか。

○名人を選ぶ基準として、言葉の言い回しがうまい、意外性があっておもしろい、文章を上手につなげているなど、それぞれよい観点を設定して選ばせると活動が盛り上がるだろう。

T　今日の学習を振り返りましょう。名前を使った自己紹介をしてみてどんな発見がありましたか。

・○○さんの知らない一面を知ることができました。

ICT 端末の活用ポイント

書いたものを学習支援ソフトにアップロードすることで、クラス全体の作品を見合うことができ、よいと思うものを選ぶことができる。

4 「続けてみよう」を確認する 〈5分〉

T　今日のように学習をすることで新しく発見したことや、新しく意味を知った言葉などをこれから書きためていきましょう。書きためていくことで新しい発見があるかもしれません。

○常時活動としての日記などにつなげていくことも考えられる。

T　ノートの書き方についてもこれから工夫していけるとよいですね。色分けや記号を使うと整理しやすくなります。

○年度初めの「書くこと」の授業である。学級の実態に応じてノートの書き方を指導することで、今後のノート指導につなげていきたい。

人物の心情や人物どうしの関わりをとらえ、印象に残ったことを伝え合おう

銀色の裏地　（5時間扱い）

単元の目標

知識及び技能	・比喩や反復などの表現の工夫に気付くことができる。((1) ク) ・情報と情報との関係付けの仕方、図などによる語句と語句との関係の表し方を理解し使うことができる。((2) イ)
思考力、判断力、表現力等	・登場人物の相互関係や心情などについて、描写を基に捉えることができる。(C イ)
学びに向かう力、人間性等	・言葉がもつよさを認識するとともに、進んで読書をし、国語の大切さを自覚して思いや考えを伝え合おうとする。

評価規準

知識・技能	❶比喩や反復などの表現の工夫に気付いている。(〔知識及び技能〕(1) ク) ❷情報と情報との関係付けの仕方、図などによる語句と語句との関係の表し方を理解し使っている。(〔知識及び技能〕(2) イ)
思考・判断・表現	❸「読むこと」において、登場人物の相互関係や心情などについて、描写を基に捉えている。(〔思考力、判断力、表現力等〕C イ)
主体的に学習に取り組む態度	❹粘り強く登場人物の相互関係や心情を捉え、学習の見通しをもって印象に残ったことを伝え合おうとしている。

単元の流れ

次	時	主な学習活動	評価
一	1	学習の見通しをもつ 全文を読み、「理緒」の心情がどのようにゆれ動いているかを確かめる。 学習のおおよその見通しをもち、学習課題を設定する。 周囲の人物との関わりを理解し、「理緒」の心情を読み解こう。 「理緒」の心情や、他の人物との関わりがよく表れているところに線を引く。	
二	2	線を引いたところを使って、「理緒」と他の人物との関係を、簡単に図に表す。	❷
	3	「理緒」の心情や、「高橋さん」との関わりは、どのように変化したのかについて想像する。	❸
	4	強く印象に残ったことをまとめる。	❶ ❸
三	5	全体で交流したことを通して、考えが広がったり深まったりしたことをまとめる。 学習を振り返る 教科書 p.37に書かれている観点で学習を振り返り、ノートにまとめる。	❹

授業づくりのポイント

〈単元で育てたい資質・能力〉

本単元のねらいは、登場人物の行動や会話、様子などを表している叙述から、登場人物の相互関係や心情の変化を捉える力を育むことである。

そのためには、登場人物の描写に着目させ、人物像や心情の移り変わりに気付かせる。気付いたことに説得力をもたせる根拠として、本文の叙述に沿って重要な言葉を探す。そして重要な言葉を基にして、登場人物の心情の変化、関係の変化を追っていく。この学習を通して、今後も物語文を読むとき、文中の言葉を根拠に考えていくことを徹底できるようにする。

〈教材・題材の特徴〉

本教材は、３つの場面を通して、「理緒」の心情の変化を描いた物語である。第５学年になる子供にとって、「理緒」の心情の変化は共感しやすいものであると考えられる。また、比較的読みやすい平易な文章であるため、子供も自分の体験と比較しながら、登場人物の気持ちが想像し易いだろう。「会話」「人物の表情や様子」「人物の行動」などを手がかりに、登場人物の心情の変化や関わりの変化を想像できる教材である。

〈言語活動の工夫〉

「理緒」と他の人物との関係を図にまとめる活動を通して、登場人物同士の関係性を叙述から丁寧に拾い上げることができると考えられる。

また、「銀色の裏地」という題名に着目することで、作者の伝えたかったことや、この教材の大切な部分を注視させ、「銀色の裏地」という言葉を通して「理緒」の心情の変化をより深く理解できるよう考えさせることも大切である。

［具体例］

○関係図では、「理緒」を中心に他の人物との関係性について叙述を基に考え、矢印を付けて書かせるとよい。その際に、「理緒」とその他の人物との間の矢印だけでなく、その他の人物同士の関係性にも矢印が引けると、理解がより深まる。例えば、「高橋さん」と「土田君」「上野君」との関係性は分かりやすく書けると考えられる。さらに、「高橋さん」との関係や、「あかね」「希恵」との関係の変化に気付く子供がいれば、内容をより深く理解していると判断できる。(「高橋さん」は、クラス替えによって「理恵」の友達関係が変化し、落ち込んでいることに気付いたから「銀色の裏地」の話をしたと読み取ることもできる。)

○「銀色の裏地」という言葉がもつ意味から、作者の意図に気付くとともに、人間関係において大切なこと（道徳的価値）への気付きにも発展させられる。また、「銀色の裏地」という言葉を検索することで、イギリスのことわざに由来していることが分かったり、画像を閲覧してイメージをふくらませたりするなど、多面的に考えを広げることができる。

〈ICT の効果的な活用〉

調査：検索を用いて、「銀色の裏地」などの言葉を調べることで、語彙のイメージがわきやすくなるとともに、外国のことわざを調べてみるなどの語彙の広がりも期待できる。

共有：端末の学習支援ソフトを用いて関係図にまとめることで、その後のグループや全体での共有の際に、相互で見合うことが容易にできる。

本時案

銀色の裏地

1/5

本時の目標

・学習の見通しをしっかりともつことができる。

本時の主な評価

・初発の感想を書くことができ、学習の見通しをもてている。

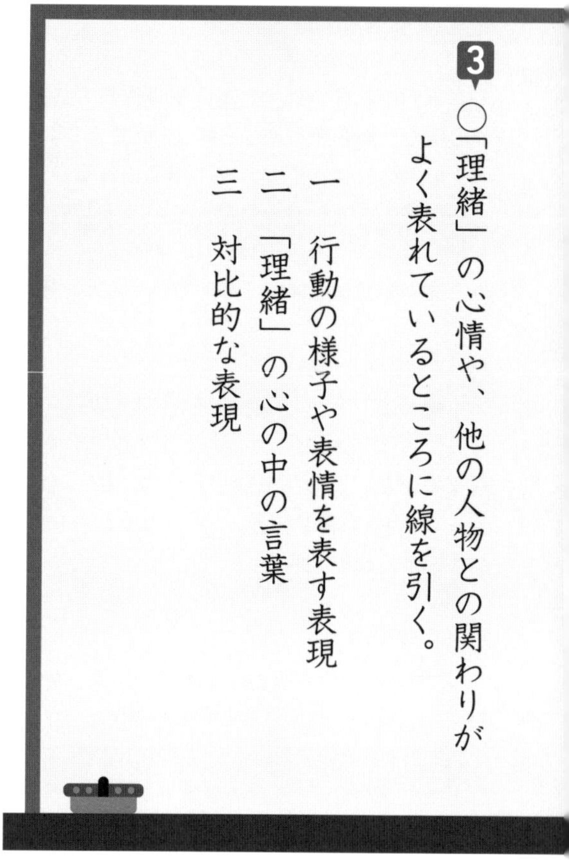
3
○「理緒」の心情や、他の人物との関わりが
よく表れているところに線を引く。
一　行動の様子や表情を表す表現
二　「理緒」の心の中の言葉
三　対比的な表現

授業の流れ ▷▷▷

1 本文を読み初発の感想を書く〈20分〉

○教科書 p.25を読んで、何を意識して読むか確認する。

T　「理緒」の心情の動きを意識して読み進めましょう。共感できる部分があれば、そこに線を引いておきましょう。

○本文を音読する。(学級の実態に合わせ、読み方は柔軟に対応する。)

T　初発の感想をノートに書きましょう。

T　初発の感想を発表してください。

・一人ぼっちの気持ち、分かるなぁ。

・高橋さんが理緒を励ましてくれたことに感動しました。

ICT 端末の活用ポイント

音読に際し、デジタル教科書に内蔵された音声を聞くことも手法の一つである。

2 学習の見通しをもち課題設定を行う〈15分〉

T　この単元は５時間で学習します。この教材でどんなことを学びたいですか。

・理緒さんの気持ちの変化を知りたいです。

・理緒さんと周りの人たちとの関わりを確認したいです。

・友達がどう考えているのか知りたいです。

○初発の感想を意識させ、課題設定を子供が主体的に行えるよう支援する。

○子供の発言を、「理緒さんの心情」「人物どうしの関わり」「考えたことを伝え合う」の３つに集約していく。

○学習課題「周囲の人物との関わりを理解し、「理緒」の心情を読み解こう。」に集約する。

銀色の裏地

1

学習の見通しをもとう。

・クラスがえで一人ぼっちの気持ちが分かる。
・高橋さんが理緒をはげましてくれたことに感動した。

2

○課題せっ定
・理緒さんの気持ちの変化
・理緒さんと周りの人たちとの関わり
・友達の考えを知りたい

・理緒さんの心情
・人物どうしの関わり
・考えたことを伝え合う

○学習課題

・周囲の人物との関わりを理解し、「理緒」の心情を読み解こう。

3 心情や関わりが分かる部分に線を引く 〈10分〉

T　残りの時間で、「理緒」の心情や、他の人物との関わりがよく表れているところに線を引きましょう。

○線を引く際には、言葉に着目させる。
　1　行動の様子や表情を表す表現
　2　「理緒」の心の中の言葉
　3　対比的な表現
（子供と一緒に教科書 p.36の①を確認してから始めてもよい。）

・「理緒は不満をぶちまけた」という行動から、不満な様子が分かります。
・「はずむような声が出ていた」という様子から、理緒のうれしい気持ちが分かります。

よりよい授業へのステップアップ

導入時の範読の工夫

高学年での初めての文章を読む授業である。教科書の持ち方やサイドラインの引き方、難読語句への対応の仕方などを丁寧に説明してから、全文を読むようにする。

課題設定を行う際の工夫

課題設定の際に発言が少ない場合などは、体験を想起させるとよい。クラス替えで新しい友達ができる時期である。どうやって親しくなるのか、人と人との関わりとはどういうものなのか、今回の物語を通して自分の身の回りの体験を想起させ、発言を促していきたい。

本時案

銀色の裏地

2/5

本時の目標

・「理緒」と他の人物との関係を、簡単に図に表すことができる。

本時の主な評価

❷主人公との相関関係を図に表している。【知・技】

資料等の準備

・デジタル教科書（線を引くため）
→なければ教科書のコピーを端末、または書画カメラで画面に映し出し、線を引く。
→それ以外に、教科書の拡大を黒板等に貼る方法でもよい。
・関係図（ワークシート or ホワイトボードアプリ）
・登場人物名前磁石（黒板用）

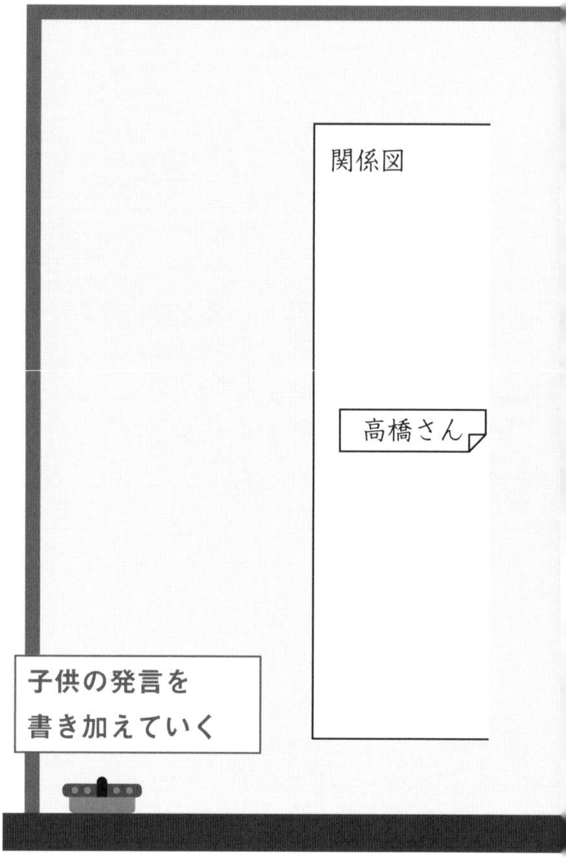

授業の流れ ▷▷▷

1 本時の学習課題を把握する 〈10分〉

○前時のノート（ワークシート）を振り返らせることで、学習課題を確認するとよい。
T　今日は、理緒を中心とした関係図をかくことで、周囲の人物との関わりを理解しましょう。
○前時で線を引く時間が短ければ、授業の冒頭に線を引く時間をとってもよい。
T　どこに線を引きましたか。
・「理緒は不満をぶちまけた」です。
・「はずむような声が出ていた」です。

ICT 端末の活用ポイント

線を引く際に、デジタル教科書がある場合は、デジタル教科書に直接線を引くことで、引いた線を共有することができる。

2 理緒と登場人物との関係を図に表す 〈20分〉

T　線を引いたところを基に、理緒と周囲の人との関わりを図に表しましょう。
・お母さんは理緒に元気に学校に行ってほしいと思っていると思う。
○かき方に戸惑う子供が出ないよう、黒板などを使いかき方を確認すると、子供の作業がスムーズになる。
○図化するのが苦手な子供には、名前入りのワークシートやホワイトボードアプリを提示することで、かきやすくなる。

ICT 端末の活用ポイント

ホワイトボードアプリを用意しておくことで、子供が意欲的に図化することが予想される。また、交流や発表に際しては、お互いの図を共有しやすくなる。

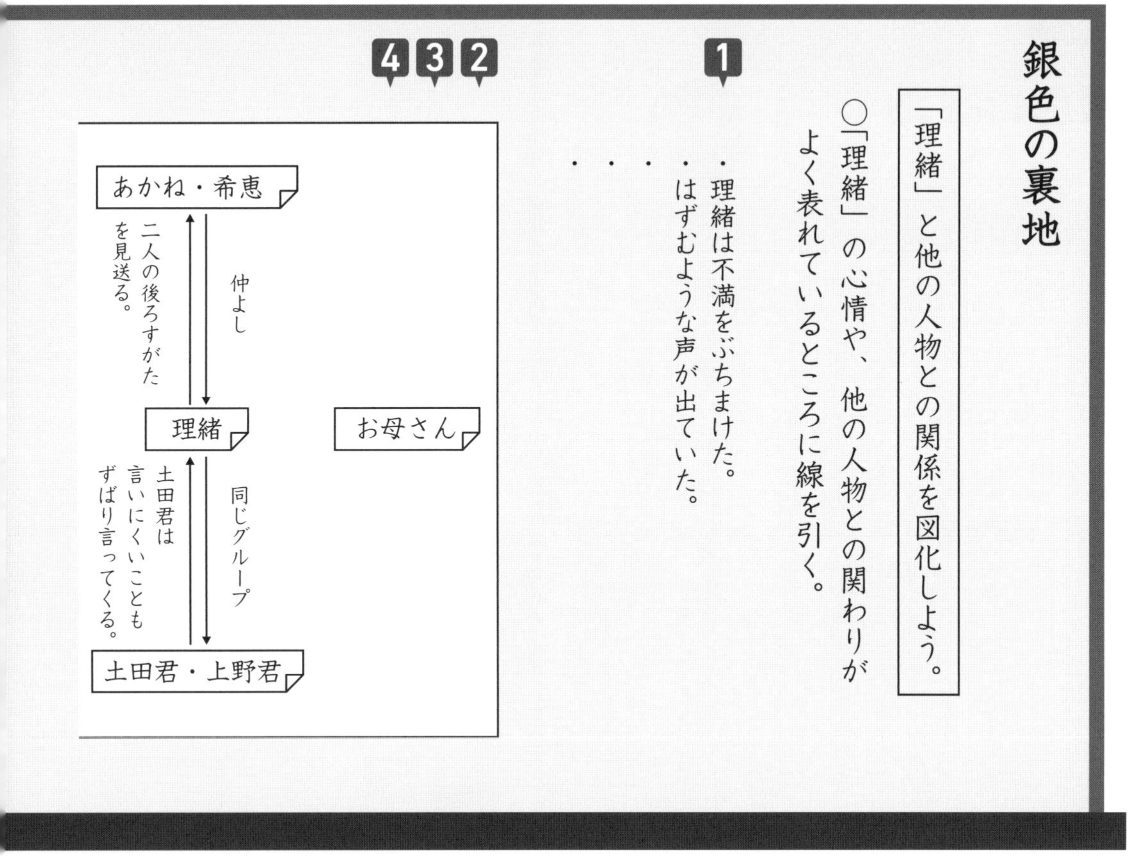
銀色の裏地
「理緒」と他の人物との関係を図化しよう。
○「理緒」の心情や、他の人物との関わりが
よく表れているところに線を引く。
1
・理緒は不満をぶちまけた。
・はずむような声が出ていた。
・
・
・
・
4
3
2
あかね・希恵
仲よし
二人の後ろすがたを見送る。
理緒
お母さん
同じグループ
土田君は言いにくいこともずばり言ってくる。
土田君・上野君

3 友達と交流する 〈5分〉

T かけた図を友達と交流し、かき足せるところは、かき足しましょう。

・お母さんからあかねたちにも線を引いているのはなぜですか。

・2人の後ろすがたを見送るところが大事だよね。

○友達と交流することで、自分の考えに自信がもてる。また、新たな考えへの気付きも生まれる。

○3～4人程度のグループが好ましい。

ICT 端末の活用ポイント

ホワイトボードアプリを使用している場合、グループ交流の際は、説明者が画面をグループの中心に置き、メンバーがそれぞれ見られる状態で話し合いをするとスムーズに進行できる。

4 理緒と登場人物の関係を全体でまとめる 〈10分〉

T 理緒と他の人物との関わりを教えてください。

・高橋さんを、最初はつんとすましていると思っていたけれど、途中からつんつんしていないおもしろい人と変わりました。

・土田君は言いにくいこともずばりと言ってきます。

○子供の発言を書き加えていき、クラスのオリジナル関係図を完成させる。

○文章のどの部分からそう考えたのか、叙述を基に説明させるとよい。

ICT 端末の活用ポイント

発表する際は、子供のホワイトボードアプリをデジタル黒板等に映して説明させてもよい。

本時案

銀色の裏地

3/5

本時の目標

・「理緒」の心情や、「高橋さん」との関わりは、どのように変化したのか考えることができる。

本時の主な評価

❸主人公の心情がどのように揺れ動いているかを読み取っている。【思・判・表】

資料等の準備

・クラスのオリジナル関係図

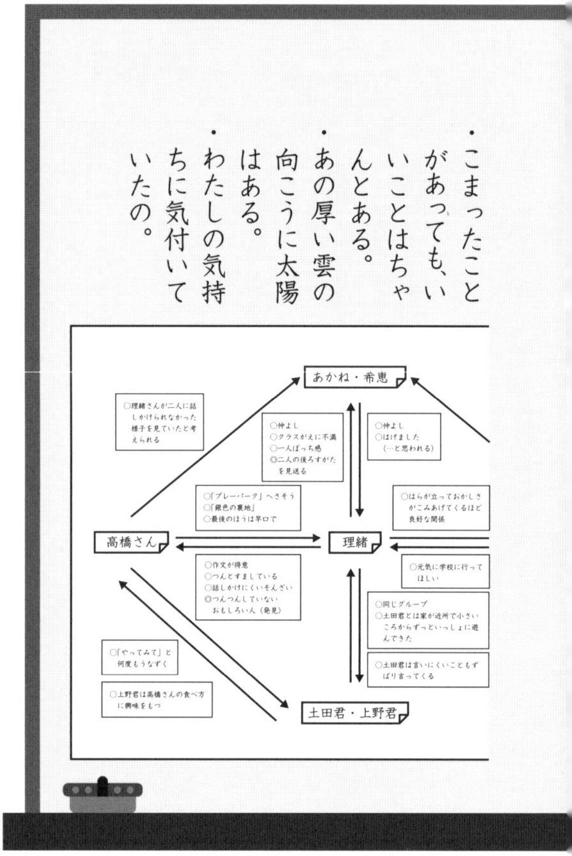

授業の流れ ▷▷▷

1 本時の学習課題を把握する 〈5分〉

○前時に作成したオリジナル関係図を見返し、前時の学習を想起させる。

T　みなさんの意見は、「理緒」と「高橋さん」との関係に集中しましたね。では、「高橋さん」との関わりで「理緒」の心情はどう変化したのでしょうか。

・プレーパークでの会話が大事だよね。

・最初は高橋さんと話すのも難しかったのにね。

ICT 端末の活用ポイント

端末を開き、前時のホワイトボードアプリを参照するようにする。本時の学習**2**、**3**でも参考になるので、机上にそのまま参考資料として置いておくとよい。

2 「理緒」の心情を想像しよう 〈20分〉

○「理緒」の心情変化をまとめるために、子供の初発の感想や、前時までに着目した表現を基にしてポイントを示す。

①変化のきっかけになった出来事や言動

②「理緒」から見た「高橋さん」の人物像

③「銀色の裏地」という言葉の意味

T　3つのポイントを意識してまとめましょう。

・まず、クラスがえです。

・下校時にあかねと希恵が仲よく帰っていくのも、大きなきっかけだよね。

○まとめるのに苦労する子供には、オリジナルの関係図に立ち戻らせることで、図に示したところがポイントになることに気付かせる。

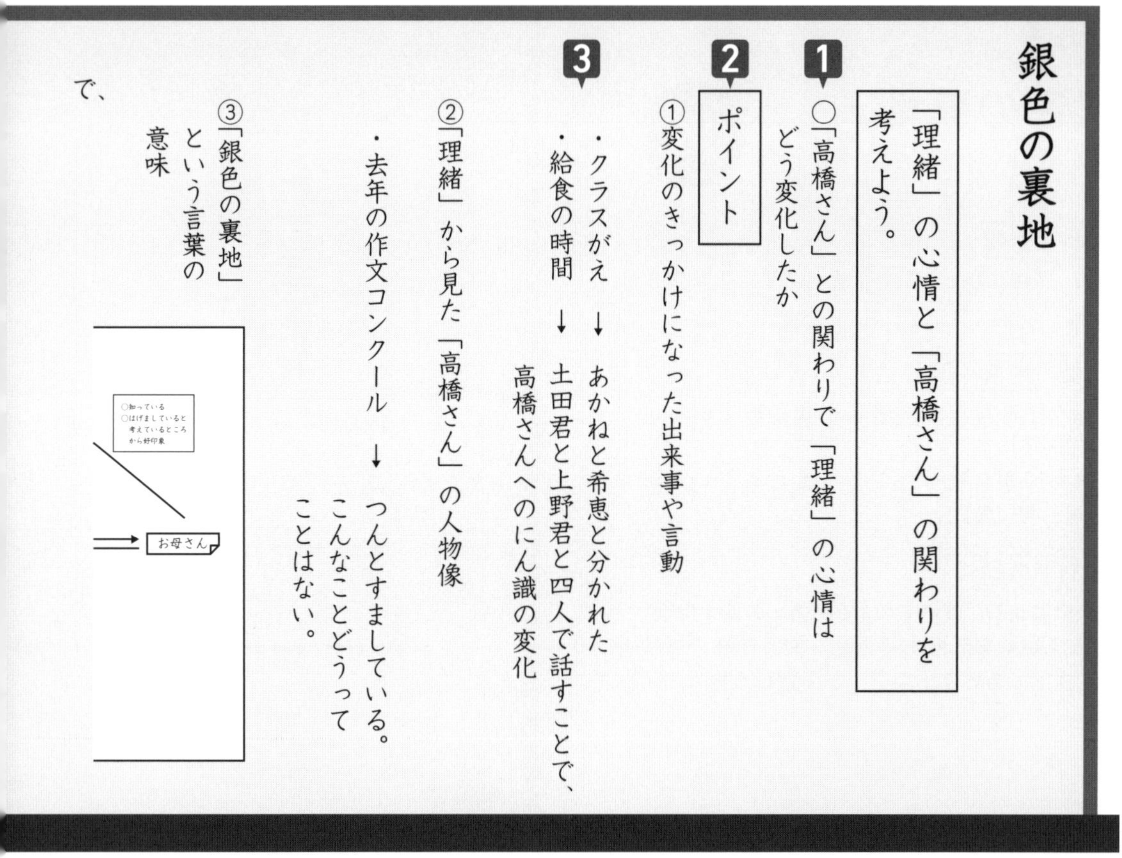
銀色の裏地
「理緒」の心情と「高橋さん」の関わりを考えよう。
1
○「高橋さん」との関わりで「理緒」の心情はどう変化したか
2
ポイント
①変化のきっかけになった出来事や言動
3
・クラスがえ → あかねと希恵と分かれた
・給食の時間 → 土田君と上野君と四人で話すことで、高橋さんへのにん識の変化
②「理緒」から見た「高橋さん」の人物像
・去年の作文コンクール → つんとすましている。こんなことどうってことはない。
③「銀色の裏地」という言葉の意味
で、
○知っている
○はげましていると考えているところから好印象
お母さん

3 「理緒」の心情を全体で確認しよう 〈20分〉

○机間指導の際、学級全体でまとめが弱いと感じたら、グループ交流を入れることで、より深められるよう支援する。

T みんなで確認をしていきましょう。①について教えてください。

・クラス替えです。

・クラス替えがあってもあかねや希恵がもっと理緒に優しければ違ったよ。

・給食の時間もそうじゃないかなあ。

・確かに、4人で話して高橋さんへ印象が変わったよね。

T ②について教えてください。

T ③について教えてください。

よりよい授業へのステップアップ

発問の工夫

子供の思考がまとまりやすいよう、一単位時間での課題は極力少ないほうがよい。本時は1の1つの発問で十分である。しかし、慣れない子供には道筋があると分かりやすいため、ポイントとして思考の道筋を示すとよい。

全体のまとめの工夫

まとめをする際は、学習の流れ（思考の流れ）を整理することを心がける。子供は、自分の考えが的を射ていると分かると、より思考する。本時では、①→②→③の順でまとめていけば、時系列通りまとめやすくなる。

本時案

銀色の裏地

4/5

本時の目標

・強く印象に残ったことをまとめることができる。

本時の主な評価

❶強く印象に残った表現をまとめている。【知・技】

❸強く印象に残ったことをまとめている。【思・判・表】

資料等の準備

・教科書 p.37「③考えのまとめ方」の拡大用紙
・（ICT 端末を活用する場合）文章作成アプリを提出できるフォルダーを用意しておく。

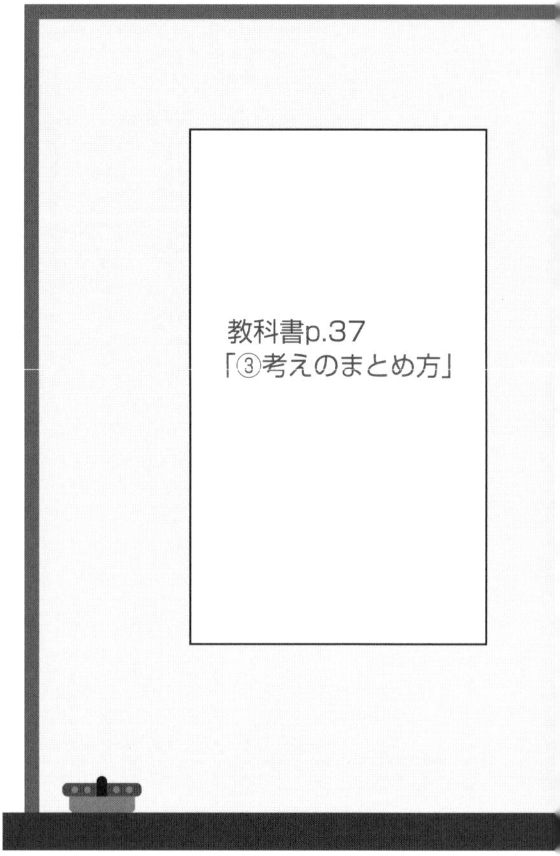

授業の流れ ▷▷▷

1 本時の学習課題を把握する 〈7 分〉

○前時の学習を振り返り、「理緒」の心情の変化について想起させる。

T　前時で強く印象に残っていることは何ですか。

・「銀色の裏地」のことを話し始めた高橋さんです。

・理緒が最後にはずむような声を出したことです。

・見方を変えることで、お母さんや高橋さんの印象が全くちがうものへと変わったことです。

T　今日は、強く印象に残ったことを自分の言葉でまとめましょう。

2 強く印象に残ったことをまとめる 〈20分〉

○本文の印象に残ったことをまとめるために、２つのポイントを示す。
①物語の中の印象的な表現
②自分の経験と重ねて感じたこと

T　２つのポイントを意識してまとめましょう。

・①は、理緒が最後に「はずむような声」を出したことです。

・②は、私はうれしいことがある時やいいことを報告するときなどには、声がはずむことがあります。

○教科書 p.37の「③考えのまとめ方」を確認し、『印象に残ったこと』と『自分の考え』を併記するよう指導する。

銀色の裏地

強く印象に残ったことをまとめよう。

1 ○強く印象に残ったことを自分の言葉でまとめよう。

2 ポイント

①物語の中の印象的な表現
・「銀色の裏地」
・はずむような声
・最後のほうを早口で、高橋さんは言った。

3

②自分の経験と重ねて感じたこと
・こまっている人を見かけたとき
・つらいときに友達が声をかけてくれた。
・うれしいことがある時やいいことを報告するときに、声がはずむ。

3 全体で確認し、書き足しをする〈13分〉

T　途中の人もいるかもしれませんが、書けたことを発表できる人いますか。
・「銀色の裏地」です。なぜなら……。
・「高橋さん」がすごいと思います。なぜなら、私は以前困っている人を見かけたときに……。
T　自分の経験と重ならない人は、これからのことでもよいので、自分の考えを書き加えましょう。

ICT 端末の活用ポイント

ノートの代わりに、文章作成アプリでまとめることもできる。文章作成アプリでまとめると、教科書の一部を写真で貼り付けたり、前に戻って書き加えたりできるなど、利点も多い。

4 早く書き終わった子供は交流する〈5分〉

○全体での確認を聞いて、着想したことを書き足す子供は多くいる。しかし、早く書き終わる子供も少なからず出てくる。その際に、交流スペースなどを用意したり、学習支援ソフトを活用したりして、どのようにまとめたのかを交流し合う活動を認めることで、主体的な活動になる。
T　早く書き終わった人は、交流スペースでお互いのまとめを説明し合いましょう。
　交流したことで書き加えたいことがあれば、席に戻って書き加えましょう。
・私は、理緒が一人ぼっちになったことが印象に残ったよ。
・どうして印象的だと思ったの。
・私も同じような経験があるから。

本時案

銀色の裏地

5/5

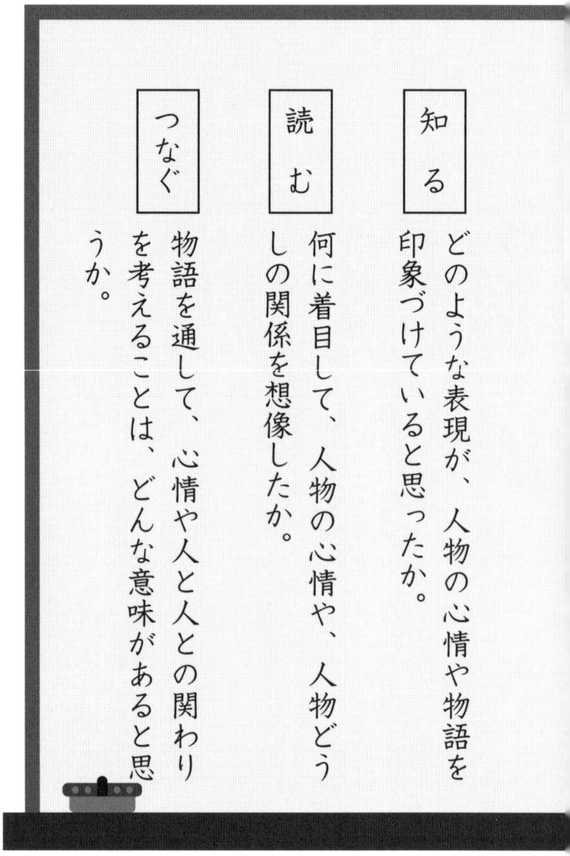
知る
どのような表現が、人物の心情や物語を印象づけていると思ったか。
読む
何に着目して、人物の心情や、人物どうしの関係を想像したか。
つなぐ
物語を通して、心情や人と人との関わりを考えることは、どんな意味があると思うか。

本時の目標

・全体で交流したことを通して、考えが広がったり深まったりしたことをまとめることができる。

本時の主な評価

❹共有したことを通して、考えの広がりや深まりをまとめようとしている。【態度】

資料等の準備

・（ICT 端末を活用する場合）文章作成アプリを提出できるフォルダーを用意しておく。

授業の流れ ▷▷▷

1 前時の学習を振り返り、本時の学習課題を把握する 〈8分〉

T　前時の自分のまとめを振り返り、新たに考えたことがあれば書き足しましょう。

○日をまたぐことで、着眼点が変わることがあり、冷静に前時の文章を見つめ直すことができるようにもなる。

○グループ交流でも、立ち歩き型の交流でも、学級の実態に合わせて行うとよい。必要ならば、全体の前で交流の模範をしてもよい。

ICT 端末の活用ポイント

ノートの代わりに、文章作成アプリでまとめることもできる。前時から文章作成アプリを使っている場合、本時の授業で書き足したものは、赤字にするなどの工夫をすると、交流の結果の改善点が分かる。

2 交流する 〈22分〉

○交流する際は、交流の観点を始めに伝えることが肝要である。学校もしくは学級に交流の観点が定められていれば、実態に即して使用するとよい。

①ノートまたは、端末を聞き手の中央に置く。

②「印象に残ったこと」「自分の考え」の順で話す。

③聞き手は、話を広げたり深めたりするための質問をする。または、感想を伝える。

T　考えたことを伝え合いましょう。友達の話を聞いて、新たに考えたことや感じたことを書きましょう。

・私は高橋さんが何度もうなずいた場面を「うれしい」と捉えました。しかし、友達は、「共感してほしい」と考えていました。

銀色の裏地

友達との交流を通して、考えをまとめる。

1

○強く印象に残ったことを自分の言葉でまとめよう。

①物語の中の印象的な表現

②自分の経験と重ねて感じたこと

2

○交流のポイント

①ノートを聞き手の中央に置く

②「印象に残ったこと」「自分の考え」の順で話す

③話を広げたり深めたりするためのしつ問をする

感想を伝える

3

○学習をふり返ろう。

3 学習を振り返る 〈15分〉

T　この単元を通して、考えたことをノートにまとめましょう。

・登場人物の心情や人間関係を考えて読むと、文章の見え方や物語の奥深さを知ることができました。

○教科書 p.37にある、「ふりかえろう」の観点で振り返るとよい。

T　最後に教科書 p.38の「たいせつ」や「いかそう」を読みます。

ICT 端末の活用ポイント

ノートの代わりに、文章作成アプリでまとめることもできる。事前に「知る」「読む」「つなぐ」などの発問を入力しておけば、ワークシートのような書きやすさにもつながる。

よりよい授業へのステップアップ

交流の工夫

年度初期の授業のため、交流の仕方も定着させていきたい。立場を明確にすることや比較しながら話すことを押さえていけるよう指導していく。

今後の学習や生活に生かす工夫

授業の終わりには、これからも文学的文章を読んで、自分のものの見方や考え方を深めていくよう促す。そのことが家族や友達、先生など周りの人たちを理解することにもつながっていくため、「自分と似ている人物が出てくる本」や「自分とは異なる立場の人物が出てくる本」などに興味をもたせたい。

本は友達

図書館を使いこなそう　（1時間扱い）

単元の目標

知識及び技能	・日常的に読書に親しみ、読書が、自分の考えを広げることに役立つことに気付くことができる。((3) オ)
学びに向かう力、人間性等	・言葉がもつよさを認識するとともに、進んで読書をし、国語の大切さを自覚して、思いや考えを伝え合おうとする。

評価規準

知識・技能	❶日常的に読書に親しみ、読書が、自分の考えを広げることに役立つことに気付いている。(〔知識及び技能〕(3) オ)
主体的に学習に取り組む態度	❷進んで日本十進分類法について理解し、それを活用して図書館を利用し、本を探そうとしている。

単元の流れ

時	主な学習活動	評価
1	一つのテーマやキーワードに関わる様々な分類の本を紹介するブックトークを聞き、本の分類や書架の位置について話し合う。 日本十進分類法について知る。 提示されたテーマやキーワードに関わる本をグループで探す。 探した本を発表し合う。 著作権について確かめ、学習を振り返る。	❶ ❷

授業づくりのポイント

〈単元で育てたい資質・能力〉

本単元のねらいは、図書館を効果的に活用する方法を理解し、進んで読書をしたり、図書館を活用したりしようとする態度を養うことである。高学年になると、決まった本を探したり、何かを調べたりするなど、目的をもって図書館を利用する機会が多くなる。自分が求める資料を効率よく見つけるための具体的な方法を知ることにより、図書館を効果的に活用しようという思いをもたせたい。

〈教材・題材の特徴〉

他教科・領域での調べ学習や、今後の読書生活にもつなげていくことができる教材である。

教科書には、日本十進分類法についてだけでなく、調べて分かったことの記録の例や読書記録の例などが具体的に載せられており、実際に図書館で本を探したり調べ学習を行ったりするときにすぐに活用することができる。また、著作権についても取り上げられている。著作権の尊重については、図書資料だけでなく ICT を活用しての調べ学習等とも関連させて指導すべき重要な内容である。教科書に示されている内容をしっかりと理解させ、今後も継続して意識させていきたい。

本単元での活動は、今後の図書館活用や読書につなげるための経験や動機付けといった意味合いが強い。この１時間の学習で完結するのではなく、これからの図書館活用や調べ学習の場面でも繰り返し内容を確認していくことで、より確実に身に付けさせるようにしたい。

〈言語活動の工夫〉

自分が求める本を効率よく見つけることができる方法の一つとして、日本十進分類法を取り上げる。知識として一方的に与えるのではなく、実際に学校図書館で書架の本を見ながら主体的に調べていけるようにすることが大切である。ブックトークで紹介された本が様々な分類に属するものであることにラベルを通して気付いたり、その本がどの書架に置かれているかを探したりする経験をさせることで、日本十進分類法に関心をもたせたい。

[具体例]

○授業の導入でブックトークを行う。１つのテーマやキーワードについて、様々な分類から複数の本を紹介することで、日本十進分類法に関心をもたせたい。選書やブックトークについては、学校図書館司書との連携を図って行うとよい。

○教員から提示されたテーマやキーワードについて、できるだけ多くの分類にわたって本を集める活動を取り入れる。グループで活動した方が短時間で多くの本を探すことができるだろう。提示するテーマやキーワードは複数用意しておき、グループごとに選んだりくじ引きで決めたりしてもよい。

○時間に余裕があれば、個人またはグループで１つのテーマやキーワードを決め、それに関わる本をできるだけ多くの分類から探す活動を行ってもよい。探した結果をまとめて発表し合う時間も取りたい。

〈ICT の効果的な活用〉

共有：時間に余裕があれば、個人またはグループで集めた本を日本十進分類法に基づいて分類し、端末のプレゼンテーションソフトなどを活用して友達に発表するための資料を作成する。本の題名や著者名、出版社名だけでなく、本の表紙の写真等を用いてまとめることで、互いに読んでみたいと思った本を手に取りやすくすることができる。

本時案

図書館を使いこなそう

1/1

本時の目標

・図書館を効果的に活用することにより、進んで読書をし、自分の考えを広げようとすることができる。

本時の主な評価

❶図書館を効果的に活用することで、自分が求める資料を探したり、読書の幅を広げたりすることができることに気付いている。【知・技】
❷進んで日本十進分類法について理解し、それを活用して図書館を利用しようとしている。【態度】

資料等の準備

・ブックトークに必要な本
（分類のラベルが貼られているもの）
・日本十進分類法を示した図
・ワークシート 05-01、02

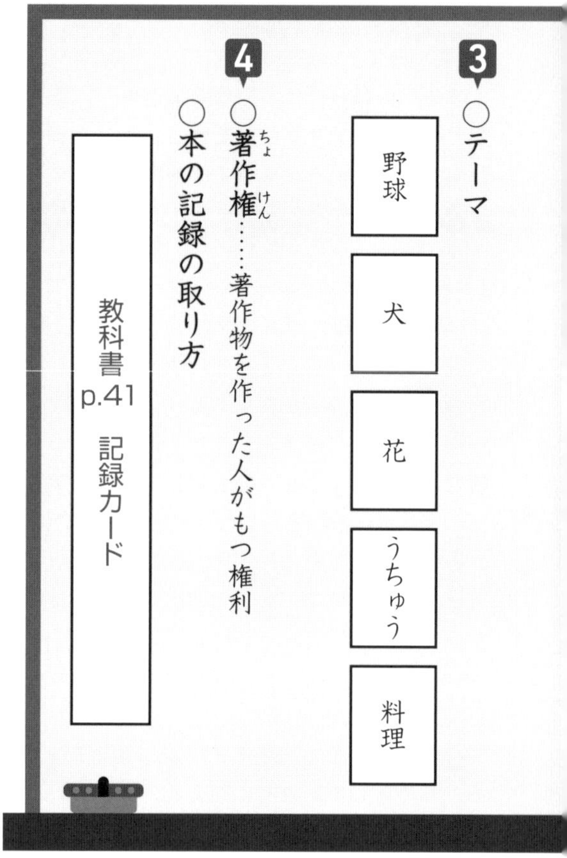

授業の流れ ▷▷▷

1 ブックトークを聞く 〈8分〉

○図書館を利用した経験や、そのときに必要な本をうまく見つけられなかった経験を想起させ、本時のめあてを確かめる。

T　これからブックトークをします。テーマは何かを考えながら聞いてください。

・どの本も「米」に関係がありました。
・イネの育ち方についての本もあったし、お米の歴史が分かる本もあったけれど、共通点は「米」でした。

T　そうですね。今回のブックトークのテーマは「米」でした。いろいろなジャンルの本があったけれど、この本はそれぞれどこの棚に入っているか分かりますか。

・本に貼ってあるラベルの数字を見れば分かるって聞いたことがあります。

2 日本十進分類法について知る 〈7分〉

○日本十進分類法が一目で分かるような図を提示する。

T　多くの図書館では、「日本十進分類法」というきまりに基づいて本が分類され、棚に整理されています。

・どの本にもラベルが貼ってあります。
・『イネの一生』には479という番号が付いています。
・それぞれの棚にも番号が表示されています。
・私の好きな物語には9という番号が付いていました。

○実際に学校図書館で授業を行うと、本のラベルや書架の番号をすぐに確かめることができ、子供の主体的な活動を促すことができる。

図書館を使いこなそう

必要な本をさがしたり、読書のはばを広げたりするための、図書館の上手な使い方を考えよう。

1

○図書館で本をさがすときの課題

・調べたいことがどの本にのっているのか分からない。

・読みたい本がどのたなにあるのか分からない。

・いつも同じような本ばかり読んでしまう。

2

○日本十進分類法

・本にラベルがついている。

・たなにも番号がついている。

教科書p.40
日本十進分類法の図

めあてにつながる課題を板書しておく

3 決められたテーマに関わる本を探し、発表し合う 〈20分〉

T　これから、与えられたテーマに関わる本を、できるだけ多くの分類にわたって集めてみましょう。グループごとにくじを引いてテーマを決めます。あとでどれだけたくさん集められたか発表し合いましょう。

・私たちのグループのテーマは「野球」だって。分担して棚を探そう。

・ルールや技術について書かれた本が７の棚にありました。

・野球を題材にした物語が９の棚にあったよ。

ICT 端末の活用ポイント

時間に余裕があれば、プレゼンテーションソフトなどを活用して発表するための資料を作成する。本の題名、著者名、出版社名、表紙の写真等を用いてまとめると分かりやすい。

4 著作権や記録について確かめ、学習を振り返る 〈10分〉

T　今後、知りたい情報が書かれた本をうまく見つけることができそうですか。

・日本十進分類法の番号を参考にして棚を探せば、必要な本を見つけられそうです。

T　図書館司書の方に相談したり、インターネットで検索したりする方法もあります。

T　著作物を使うにはルールがあります。

○教科書を活用して著作権について確かめる。

○読んだ本の記録の仕方について、教科書の例を示す。

T　今日の学習を振り返りましょう。

・分類法を使うと、本が見つけやすそうです。今後の調べ学習の時に使ってみます。

・一つのテーマでも、いろいろなジャンルの本があることが分かりました。

資料

1 第1時資料　たくさん集めよう！　図書館探検隊 05-01

たくさん集めよう！　図書館探検隊

テーマ

0 調べるための本	1 ものの考え方や心についての本	2 昔のことや地いきの本
3 社会の仕組みの本	4 自然に関わる本	5 技術や機械の本
6 いろいろな仕事の本	7 芸術やスポーツの本	8 言葉の本
9 文学の本	E 絵本	

＊分類番号は、同じ本でもことなる場合があります。

＊絵本にも分類番号はありますが、学校図書館では「E」というラベルがはられていることが多いです。

2 第１時資料　たくさん集めよう！　図書館探検隊　記入例 05-02

たくさん集めよう！　図書館探検隊

テーマ　米

０調べるための本 ポプラディア	１ものの考え方や心についての本	２昔のことや地いきの本
３社会の仕組みの本 米から見る東アジア （３８２）	４自然に関わる本 イネの一生 （４７９）	５技術や機械の本
６いろいろな仕事の本 すがたをかえる食べもの 米がへんしん （６１９）	７芸術やスポーツの本 おじいちゃんちの たうえ （７２６）	８言葉の本
９文学の本	Ｅ絵本 おいしいおにぎりを たべるには（Ｅ）	

＊分類番号は、同じ本でもことなる場合があります。

＊絵本にも分類番号はありますが、学校図書館では「Ｅ」というラベルがはられていることが多いです。

言葉

漢字の成り立ち （2時間扱い）

単元の目標

知識及び技能	・漢字の由来、特質などについて理解することができる。((3)ウ)
学びに向かう力、人間性等	・言葉がもつよさを認識するとともに、進んで読書をし、国語の大切さを自覚して、思いや考えを伝え合おうとする。

評価規準

知識・技能	❶漢字の由来、特質などについて理解している。(〔知識及び技能〕(3)ウ)
主体的に学習に取り組む態度	❷進んで漢字の由来、特質などに関心をもち、学習課題に沿ってそれらを理解しようとしている。

単元の流れ

時	主な学習活動	評価
1	学習の見通しをもつ 漢字は、成り立ちで主に４つに分けられることを知る。 １年生で学習した漢字80字から、象形、指事、会意、形声の４種類に分けた、各10字程度を選び掲示した模造紙（あるいはプレゼンテーションソフトなどのスライド資料）を見て、どのような特徴があるのか予想する。 馬、上、鳴、草の漢字の成り立ちを考える。これまで学習した漢字のうちのいくつかを、漢字辞典で調べる。 調べたことをノートに書き、ICT 端末で撮影し、学習支援ソフトで提出する。１文字１枚の画像にし、カラーのカードとして子供は端末で確認し、教師はスクリーンに提示し学級全員で共有する。	❶
2	前時に分けた漢字を大きな４マスで、グループ分けする。 １枚のスライドを共有し、共同で取り組む。 これまで学習した漢字は、教科書巻末に「これまでに習った漢字」が９ページ程度にまとめられているので、グループで分担していくつかを調べる。 学習支援ソフトで提出する（クラスで９ページ分のスライドが完成する)。 提出したグループは、自他のグループのスライドを見て、漢字の４つの分け方について考える。 自他のグループのスライドを見て、漢字の成り立ちについて考えたことを振り返る。	❷

授業づくりのポイント

〈単元で育てたい資質・能力〉

本単元のねらいは、漢字の由来、特質などについて理解し、どのようにして漢字が成立してきたのか実感を伴った知識にすることである。

そのために、漢字の成り立ちを４つに分類した一覧から、共通点や異なる点について調べることで理解する力を育てたい。具体的な問いとして「漢字の成り立ちはどうなっているのか」が挙げられる。このような問いによって漢字を捉え直すことができる。漢字辞典を使って漢字の成り立ちについて調べたり、インターネットなどの検索によって漢字の成り立ちの４分類を調べたりして、情報がどのように異なるのか捉える能力も丁寧に育みたい。

〈教材・題材の特徴〉

子供は４年生までに600字以上の漢字を学んできた。象形文字、漢字の構成部分、へんとつくり、漢字の組み立て、漢字辞典の使い方という既習事項を基にした知識を想起させながら、漢字の成り立ちについて考えることで、漢字を再認識することができる題材である。

本教材では、「漢字はいつ生まれたのか」や「中国の漢字がなぜ日本で使用されるようになったのか」などの疑問が生まれるよう促すことができる。さらに、自ら調べてみようという意欲を引き出す指導が、自ら学ぶ子供の姿へとつながる。漢字辞典を使うことに困難を抱えている子供でも、ICT 端末によって漢字の成り立ちについて検索する学習を始められる。また、多くの漢字について、オンライン上で調べたり分類したりすることが容易にできる。インターネットだけでなく、漢字辞典を使用しノートに手書きした画像を、学習支援ソフトで共有するなど、ICT を効果的に組み合わせられる教材である。

〈言語活動の工夫〉

「漢字は書いて覚える」という活動にとどまることなく、漢字の成り立ちや現在の文字に至る変化に着目させるために、ICT 端末で漢字を分類し視覚的に認識できるような言語活動を工夫する。漢字を書かずに、まず分類するという活動に取り組むことが可能になる。

実態に応じて、既習漢字をすべて厚紙にプリントアウトして、カードを分類することで漢字の成り立ちについて試行錯誤して考えることもできる。実際にカードを手にして分類しながら、仲間と話し合うことで、「どうしてそのように考えたのか」という考えの根拠を相手に分かるように伝え合う活動につなげることもできる。

〈ICT の効果的な活用〉

調査：学習支援ソフトで「漢字の成り立ちはどうなっているのか」という検索のためのキーワードを伝える。あるいは、漢字の成り立ちの４つを検索できるようウェブサイトの参照先を示すことができる。

共有：分類・共有ソフトを使用し、漢字の成り立ちを４つに分類した過程を共有する。あるいは、グループで共同作業に取り組む。

記録：表計算ソフトの縦列に既習の漢字、その隣に漢字の成り立ち４種類をプルダウンで選択できるようにして、子供が個別に自らの考えを記入していく。そのあとは、解答が記入されたファイルを学習支援ソフトからダウンロードして、子供が各自のペースで答えを確認する方法がある。

本時案

漢字の成り立ち 1/2

本時の目標

・漢字の由来、特質などについて理解することができる。

本時の主な評価

❶漢字の由来、特質などについて理解している。【知・技】

資料等の準備

・両面の漢字カード（片面に漢字、もう片面にイラスト。例えば、片面に「魚」と漢字で書き、教科書 p.42の魚のイラストをもう片面に描く。すべての文字を象形文字にせず、実態に応じて楷書体で作成する。磁石で黒板に貼り付けられるように準備する。）

・あるいは、紙のカードではなく、教師用端末のプレゼンテーションソフトでカードを準備すると、拡大しやすい資料が作成できる。

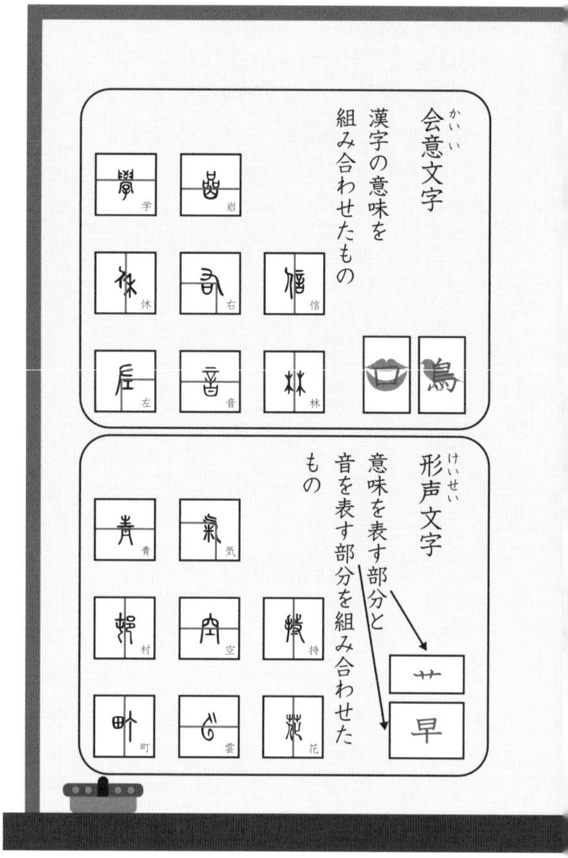

授業の流れ ▷▷▷

1 漢字は、成り立ちで主に４つに分けられることを知る 〈10分〉

〇漢字の成り立ちは、大きく４つに分けられることを伝える。

T　これまで、たくさんの漢字を学んできましたが、今日は４つに分けてみましょう。

・どうやって分けるんですか。

T　ではまず２枚のイラストを見てください。

・（１枚目）あっ、魚。

・（２枚目）それは、なんだろう。

T　（２枚目）これは、「車」です。

・そうか、車輪かな。

T　目に見える物の形を具体的に漢字にしていますね。

〇本時のめあて、象形文字の説明を板書する。「馬」を含めた９枚のイラストを１枚ずつ貼りながら、子供の気付きを大切にしたい。

2 馬、上、鳴、草の漢字の成り立ちを考える 〈20分〉

T　「上」という漢字はどのような形がもとになっていますか。

・なんだろう。上向きの矢印かな。

T　なるほど。今書いたこのイラスト（ ● ）がもとになっています。

・そうか、「上」って目に見えないから印が使われているんだ。

〇指事文字とその説明を板書する。

〇会意文字と形声文字も同様に、「どうしてだろう」「なぜだろう」と問いかけ、子供の気付きをつなげながら、板書していく。

〇会意文字と形声文字のカードに記載した赤線は、直接書き込む。あるいは、切れ目を入れて、分解できるようにすると漢字の成り立ちをイメージしやすい。

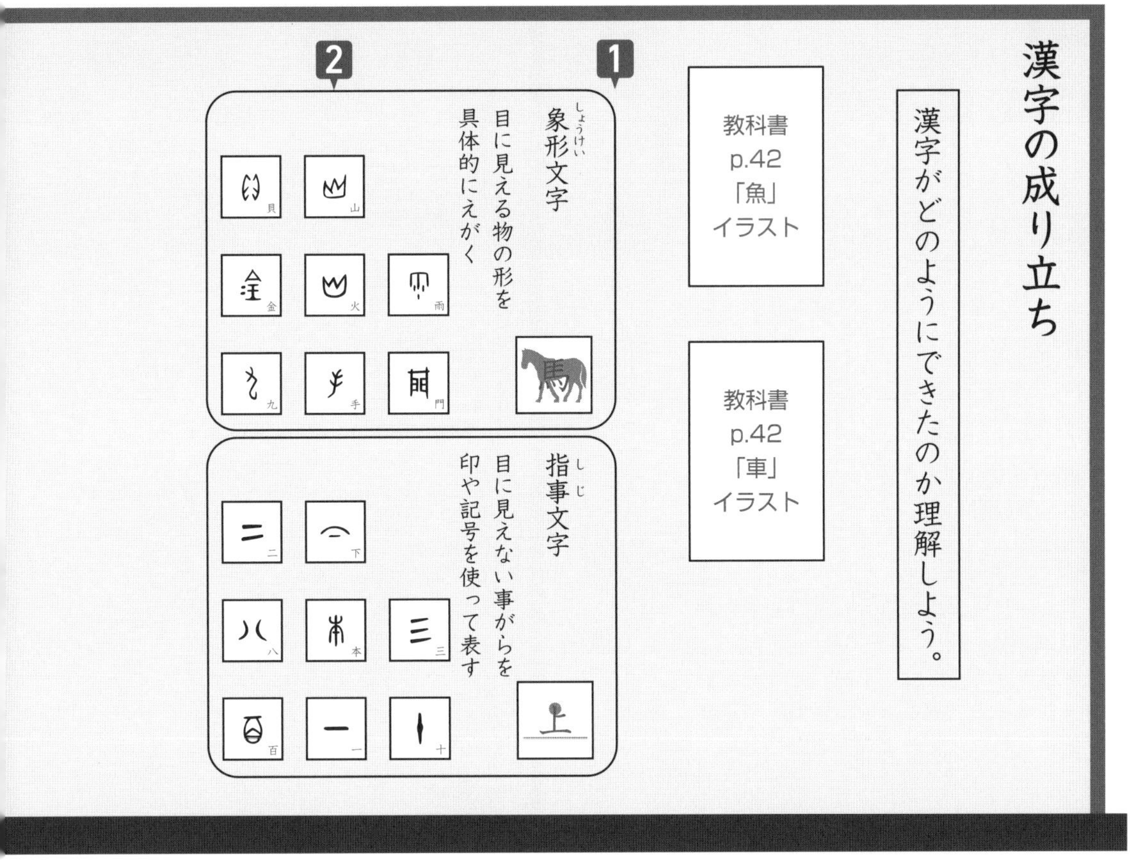
漢字の成り立ち
漢字がどのようにできたのか理解しよう。
教科書 p.42「魚」イラスト
教科書 p.42「車」イラスト
1
2
象形《しょうけい》文字
目に見える物の形を具体的にえがく
貝
山
金
火
雨
九
手
門
馬
指事《しじ》文字
目に見えない事がらを印や記号を使って表す
二
下
八
本
三
百
一
十
上

3 これまで学んだ漢字を調べる〈15分〉

T　教科書 p.272を見ながら、これまで学んだ漢字を選び、漢字辞典で調べてノートに書いてみましょう。

○書き方として、黒板のカードのように○○文字とイラストを示し、どのように漢字ができたのか漢字辞典の言葉を書けるように、例を用意すると取り組みやすい。

○ノートに手書きした成果は、端末で撮影して学習支援ソフトで提出すると、クラス全体で共有することができる。

ICT 端末の活用ポイント

漢字辞典が子供の人数分用意できない場合、1つ目の漢字は辞典で調べ、2つ目からはインターネットを活用するというように、組み合わせる展開を取り入れたい。

ICT 等活用アイデア

すべての子供が個人の考えを伝えられる機会の設定

本単元では、子供一人一人が複数の漢字を成り立ちで分けることで、その由来や特質を実感しながら理解していく過程を重視している。

端末を活用することで、イラストを見て思いついた漢字を手書き（または入力）して、すべての子供が回答する機会を得られるようになる。

個々の子供がじっくりと考え、表現する道具として端末を活用したい。提出状況を教師の端末で確認できる機能を使うことで、どの程度理解しているのか把握することもできる。

本時案

漢字の成り立ち 2/2

本時の目標

・言葉がもつよさを認識するとともに、国語の大切さを自覚して、思いや考えを伝え合うことができる。

本時の主な評価

❷進んで漢字の由来、特質などに関心をもち、学習課題に沿ってそれらを理解しようとしている。【態度】

資料等の準備

・各グループで作成する共有スライドのひな型（学習支援ソフトで共有できるようにしたい）
・漢字辞典（あるいは、子供が調べやすいインターネットのアドレスを準備し、子供がリンク先にアクセスできる環境を整えたい）

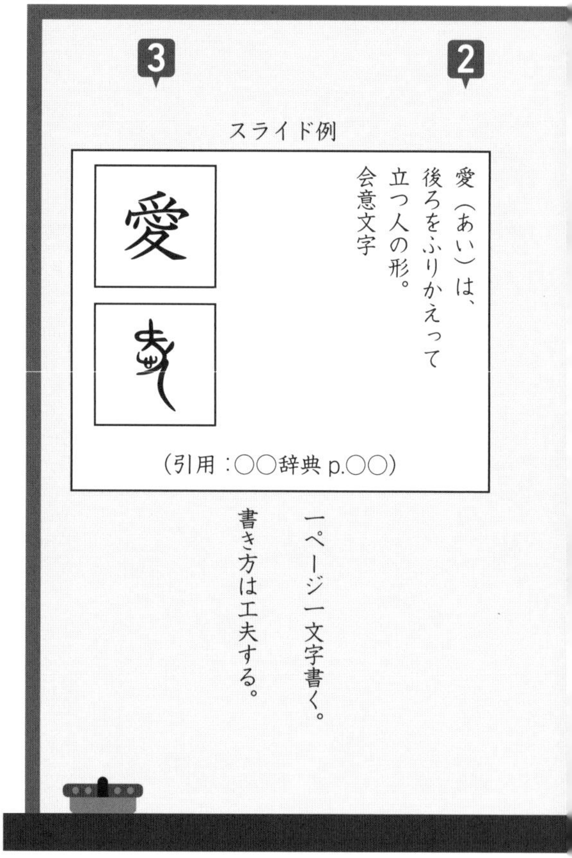

3
2
スライド例
愛（あい）は、後ろをふりかえって立つ人の形。
会意文字
愛
（引用：○○辞典 p.○○）
一ページ一文字書く。
書き方は工夫する。

授業の流れ ▷▷▷

1 4種類の漢字の成り立ちを振り返る 〈15分〉

T　前の時間、漢字を成り立ちで４つに分けられることを学びました。前時に学んだ漢字カードを、イラストを手がかりに、黒板の４マスに分けてみましょう。

○前時の漢字カードを、学習支援ソフト（あるいは、紙のカード）で分類することで、振り返りをする。

ICT 端末の活用ポイント

思考ツールなどで、あらかじめ４マスに分け、象形文字と説明などの４つを提示する。その上で、前時に学んだ漢字カードを、４マスに入れるグループ活動（共同編集機能）によって、短い時間で振り返りができるようにしたい。

2 教科書巻末の漢字を調べてスライドにまとめる 〈20分〉

T　教科書巻末（p.272から）９ページ分の漢字がまとめられているのを見てみよう。

・こんなに漢字を学んだね。それぞれどんな成り立ちがあるんだろう。

T　では、１グループ１ページを分担して、その中から気になる漢字を調べてスライドにまとめ、提出しよう。

ICT 端末の活用ポイント

１グループ１ファイルのスライドを用意する。グループごとに、共同編集機能で調べた漢字について書き込むことで、各児のペースで取り組み、クラス全体で共有も容易にすることができる。さらに、子供は互いが何をどのように調べているか把握しながら活動することができる。

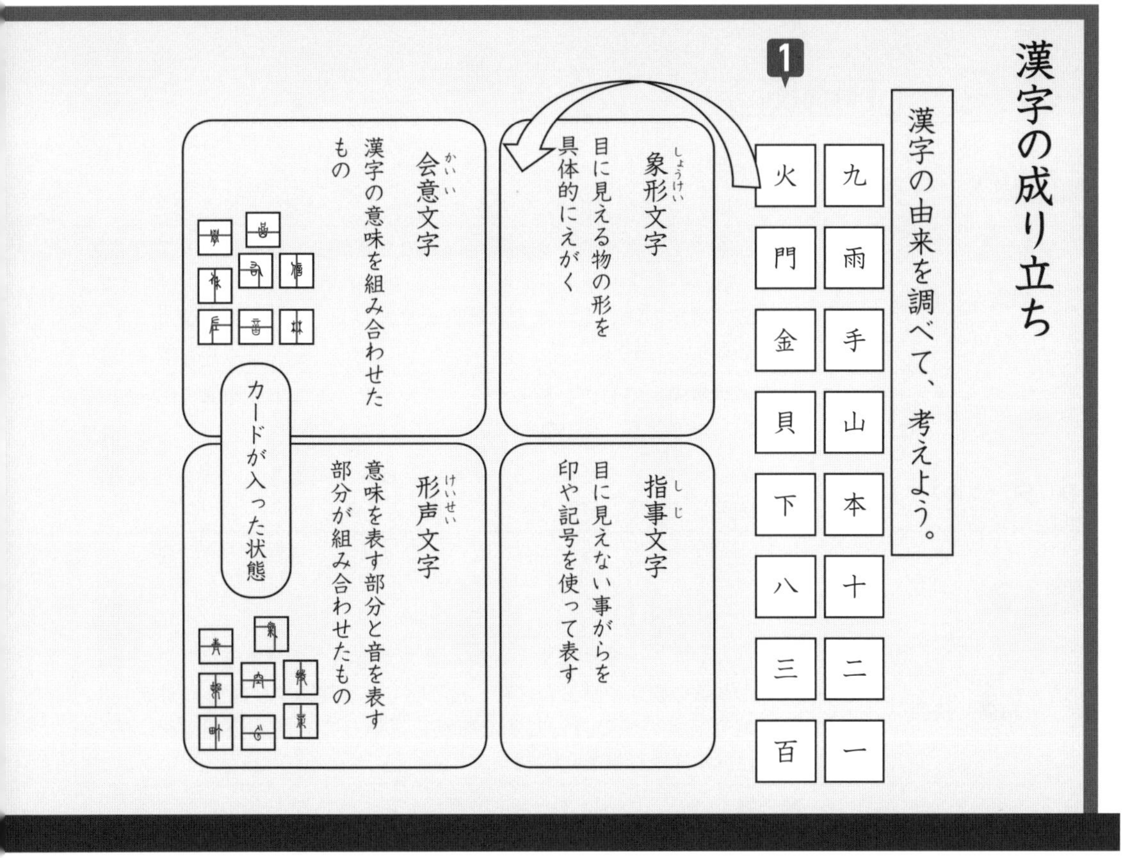
漢字の成り立ち
1
漢字の由来を調べて、考えよう。
九
火
雨
門
手
金
山
貝
本
下
十
八
二
三
一
百
象形《しょうけい》文字
目に見える物の形を具体的にえがく
会意《かいい》文字
漢字の意味を組み合わせたもの
指事《しじ》文字
目に見えない事がらを印や記号を使って表す
形声《けいせい》文字
意味を表す部分と音を表す部分が組み合わせたもの
カードが入った状態

ICT 等活用アイデア

共有することで、子供が何を考えたのか振り返りを大切にする

共有して振り返る記述の書き方は、典型的な記述例を示して、具体例を入れ替えて書く流れだけではない。多様な振り返りが生まれるように問いかけると、悩みながらも驚くような着眼点で理解したことを鮮やかに記述する子供がいる。そのような時こそ、ICT で画面共有し、記述までの悩みも含めて発表する場面を設け、書き方の視点も共有し、子供それぞれが次の振り返りにつなげることができるよう指導したい。

3 漢字の成り立ちについて考えたことを振り返る 〈10分〉

T　それでは、最後に自分たちだけでなく、他のグループで作成したスライドを見ながら、漢字の成り立ちについて考えたことを、振り返りましょう。

・どのように書けばいいですか。

T　グループで調べた漢字は、誰かが気になって調べた漢字です。漢字それぞれに成り立ちがあるので、読んだ人も成り立ちの理由を考えながら書きましょう。

○振り返りは「楽しかった」「分かりやすかった」など、気持ちのみを記述する子供の姿が見られる場合がある。しかし、「何をどのように学んで、理解したのか」を、具体例を挙げて振り返るよう伝えることが効果的である。

季節の言葉１

春の空　１時間扱い

単元の目標

知識及び技能	・親しみやすい古文や漢文、近代以降の文語調の文章を音読するなどして、言葉の響きやリズムに親しむことができる。((3) ア) ・語感や言葉の使い方に対する感覚を意識して、語や語句を使うことができる。((1) オ)
思考力、判断力、表現力等	・目的や意図に応じて、感じたことや考えたことなどから書くことを選ぶことができる。(B ア)
学びに向かう力、人間性等	・言葉がもつよさを認識するとともに、進んで読書をし、国語の大切さを自覚して、思いや考えを伝え合おうとする。

評価規準

知識・技能	❶親しみやすい古文や漢文、近代以降の文語調の文章を音読するなどして、言葉の響きやリズムに親しんでいる。(〔知識及び技能〕(3) ア) ❷語感や言葉の使い方に対する感覚を意識して、語や語句を使っている。(〔知識及び技能〕(1) オ)
思考・判断・表現	❸「書くこと」において、目的や意図に応じて、感じたことや考えたことなどから書くことを選んでいる。(〔思考力、判断力、表現力等〕B ア)
主体的に学習に取り組む態度	❹進んで文語調の文章や言葉の響きに親しみ、語感や言葉の使い方に対する感覚を意識しながら、学習の見通しをもって、事実や経験を基に感じたり考えたりしたことについて文章に書こうとしている。

単元の流れ

時	主な学習活動	評価
1	春の思い出について想起する。 『枕草子』の春の範読を聞き、清少納言の春の感じ方を知る。 『枕草子』を音読し、言葉の響きやリズムに親しむ。 教科書を読んだり春の言葉を出し合ったりして、新しい春の言葉について知る。 国語辞典やICT 端末を活用して、春の言葉を調べる。 清少納言の春の感じ方や、新しく知った春の言葉について、思ったことや考えたことを文章にする。	❶ ❷ ❹ ❸

授業づくりのポイント

〈単元で育てたい資質・能力〉

本単元のねらいは、古文や漢文を音読して言葉の響きやリズムに親しむとともに、語彙を豊かにすること、自他の感じ方について表現することである。季節の言葉の単元は、春、夏、秋、冬と４回設定されている。言葉の響きやリズムに親しみ、語彙を増やし、自他の感じ方の違いに気付き、自分の感じたことを表現する力が季節を追うごとにレベルアップするよう、意図的に指導計画を組んでいく必要がある。初回の春では、繰り返し音読をすることで、言葉の響きやリズムに親しむ。その上で、昔の人の春の感じ方と自分の感じ方とを比べる。そうすることで、感じ方に違いがあることにも気付くことができる。これまでもっていた春のイメージや、新しく知った春の言葉について、感じたことや考えたことを豊かに表現させることで、語彙の拡充にもつなげていく。

〈教材・題材の特徴〉

『枕草子』は、清少納言が日常生活で感じたことを、率直な表現で書き表したものである。そのため、1000年前に書かれたとは思えないほど、現代の私たちにも生き生きと伝わるものがある。日常の些細な事柄から季節の移ろいを感じるさまやその着眼点等、近年感じにくくなっている四季が鮮やかに立ち上る。同時に、現代の私たちでも十分理解できる感じ方もあり、その両方を味わえるのが『枕草子』のよさの一つである。年間を通じて清少納言の季節の感じ方に触れることで、受け取り方の違いはもちろん、表現の豊かさ、言葉の意味の移り変わりにも気付かせることができる題材である。

〈言語活動の工夫〉

『枕草子』を繰り返し音読することで言葉の響きやリズムに親しみ、清少納言の春の感じ方を知る。また、春の言葉を共有し合うだけでなく、生活の中で経験しているものの語彙として獲得しているとはいえない言葉を写真とともに提示する。そうすることで、国語辞典やICT端末で新しい春の言葉を調べたいとの意欲をかき立て、語彙を増やすとともに、いにしえから春を様々に言い表してきたことに気付かせ、言葉への感覚を磨く。

[具体例]

○写真とともに掲示する言葉は、「春がすみ」「春草」「花冷え」「花ざかり」「花筏《いかだ》」など生活の中で経験しているものの、語彙として獲得しているとは言えない言葉にする。「春休み」「春風」「花見」「花見団子」等、子供がすでに獲得している言葉と合わせて、「春○○」「花○○」という言葉が想像以上に多数あることに気付かせ、さらに調べたいとの思いをもたせる。

〈ICTの効果的な活用〉

調査：子供の数に対して、十分な図書資料を準備できない場合は少なくない。新しく春の言葉を調べる際に、ウェブブラウザの検索機能を有効に使いたい。その際、子供でも分かりやすいサイトをいくつか提示するとよい。

共有：子供が自分で調べた春の言葉は、生活（行事、出来事、二十四節気・七十二候、道具）、自然（植物、生き物）、食べ物、天気・気候に分類してホワイトボードアプリ等に集める。グループ内でジャンルを分担したり共同編集で集めたり、子供の実態に合わせた言葉集めで語彙を豊かにする。

記録：子供が集めた春の言葉は、共有後にプレゼンテーションソフトや文書作成ソフト、表計算ソフト等を活用して分類整理した後、「5年○組版 季節の言葉」として学習支援ソフト等で全員に還元して記録として残す。記録として残すことで、6年生にも活用が可能となる。今後学習する「古典の世界（一）」の「5年○組版 古語辞典」と合わせてもよい。

本時案

春の空

1/1

本時の目標

・文語調の文章を音読して、言葉の響きやリズムに親しみ、自分が感じた春について文章にまとめることができる。

本時の主な評価

❶文語調の文章を音読して、言葉の響きやリズムに親しんでいる。【知・技】

❸春の感じ方や春の言葉について、感じたことや考えたことを文章にまとめている。【思・判・表】

資料等の準備

・国語辞典や子供向けの季語の本
・「春草」「春がすみ」「花ぐもり」「花筏」の写真と言葉

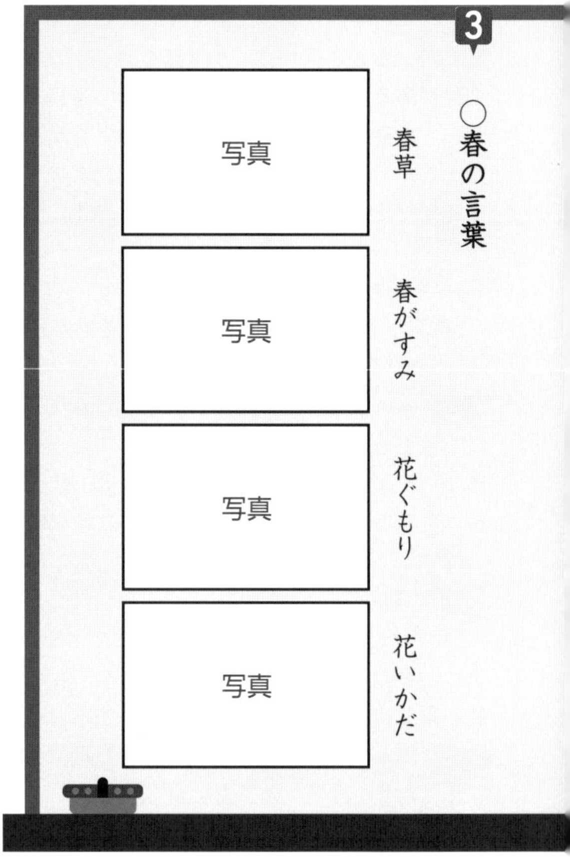

授業の流れ ▷▷▷

1 自分が経験した春の様子を想起する 〈5分〉

T　みなさんは、どんなことやどんな様子に「春だなあ」と感じますか。自分の経験を思い出してみましょう。
・4月に新学期が始まると春だと思う。
・家族でお花見に行ったよ。
・弟や妹が入学式だから、お祝いした。
・川の近くの菜の花がきれいだった。
・保育園で、桜の下でお弁当食べたよ。
・お雛様も春かな。
・春って、なんだか眠くなるよね。

○春に行われる様々な行事を想起させる。春の動植物を見た経験、春の食材や春の季節の様子を表す言葉など、春に関連する言葉とその時の感情を自由に想起させる。板書やICT端末で分類してもよい。

2 清少納言の感じ方、リズムや言葉の響きに親しむ 〈15分〉

T　昔の人は、春をどのように感じていたのか、1000年前に清少納言が書いた『枕草子』という作品を読んで、考えてみましょう。
・「あけぼの」って何だろう。
・「ようよう」は、「やうやう」と書くんだね。
・「紫だちたる」「ほそくたなびきたる」で、2回「～たる」「～たる」って言っているよ。
・ひょっとして、教科書の写真は、清少納言の言っている様子の写真なのかな。
・確かにだんだん明るくなるのはきれいかも。

○大体の内容が押さえられればよいので、全体読み、一人読み、ペア読みなど、多様な音読の仕方を通して、語感や言葉の使い方に気付かせる。また、リズムのよさや今と昔の言葉の違い等にも気付かせる。

春の空

1 2

言葉のひびきやリズムに親しみ、春について考えよう。

『枕草子』　清少納言

春はあけぼの。
春は明け方がよい。

やうやう白くなりゆく山ぎはは、
だんだん白くなっていく山ぎわの空が、

すこしあかりて、
少し明るくなって、

紫《むらさき》だちたる雲のほそくたなびきたる。
紫がかった雲が細くたなびいているのがよい。

教科書p.44〜45
上部の写真

3 春の言葉を共有し、さらに調べる〈20分〉

○「春草」「春がすみ」「花ぐもり」「花筏」を言葉と写真を一緒に提示し、言葉がもつ意味と表す情景を一致させる。

・「春ぐもり」ってニュースとかで言っているよ。
・「春がすみ」って、なんとなくぼんやりしている感じが春っぽいね。
・花びらがプールに集まっていたのは、「花いかだ」っていうんだね。初めて知ったよ。
・「春休み」も春が付くから春の言葉だよね。

ICT 端末の活用ポイント

ホワイトボードアプリ等を活用し、共同編集モードで「春○○」「花○○」を集める。集めた言葉への写真等の添付可能にすると、言葉が表す情景を想像しやすくなり、理解の助けにもなる。

4 春の言葉についての思いや考えを、文章にまとめる〈5分〉

T　今日は、春の感じ方や春の言葉を学習しました。自分の春の感じ方や、新しく知った春の言葉について思っていることを、文章にまとめましょう。

・新学期の日の朝は、わくわくして早く起きちゃうから、清少納言がだんだん朝になる感じがいいと思うのは理解できる。
・清少納言の言葉は今と少し違っていた。でも、言いたいことはちゃんと分かった。
・「花」の付く言葉がこんなにあるとは思わなかった。
・「新学期」は春の言葉と思わずに使っていた。

○言葉の響きやリズム、春への感じ方についても着目できるよう、文章を書く視点を明確にしてから書かせる。

話の意図を考えてきき合い、「きくこと」について考えよう

きいて、きいて、きいてみよう　（6時間扱い）

単元の目標

知識及び技能	・話し言葉と書き言葉との違いに気付くことができる。(⑴ イ) ・情報と情報との関係付けの仕方、図などによる語句と語句との関係の表し方を理解し、使うことができる。(⑵ イ)
思考力、判断力、表現力等	・話し手の目的や自分が聞こうとする意図に応じて、話の内容を捉え、話し手の考えと比較しながら、自分の考えをまとめることができる。(A エ) ・目的や意図に応じて、日常生活の中から話題を決め、集めた材料を分類したり関係付けたりして、伝え合う内容を検討することができる。(A ア)
学びに向かう力、人間性等	・言葉がもつよさを認識するとともに、進んでインタビュー活動や報告をして、思いや考えを伝え合おうとする。

評価規準

知識・技能	❶話し言葉と書き言葉との違いに気付いている。(〔知識及び技能〕⑴ イ) ❷情報と情報との関係付けの仕方、図などによる語句と語句との関係の表し方を理解し、使っている。(〔知識及び技能〕⑵ イ)
思考・判断・表現	❸「話すこと・聞くこと」において、目的や意図に応じて、日常生活の中から話題を決め、集めた材料を分類したり関係付けたりして、伝え合う内容を検討している。(〔思考力・判断力・表現力等〕A ア) ❹「話すこと・聞くこと」において、話し手の目的や自分が聞こうとする意図に応じて、話の内容を捉え、話し手の考えと比較しながら、自分の考えをまとめている。(〔思考力・判断力・表現力等〕A エ)
主体的に学習に取り組む態度	❺学習課題に沿って、粘り強く話し手の内容を捉えながら、目的や意図、役割に応じた「きくこと」の違いや特徴について考え、インタビュー活動や報告をしようとしている。

単元の流れ

次	時	主な学習活動	評価
一	1	学習の見通しをもつ 「聞くこと」に特化したゲームをし、立場によって聞き方に違いがあることに気付く。 学習のおおよその見通しをもち、学習課題を設定する。 役割による「聞き方」の違いや気を付けることは何だろう？ ――友達のさらなる魅力を聞き出す、インタビュー活動をしよう	
二	2	質問を考え、整理するための複数の思考ツールについて知る。 友達に聞いてみたい話題を挙げ、インタビューメモを作る。	❷
	3	グループに分かれてインタビュー活動を行う。	❶
	4		❹
	5	記録したインタビューの内容を整理して、報告し合う。	❸

三	6	インタビュー活動を通して学んだ「聞くこと」について整理し、交流する。 単元の学習を振り返る。	❺

授業づくりのポイント

〈単元で育てたい資質・能力〉

本単元はインタビュー活動を通して、「聞くこと」について考えを深めることをねらいとしている。そのため、話し手、聞き手、記録者という異なる立場を経験することを通して、目的や意図によって聞き方に違いがあることや役割に応じた留意点に気付けるようにすることが必要となる。これまで無意識に行ってきた「聞く」という行為に目を向け、よりよい聞き方の具体的な姿を子供がイメージできるようにしていきたい。

[具体例]
単元の導入でインタビュー動画の視聴や、「聞くこと」に特化したゲームの実施を通して、学習への意欲を喚起し、学習課題を子供と共有する。

〈教材・題材の特徴〉

話し手や聞き手、記録者といった多様な立場を経験できるインタビュー活動は、目的や意図、役割に応じた聞き方の違いや留意点に気付かせる上で適した題材と言える。インタビューのための質問（以下：インタビューメモ）の作成や、インタビュー中のやり取りの記録（以下：記録）、その記録を用いてクイズをする活動も設定されており、情報を関連付ける力の育成にもつながる。さらに、インタビュー活動を通して、子供間の良好な関係を構築するといった学級経営上の課題解決につながることも期待できる。

[具体例]
思考ツールを紹介し、子供に選択させる。記録者がとった記録にはインタビュー対象の子供のよさや魅力が書かれていることから、掲示や学級通信を通して共有を図る。

〈言語活動の工夫〉

「話す・聞く」活動は「書く」「読む」活動と違い、目に見えず残らない。そのため、インタビューのやり取りを視覚化し、具体的・客観的に自身の聞き方を振り返ることができるようにしたい。

[具体例]
「聞く」行為を意識化・視覚化させる上で、録音や動画を用いることは有効である。使用する際には、質問や返答といった内容的に注目させたい場合は録音を、姿勢や反応といった行動面も含めて注目させたい場合には動画を使用するといった使い分けが必要であろう。また、録音や動画にある子供間のやり取りを、教師が文字に起こして提示するといった配慮も大切である。

〈ICT の効果的な活用〉

記録：端末の録音・録画機能を用いて対話の内容を記録することで、自分たちのインタビューの様子を客観的に振り返ることができる。

共有：学習の振り返りを、学習支援ソフトやブラウザ上のアプリを用いてクラウドに保存しておく。日常生活の中でいつでも学習内容を振り返ることができ、内容を付け足すこともできる。

本時案

きいて、きいて、きいてみよう 1/6

本時の目標

・目的や意図、役割に応じた「きくこと」の違いや特徴について興味をもち、学習課題を捉え、学習全体の見通しをもつことができる。

本時の主な評価

・「きくこと」の違いや特徴について興味をもち、学習課題や学習計画を考えようとしている。

資料等の準備

・「学習課題」を書く短冊
・模造紙
・学習計画表

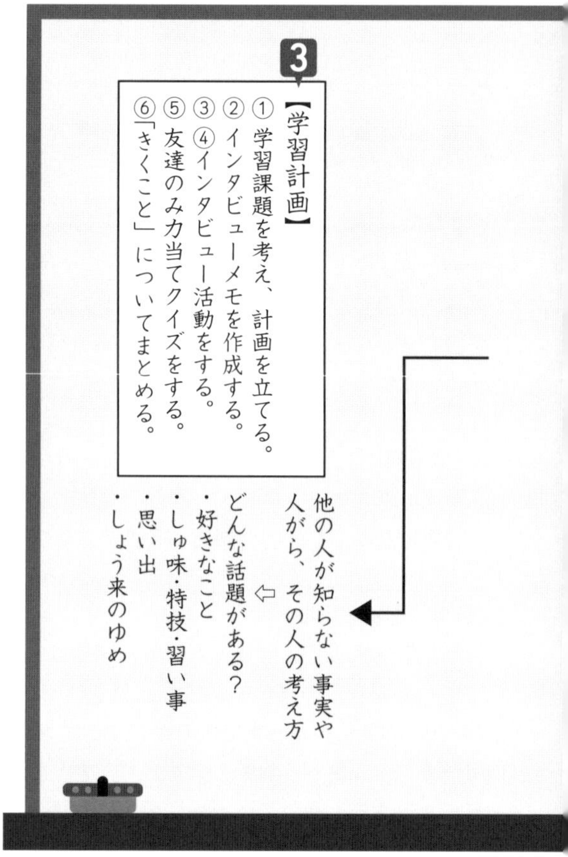

3
【学習計画】
①学習課題を考え、計画を立てる。
②インタビューメモを作成する。
③④インタビュー活動をする。
⑤友達のみ力当てクイズをする。
⑥「きくこと」についてまとめる。
他の人が知らない事実や
人がら、その人の考え方
⇦
どんな話題がある？
・好きなこと
・しゅ味・特技・習い事
・思い出
・しょう来のゆめ

授業の流れ ▷▷▷

1 「聞くこと」に特化したゲームを行う 〈10分〉

T 水平思考ゲームをしてみましょう。
○教師が「出題者＝話し手」、子供が「質問・解答者＝聞き手」、代表の児童数名が「黒板記録＝記録者」を担う。
T 問題の答えを見つけるために、みなさんは先生に対して質問をしてください。質問は、先生が「はい」か「いいえ」で答えられる質問をしてください。（以下、やりとりの例）
・食べ物ですか― T はい
・学校ですか ― T 関係ありません

ICT 端末の活用ポイント

「きく」についての経験を出し合う導入も考えられる。その際にはウェブ上の掲示板アプリ等を使うことで記述と共有を同時に行える。

2 ゲームの振り返りをもとに、学習課題を設定する 〈15分〉

○ゲーム終了後、「出題者＝話し手」「質問・解答者＝聞き手」「黒板記録＝記録者」それぞれの立場で、気付いたことや難しかったことを発表する。
T 同じ「きく」でも、目的や役割によって、聞き方が違ってくるようですね。この学習を通して、どんなことが解決されたらいいでしょうか。
○学習課題を子供と共有し、板書する。
○学習課題や学習計画は単元を通して使用するため、画用紙や模造紙に記載し、掲示できるようにしておくとよい。
○「他の人が知らない事実や人柄、その人の考え方」を「魅力」と定義することを子供と共有する。

きいて、きいて、きいてみよう

2【水平思考ゲームを終えて】

○質問・解答者（きき手）
・質問がうかばなかった
・質問をつなげることが必要

○黒板記録（記録者）
・全ては記録できない
・キーワードを記録した
・聞き取れないところがあった

○出題者（話し手）
・質問してほしい質問が出なくて、もやもやした
・答えづらい質問のとき、どうしたらいいかこまった

⇦

役わりによる「きき方」のちがいや気を付けることは何だろう？
—友達のさらなる み力を聞き出す、インタビュー活動をしよう—

単元を通して使用するため、大きい模造紙に書くようにする。模造紙ではなく板書する場合には、授業後の黒板を撮影しておくことでも、学びの蓄積や共有が可能となる

3 学習計画を立て、グループで役割分担をする 〈20分〉

T　学習課題を解決するために、6時間の学習計画を立てましょう。

○子供と共に計画を立てる姿勢を大切にする。

T　インタビュー活動は、3人1グループで行います。役割と順番を決めましょう。

○実態に応じて、教師がグループを決めておく。3人グループがつくれない場合には、2人ペアで相互にインタビューを行い、終了後は他のグループに加わって記録者として活動を行うといった手立てが考えられる。

○インタビューの話題を考え、発表する。

○「どんな話題なら魅力を引き出せるか」を全体で確認し、出された意見を次時のワークシートに反映させる。

よりよい授業へのステップアップ

ゲームから学習へとつなげる単元の導入

「水平思考ゲーム」とは、出題者への質問を通して答えにたどり着くことを目指したゲームである。このゲームの構造とインタビュー活動には類似点が多く、自然な流れで学習へと入ることができる。また、第5時の報告会に水平思考ゲームの要素を取り入れることで、必然性をもって学習へと取り組めるであろう。さらに、水平思考ゲームを通して「クローズド型」「オープン型」の2種類の質問の存在を知り、それぞれの特徴を子供と共有することで、学習の一層の深まりが期待できる。

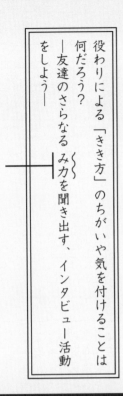

本時案

きいて、きいて、きいてみよう 2/6

本時の目標

・話題から情報を分類したり関連付けたりしてインタビューメモを作成することができる。

本時の主な評価

❷話題と質問の関係の表し方について理解し、選んだ思考ツールを用いて整理している。【知・技】

・思考ツールに書き込んだ話題や質問を基に、インタビューする順番や内容を整理している。【思・判・表】

資料等の準備

・思考ツールのインタビューメモ 08-01〜03
（掲示用と子供用）

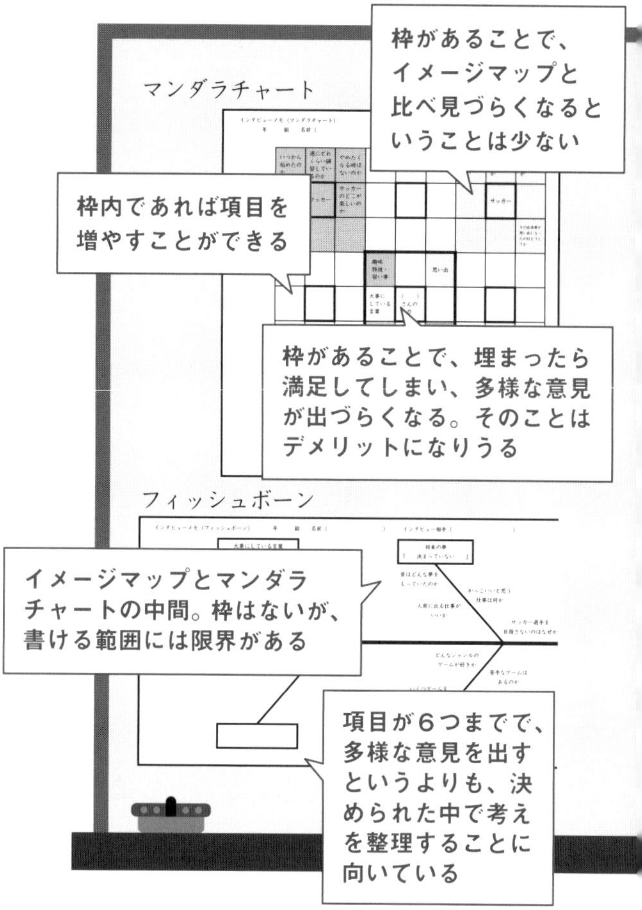

マンダラチャート
枠があることで、イメージマップと比べ見づらくなるということは少ない
枠内であれば項目を増やすことができる
枠があることで、埋まったら満足してしまい、多様な意見が出づらくなる。そのことはデメリットになりうる
フィッシュボーン
イメージマップとマンダラチャートの中間。枠はないが、書ける範囲には限界がある
項目が６つまでで、多様な意見を出すというよりも、決められた中で考えを整理することに向いている

授業の流れ ▷▷▷

1 思考ツールの特徴を知る〈15分〉

T　この学習は何のためにしていますか。

T　今日はどんなことを学習しますか。

○毎時間の最初には、学習課題と本時のめあてを確認するようにする。

T　質問や考えを整理するとき、思考ツールを使うと分かりやすくなります。思考ツールを使ってインタビューメモを作りましょう。

○思考ツールがそのままインタビューメモとなることを伝える。

○「イメージマップ」「フィッシュボーン」「マンダラチャート」の３つを紹介する。

○子供の実態に応じて、１つに絞って紹介し、全員に同じツールを使用させてもよい。

○ NHK for Scool には、思考ツールの説明動画がある。適宜利用し、理解に役立てたい。

2 選んだ思考ツールに、質問を書き出す〈15分〉

T　使用する思考ツールを選びましょう。

○ワークシートには、前時で確認した話題を前もって記載しておく。子供は質問を考えればよい状態にしておく。

T　話題に対しての質問を書き出しましょう。

○質問の種類（クローズド型、オープン型）の特徴を踏まえながら考えるよう促す。前時で指導できていなければ、ここで確認するようにする。

○この段階では、たくさんの質問を書き出すことが大事であることを伝える。

ICT 端末の活用ポイント

思考ツールのテンプレートを学習支援ソフトで配布し、ブラウザ上でインタビューメモを作成させてもよい。

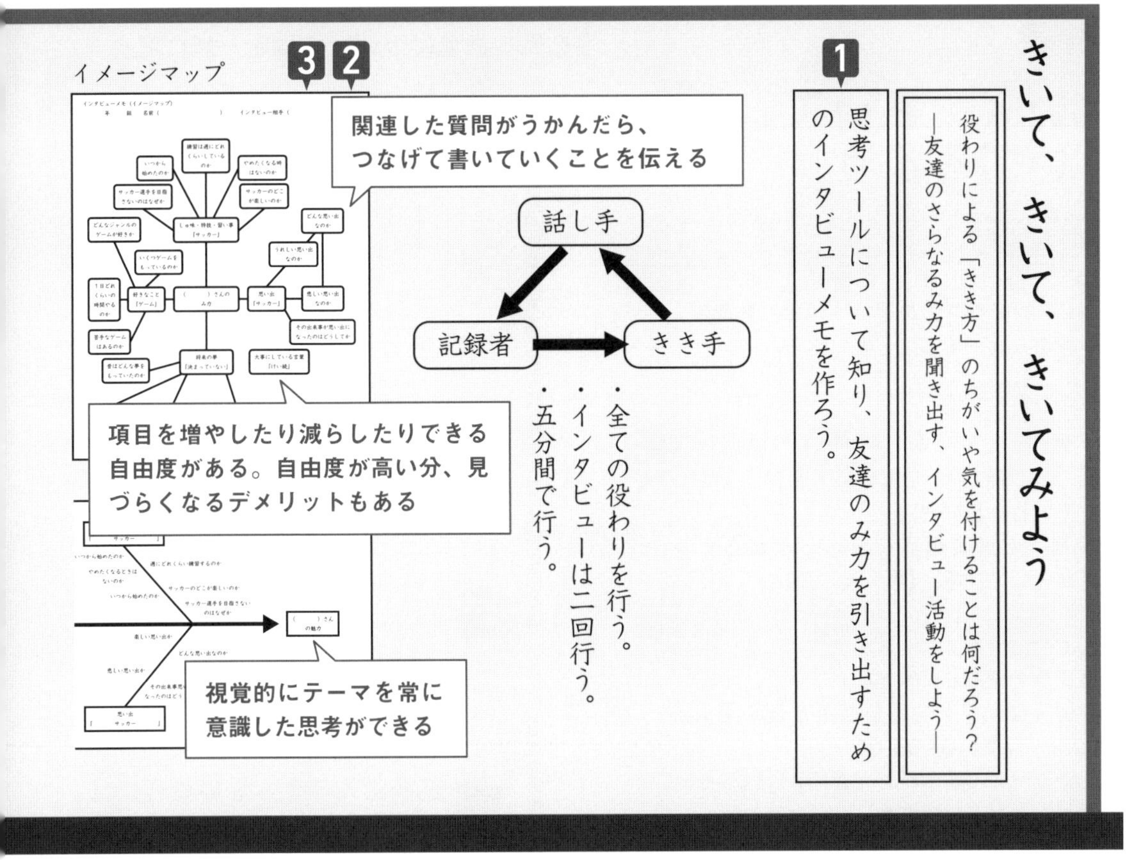
きいて、きいて、きいてみよう
役わりによる「きき方」のちがいや気を付けることは何だろう？
―友達のさらなるみ力を聞き出す、インタビュー活動をしよう―
1
思考ツールについて知り、友達のみ力を引き出すためのインタビューメモを作ろう。
・全ての役わりを行う。
・インタビューは二回行う。
・五分間で行う。
話し手
記録者
きき手
3 2
イメージマップ
関連した質問がうかんだら、つなげて書いていくことを伝える
項目を増やしたり減らしたりできる自由度がある。自由度が高い分、見づらくなるデメリットもある
視覚的にテーマを常に意識した思考ができる

3 話題と質問を整理し、インタビューメモを完成させる 〈15分〉

T たくさんの質問が書けてきましたね。書かれた質問を見ながら、どの話題だと友達の魅力を引き出せるかを考え、インタビューメモを完成させましょう。

○「魅力」の定義を再度確認する。

→「他の人が知らない事実や人柄、考え方」

○質問は5つ程度に絞らせるとよい。また、「どんなやり取りになりそうか」「どんな質問の仕方をするとよいか」についても適宜考えさせるようにする。

○必要に応じて、どの話題でインタビューをすれば友達の魅力を引き出せるかについて、近くの人と交流してもよい。

T 決まった話題の中で、質問する順番を考え、番号を振りましょう。

よりよい授業へのステップアップ

思考ツールの選択権を子供に委ねる

教科書ではイメージマップのみの紹介だが、本単元を複数の思考ツールを知る機会としたい。ここではイメージマップの他に、フィッシュボーンとマンダラチャートを取り上げる。多様な意見を書き足していくことができるイメージマップ。項目に絞って具体的な意見を出すことができるフィッシュボーン。マス目を利用して考えを整理できるマンダラチャート。それぞれの特徴を踏まえ、子供自身が選択できるようにすることで、個別最適な学びを保障することにつながっていく。

本時案

きいて、きいて、きいてみよう　3/6

本時の目標

・「聞き手」「話し手」「記録者」それぞれの立場における聞き方の違いや留意点を意識してインタビューすることができる。

本時の主な評価

❶「聞き手」や「話し手」としての話し言葉と、「記録者」としての書き言葉とを使い分けている。【知・技】

❹役割ごとの留意点を意識しながらインタビューしている。【思・判・表】

資料等の準備

・第1時で使用した模造紙
・学習支援ソフトを用いた振り返り用シート（グループ数）⏬ 08-04〜05
・記録カード（掲示用と児童用）⏬ 08-06
・タイマー（グループ数）

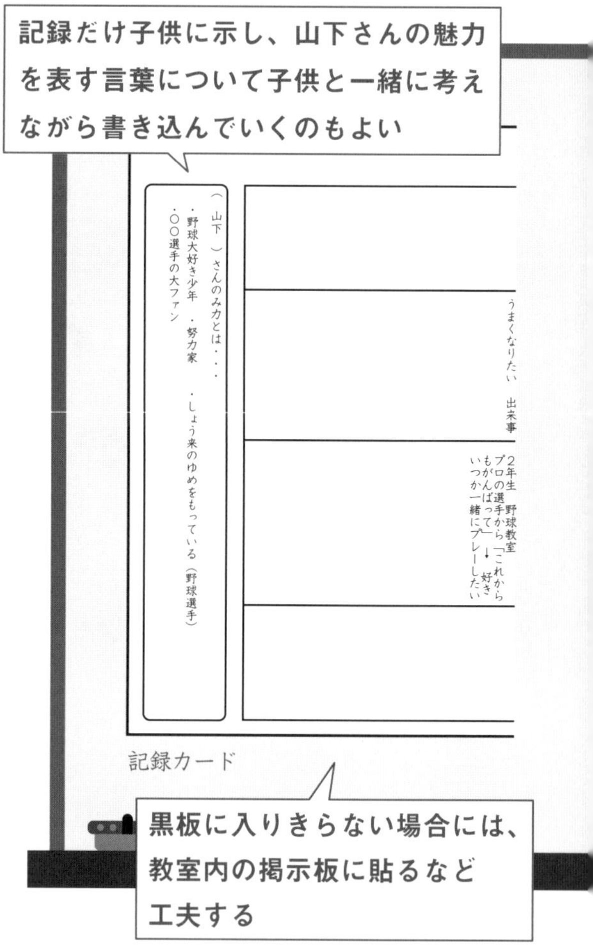

記録だけ子供に示し、山下さんの魅力を表す言葉について子供と一緒に考えながら書き込んでいくのもよい
うまくなりたい　出来事
2年生　野球教室
プロの選手から「これからもがんばって」→好き
いつか一緒にプレーしたい
（山下）さんのみ力とは・・・
・野球大好き少年　・努力家　・しょう来のゆめをもっている（野球選手）
・〇〇選手の大ファン
記録カード
黒板に入りきらない場合には、教室内の掲示板に貼るなど工夫する

授業の流れ ▷▷▷

1 インタビューの流れや留意点を確認する　〈15分〉

T　この学習は何のためにしていますか。

T　今日はどんなことを学習しますか。

・友達の魅力を引き出すためのインタビューをします。

T　教科書 p.48-49に、インタビューの例があります。聞き手と話し手で、よいなと思ったところはどこですか。

・聞き手は、質問を変えていました。

・話し手は、分からないときは分からないと言っていました。

T　記録者ならどのようなメモを取りますか。

・キーワードで記録します。

〇記録カード（掲示用）を示す。

〇第1時で使用した水平思考ゲームの振り返りと合わせて、整理して板書する。

2 グループに分かれ、1回目のインタビュー活動を行う　〈25分〉

T　グループに分かれて、インタビュー活動をしましょう。

〇空き教室が利用できるのなら、クラスを二手に分けて実施するとよい。

〇毎回のインタビュー後にグループで振り返りを行う。新しい課題や解決策を、端末を使って打ち込んでいく。

・時間があまってしまった。もう少し質問を準備しておいた方がよさそうだ。

・記録が追い付かなかった。「少し待って」と声を掛けるようにする。

ICT 端末の活用ポイント

録音や動画撮影をし、振り返り時に見返せるようにする。子供の振り返りに使用しなくても、後の評価に活用できる。

きいて、きいて、きいてみよう

役わりによる「きき方」のちがいや気を付けることは何だろう？
―友達のさらなるみ力を聞き出す、インタビュー活動をしよう―

友達のみ力を引き出すインタビューをしよう。

1

○質問・解答者（きき手）
・質問がうかばなかった
・質問をつなげることが必要

○黒板記録（記録者）
・全ては記録できない
・キーワードを記録した
・聞き取れないところがあった

○出題者（話し手）
・質問してほしい質問が出なくて、もやもやした
・答えづらい質問のとき、どうしたらいいかこまった

2

きいて、きいて、きいてみよう　記録カード
記録者（　塩谷　）　聞き手（　山下　）　話し手（　）

話題	質問	答え	メモ（表情・仕草）
がんばっている野球のこと	いつ始めた？	一年生になってすぐ父と見学　楽しそう	笑顔
	つらいことはない？		
	つらいと思っても続けられたのは	野球が好き うまくなりたい	笑顔 声大きくなる
	野球とは？	？	こまっている

3 次時の流れを確認する　〈5分〉

T　次の時間は、2回目のインタビューを行います。今日出された成果や課題を基に、友達の魅力をさらに引き出せるインタビューにしていきましょう。

○1回目でのインタビューと同じ話題を継続して行うか、違う話題にするかをグループで相談するよう促す。

・新たな質問が浮かばず、時間があまってしまったので、次も同じ話題でします。
・話し手から「～の話題でしてほしい」と言われたので話題を変更します。

ICT 端末の活用ポイント

インタビューを終えて挙がった成果や課題を、学習支援ソフトを使ってクラウド上に残しておく。

ICT 等活用アイデア

インタビュー後の振り返りを共有・保存しておく

学習支援ソフトを用いて成果や課題、解決策を入力するようにする。その際、色分けして入力するように促すことで、できたこととできなかったことが明確になる。自分が出した課題に対して、友達から解決策をもらうこともできる。このような学習は、最初のうちは入力するのに夢中で対話が生まれづらい状況も見られるが、慣れてくれば端末操作と対話とが両立した協働的な学びの姿へと変わっていく。他教科を含めて、ICT 活用を日常的に継続して取り組むことが重要である。

本時案

きいて、きいて、きいてみよう 4/6

本時の目標

・「聞き手」「話し手」「記録者」それぞれの立場における聞き方の違いや留意点を意識してインタビューすることができる。

本時の主な評価

❶「聞き手」や「話し手」としての話し言葉と、「記録者」としての書き言葉とを使い分けている。【知・技】
❹役割ごとの留意点を意識しながらインタビューしている。【思・判・表】

資料等の準備

・１回目インタビューの編集動画（声のみに着目させたい場合には、録音データに文字テロップを入れて提示する方法が挙げられる。）
・第１、３時で使用した模造紙
・学習支援ソフトを用いた振り返り用シート
・記録カード（児童用）
・タイマー（グループ数）

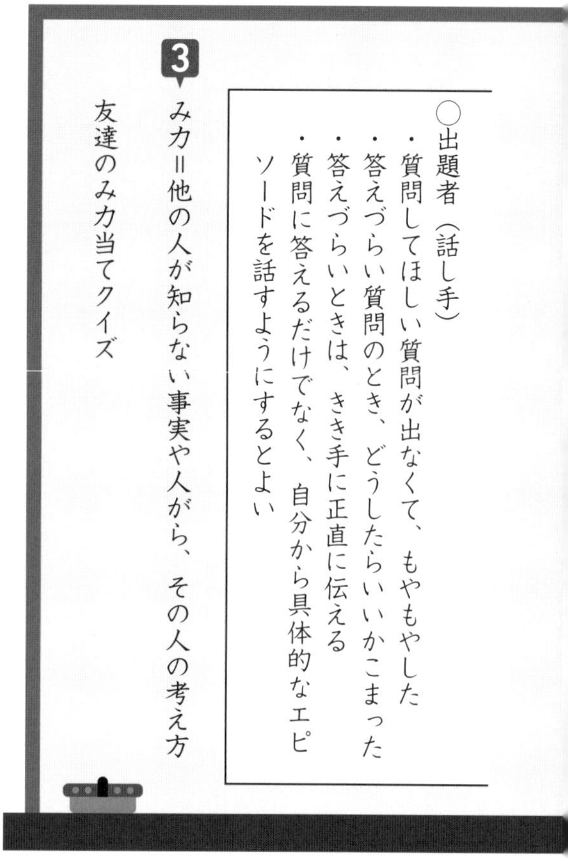

○出題者（話し手）
・質問してほしい質問が出なくて、もやもやした
・答えづらい質問のとき、どうしたらいいかこまった
・答えづらいときは、きき手に正直に伝える
・質問に答えるだけでなく、自分から具体的なエピソードを話すようにするとよい
3
み力＝他の人が知らない事実や人がら、その人の考え方
友達のみ力当てクイズ

授業の流れ ▷▷▷

1 インタビューの流れや留意点を確認する 〈10分〉

T　前回の振り返りでこのようなことを書いている人がいました。
○指導者が子供に気付かせたい視点について書いてある振り返りを紹介する。
T　前回のインタビューの様子を紹介します。
○編集した動画を視聴させる。
・メモを読んでいる感じではなく、会話をしている。自然な感じ。
・メモにないことを質問している。
T　２回目では、前回よりもさらに友達の魅力に迫れるインタビューにしましょう。

ICT 端末の活用ポイント

前時で撮影した動画（録音）データを編集し、子供に提示する。その際、文字テロップをつけることで「きき方」に注目させる。

2 グループに分かれ、２回目のインタビュー活動を行う 〈25分〉

T　グループに分かれて、インタビュー活動をしましょう。
○空き教室が利用できるのなら、クラスを二手に分けて実施するとよい。
○毎回のインタビュー後にグループで振り返りを行う。前回挙がった課題に対する成果や改善点、新しい課題や解決策を、端末を使って打ち込んでいく。
○早く終えたグループは、記録カードを見ながら、友達の魅力とは何かを整理しておく。

ICT 端末の活用ポイント

録音や動画撮影をし、振り返り時に見返せるようにする。子供の振り返りに使用しなくても、後の評価に活用できる。

きいて、きいて、きいてみよう

役わりによる「きき方」のちがいや気を付けることは何だろう？
—友達のさらなるみ力を聞き出す、インタビュー活動をしよう—

一回目の反省をふまえて、友達のみ力をさらに引き出すインタビューをしよう。

1

○質問・解答者（きき手）
・質問がうかばなかった
・質問をつなげることが必要
・話し手が話したくなる話題を選ぶことが大切
・メモを読むのではなく、自然な会話になるように
・最初はクローズドがたの質問の方がよい
・メモにないことを質問している＝その時の状況におうじた質問

○黒板記録（記録者）
・全ては記録できない
・キーワードを記録した
・聞き取れないところがあった
・きき手がこまっているときは、アドバイスする
・記録したキーワードの共通点を考えると、相手のみ力が見えてくる

3 クラス全体で共有する 〈10分〉

T　1回目、2回目とインタビューを行ってきて、最初はできなかったけれどできるようになったことや、気を付けなければいけないことを教えてください。

・「聞き手」で、メモにないことも相手の反応を見ながら質問ができました。

・「話し手」で、聞かれたことに答えていくことで、新しい発見がありました。

・聞きながら記録をとるのがやはり難しかったです。大事なことが何かを考えて、もっと短くメモしていきたいと思いました。

T　インタビューを通して、友達の魅力が見えてきましたね。次回は、その発見した魅力を使って、友達の魅力当てクイズをしましょう。

よりよい授業へのステップアップ

子供の経験から学びを創出する

本単元は2回のインタビュー活動（課題を明確にする1回目と課題を解決する2回目）を行う。2回目である本時では、子供の振り返りやインタビューの様子を収めた動画（音声）視聴を通して課題を明確にする。それによって、1回目の反省を踏まえ、話し手の反応を見ながらメモにない質問に挑戦する子供や1回目とは話題を変えてインタビューに臨む子供の姿が期待される。これらは1回目の経験がなければ見られない姿である。子供の経験から学びを創っていく単元構成を心掛けたい。

本時案

きいて、きいて、きいてみよう 5/6

本時の目標

・インタビューで得た友達の情報を整理し、友達の魅力が伝わるクイズを作り、出題することができる。

本時の主な評価

❸自分の記録したメモからクイズにする内容を検討し、出題することができる。【思・判・表】

資料等の準備

・記録カード（掲示用。本単元は、「話すこと・きくこと」の学習であると同時に、友達の魅力を引き出し、伝え合うといった相互理解を促す学習でもある。そのため、子供の作成した記録カードを教室内に掲示したり、学級通信で紹介したりすることで、子供や保護者に共有を図っていきたい。）

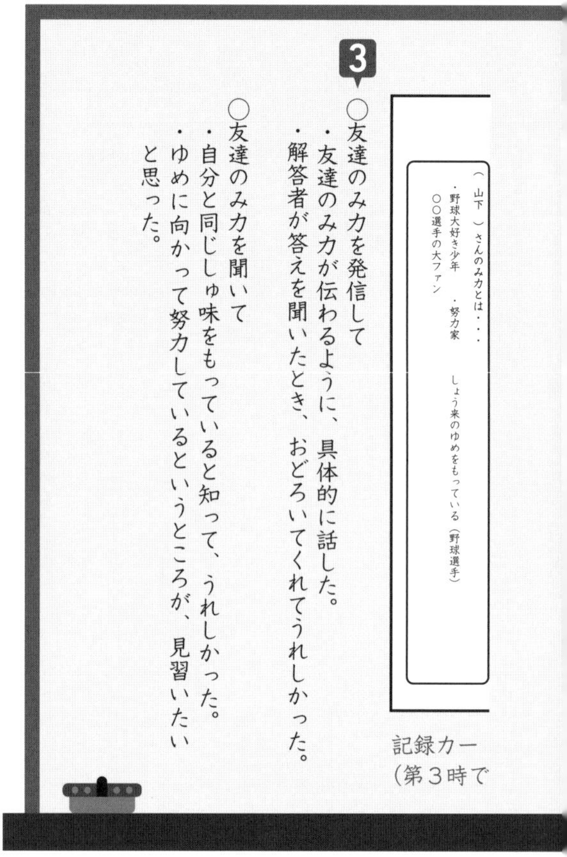

（ 山下 ）さんのみ力とは・・・
・野球大好き少年
・努力家
しょう来のゆめをもっている（野球選手）
○○選手の大ファン
記録カー
（第３時で
3
○友達のみ力を発信して
・友達のみ力が伝わるように、具体的に話した。
・解答者が答えを聞いたとき、おどろいてくれてうれしかった。
○友達のみ力を聞いて
・自分と同じしゅ味をもっていると知って、うれしかった。
・ゆめに向かって努力しているというところが、見習いたいと思った。

授業の流れ ▷▷▷

1 クイズの確認をし、友達の魅力について検討する 〈15分〉

○第３時で使用した記録カードを基に、山下さんの魅力についてクラスで考える。

T ゲームをしてみましょう。やり方は、水平思考ゲームと同じです。先生が出題者です。

○同じ学年の教員を例題として、子供とクイズのやり方を確認していく。

T インタビューを通して分かった友達の魅力をグループで検討し、整理しましょう。

○インタビューのグループで相談し、友達の魅力を明確にする。

○答えとなる魅力を記録カードに記入させる。

ICT 端末の活用ポイント

学習支援ソフトを用いてクイズを作成することで、共有がより容易になる。

2 友達の魅力当てクイズを行う 〈20分〉

T 魅力当てクイズを始めます。

○インタビューとは異なる３人１グループを作る。

○友達に関する内容のクイズとなるため、冷やかしたり茶化したりすることがないよう、十分配慮する。

○終わったグループは席を立ち、新たに３人組を作ってクイズに取り組ませる。

○クラスの実態に応じて、教師がグループを決めるのではなく、自由に３人組（２人組）を作り、交流をさせることも考えられる。

○「魅力」を答える形式をとることで、出題者も解答者も友達の魅力について考える活動になる。情報収集の場となるインタビュー活動も、相手の魅力を深く知ろうと意欲的に取り組む姿が期待される。

きいて、きいて、きいてみよう

役わりによる「きき方」のちがいや気を付けることは何だろう?
―友達のさらなるみ力を聞き出す、インタビュー活動をしよう―

クイズの出題者として、友達のみ力を発信しよう。

1

記録カード

きいて、きいて、きいてみよう
記録者（　塩谷　）　聞き手（　山下　）　話し手（　）

話題	質問	答え	メモ（表情・仕草）
がんばっている野球のこと	いつ始めた?	一年生になってすぐ父と見学　楽しそう	笑顔
	つらいことはない?		
	つらいと思っても続けられたのは	野球が好き うまくなりたい	笑顔 声大きくなる
	野球とは?	?	こまっている
	うまくなりたい　出来事	2年生　野球教室 プロの選手から「これからもがんばって」→好き いつか一緒にプレーしたい	

記録だけ子供に示し、山下さんの魅力を表す言葉について子供と一緒に考えながら書き込んでいくのもよい

ド
使用した、教科書にある山下さんへのインタビューを記録したもの。)

3 クラス全体で共有する　〈10分〉

T　クイズを紹介してください。

○数名を指名し、クイズを出題させる。

T　出題者として友達の魅力を発信するとき、どんなことに気を付けましたか。また、解答者は友達の魅力を知った時、どんなことを感じましたか。

・その子の魅力がしっかりと伝わるように、具体的に話しました。

・自分と同じ趣味をもっていて、すごく嬉しかったです。

・夢に向かって努力しているというところが、自分も見習いたいと思いました。

T　次回は、この単元の最後の学習です。「きくこと」について、考えをまとめましょう。

よりよい授業へのステップアップ

必然性・一貫性のある単元構成

子供が単元の学習課題を捉え毎時間の学習の目的を理解しながら取り組むこと。つまり、子供の思考が継続するよう学習を組み立てることが重要である。本単元の導入で水平思考ゲームを行った。その活動を、インタビュー終了後の報告の時間に設定することで、学びに必然性・一貫性が生まれる。また、ゲーム性のあるクイズにすることで、意欲的に学習に取り組む子供の姿も期待される。なぜ学ぶのかという必然性と、子供の思考を途切れさせない一貫性に配慮し、単元構成を考えたい。

本時案

きいて、きいて、きいてみよう 6/6

本時の目標

・インタビュー活動を振り返り、友達の考えと比較しながら「きくこと」について自分の考えをまとめることができる。

本時の主な評価

❹「きくこと」について、学んだことや考えたことを自分の言葉でまとめている。【思・判・表】

❺「きくこと」について、学んだことや考えたことを友達と伝え合っている。【態度】

資料等の準備

・第１、３、４時で使用した模造紙
・学習支援ソフトを用いた振り返り用シート（グループ数）⤓ 08-07～08
・「きく」に関する偉人の言葉

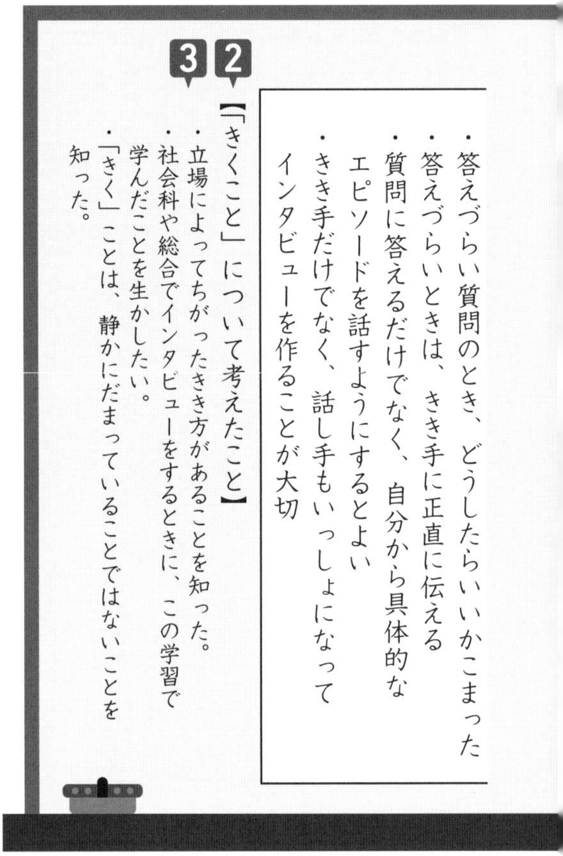
・答えづらい質問のとき、どうしたらいいかこまった
・答えづらいときは、きき手に正直に伝える
・質問に答えるだけでなく、自分から具体的なエピソードを話すようにするとよい
・きき手だけでなく、話し手もいっしょになってインタビューを作ることが大切
2
3
【「きくこと」について考えたこと】
・立場によってちがったきき方があることを知った。
・社会科や総合でインタビューをするときに、この学習で学んだことを生かしたい。
・「きく」ことは、静かにだまっていることではないことを知った。

授業の流れ ▷▷▷

1 これまでの学習を振り返り、グループで交流する〈20分〉

T　聞き手、話し手、記録者、解答者の立場で、どんなことに気を付けて聞きましたか。

○教科書 p.50にある「報告を聞くときの『きく』」を、ここでは解答者としている。

○ ICT 用端末を用いて意見を書かせる。

○書き進められない子供には、模造紙やクラウド上にある振り返りを参考にさせる。

○意見を整理し、グループごとに発表する。

ICT 端末の活用ポイント

事前に「聞き手」「話し手」「記録者」「解答者」の観点に分けたシートを用意し、学習支援ソフトを用いて配布し書き込むようにさせる。

2 「きくこと」について考えたことをまとめる〈15分〉

T　教科書 p.48–49に、インタビューをするときの注意点が書かれています。自分がインタビューしたときに、ここに書かれていることができていたかどうか、確認しましょう。

○必要に応じて、社会科や総合で学習してきたことと関連させながら話をする。

T　この単元で学んだことや感じたこと、考えたことを自分の言葉でまとめましょう。

○学習課題を再度確認した上で、自分の考えを書くよう促す。

T　書いたことを隣同士で伝え合いましょう。

ICT 端末の活用ポイント

学習支援ソフトを用いてまとめを書かせることもできる。その際、他者からのコメントを可とする設定にすれば、相互の交流が可能となる。

きいて、きいて、きいてみよう

役わりによる「きき方」のちがいや気を付けることは何だろう？
—友達のさらなるみ力を聞き出す、インタビュー活動をしよう

「きくこと」について、自分の考えをまとめよう。

○質問・解答者（きき手）
・質問がうかばなかった
・質問をつなげることが必要
・話し手が話したくなる話題を選ぶことが大切
・メモを読むのではなく、自然な会話になるように
・最初はクローズドがたの質問の方がよい
・メモにないことを質問している＝その時の状きょうに応じた質問

○黒板記録（記録者）
・全ては記録できない
・キーワードを記録した
・聞き取れないところがあった
・きき手がこまっているときは、アドバイスする
・記録したキーワードの共通点を考えると、相手のみ力が見えてくる

○出題者（話し手）
・質問してほしい質問が出なくて、もやもやした

3 クラス全体で共有する 〈10分〉

T　書いたことを発表してください。

・この学習で、立場によって違ったきき方があることを知った。
・社会科や総合でインタビューをするときに、この学習で学んだことを生かしたい。
・「きく」ことは、静かに黙っていることではないことを知った。

○挙手による発言だけでなく、意図的指名による発言も織り交ぜることで、学びが深まる。
○「聞く」に関する偉人の言葉を紹介し、単元の学習を終える。

ICT 端末の活用ポイント

子供の記述をテキストマイニングソフトにかけることで、多く出てくる言葉を抽出し、学んだことの全体傾向を示してくれる。

ICT 等活用アイデア

特徴を踏まえて、アナログとデジタルを使い分ける

本時では「立場によるきき方の違い」と「きくことについての自分の考え」という2つの振り返りが存在する。前者は、ICT 端末を用いて行うことで、短時間で意見の記述と共有を行うことができる。一方、後者はアナログで書くことを推奨する。この振り返りが本単元で最も価値ある活動であると筆者は考える。慣れているアナログで記述させる方が、子供の豊かな表現へとつながる。アナログとデジタルの特徴を踏まえて使い分けることがこれからの教師には必要であろう。

資　料

1 第2時資料　イメージメモ1　08-01

インタビューメモ（イメージマップ）

年　　組　　名前（　　　　　　　　　　）
インタビュー相手（　　　　　　　　　　）

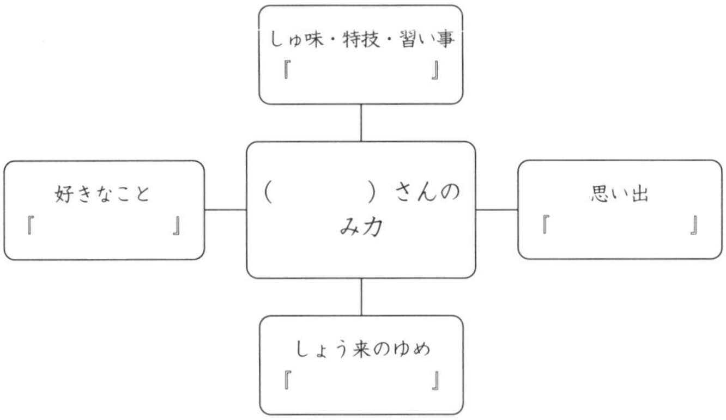

2 第2時資料　イメージメモ2　08-02

インタビューメモ（マンダラチャート）

年　　組　　名前（　　　　　　　　　　）
インタビュー相手（　　　　　　　　　　）

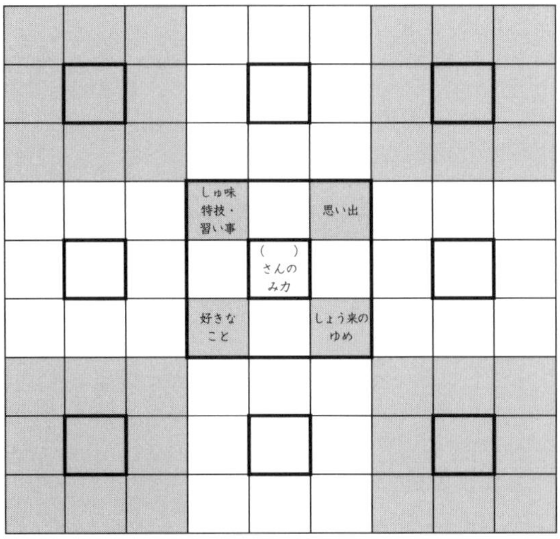

3 第２時資料　イメージメモ３　08-03

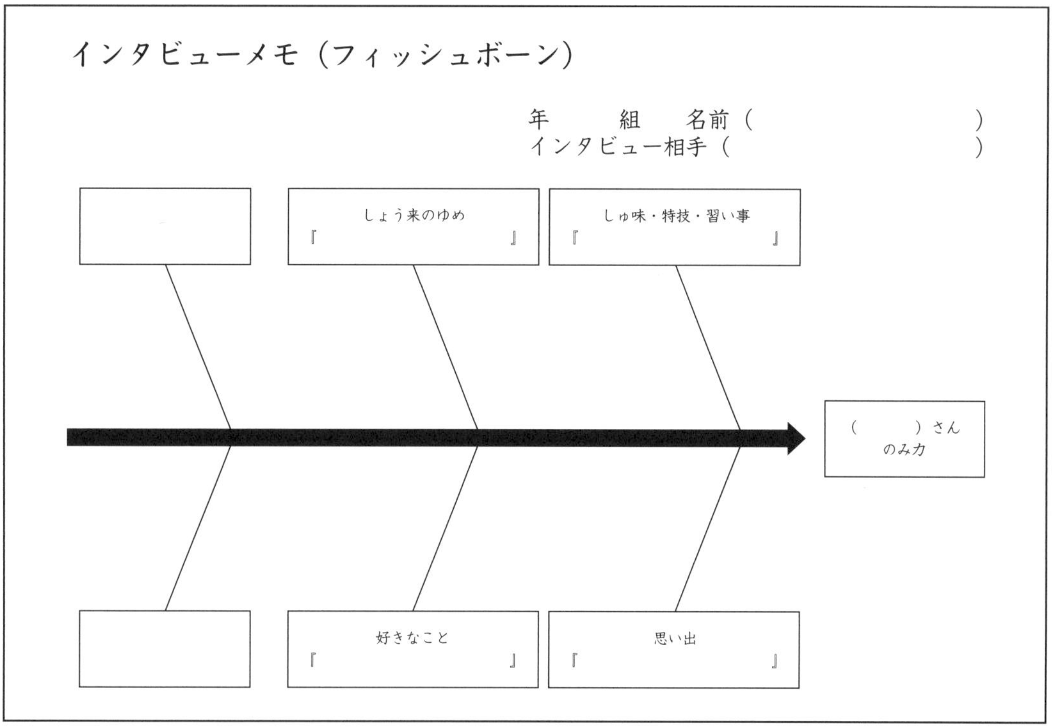

4 第3, 4時資料　学習支援ソフトを用いたクラウド上のシートイメージ　08-04

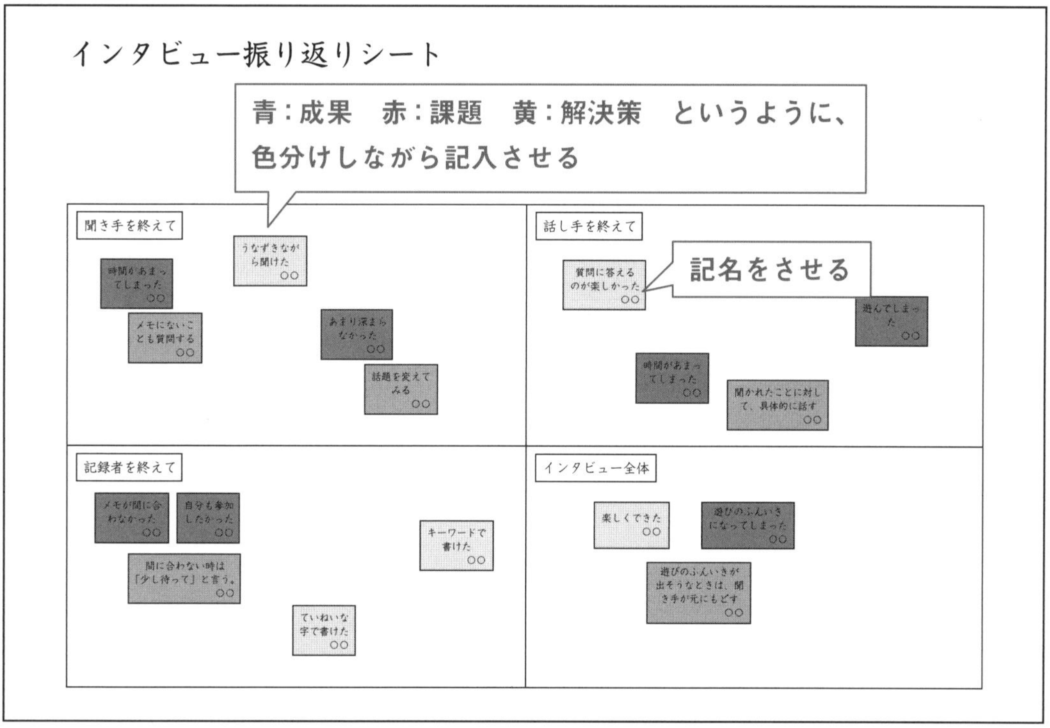

資　料

5 第３，４時資料　学習支援ソフトを使用しない場合のワークシート 08-05

インタビューふり返りシート

年　　組　　メンバー（　　　　　　　　）（　　　　　　　　）（　　　　　　　　）

聞き手を終えて	話し手を終えて
記録者を終えて	インタビュー全体

6 第３，４時資料　記録カード 08-06

きいて、きいて、きいてみよう　記録カード

記録者（　　　　）聞き手（　　　　）話し手（　　　　）

話題	
質問	
答え	
メモ（表情・しぐさ）	

（　　　　）さんのみ力とは・・・

7 第6時資料　学習支援ソフトを用いたクラウド上のシートイメージ 08-07

きいて、きいて、きいてみよう
学習を終えてのふり返り①(立場によるきき方のちがい)

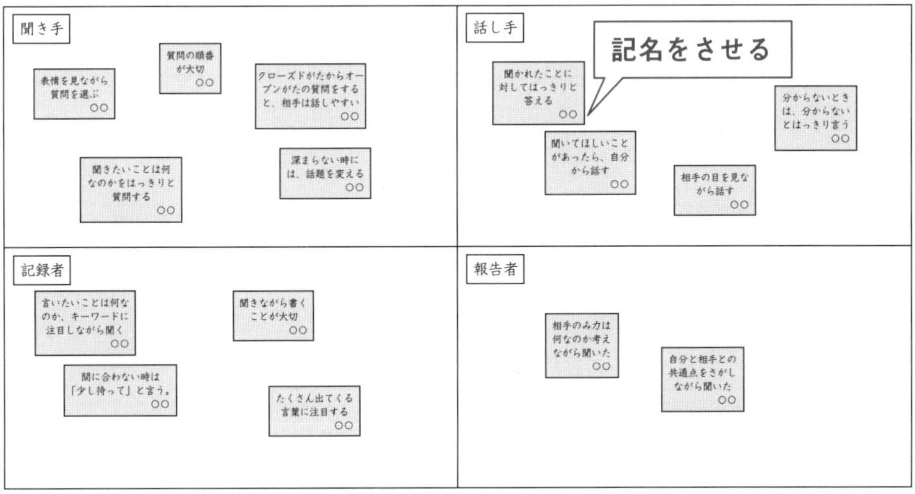

8 第6時資料　学習支援ソフトを用いたクラウド上のシートイメージ 08-08

きいて、きいて、きいてみよう
学習を終えてのふり返り①(立場によるきき方のちがい)

メンバー（　　　　　　　　）（　　　　　　　　）（　　　　　　　　）

聞き手	話し手
記録者	報告者

文章の要旨をとらえ、考えたことを伝え合おう

見立てる／言葉の意味が分かること／原因と結果　7時間扱い

単元の目標

知識及び技能	・原因と結果など情報と情報との関係について理解することができる。(⑵ア) ・文の中での語句の係り方や語順、文と文との接続の関係、話や文章の構成や展開、話や文章の種類とその特徴について理解することができる。(⑴カ)
思考力、判断力、表現力等	・事実と感想、意見などとの関係を叙述を基に押さえ、文章全体の構成を捉えて要旨を把握することができる。(C ア) ・文章を読んで理解したことに基づいて、自分の考えをまとめることができる。(C オ)
学びに向かう力、人間性等	・言葉がもつよさを認識するとともに、進んで読書をし、国語の大切さを自覚して、思いや考えを伝え合おうとする。

評価規準

知識・技能	❶原因と結果など情報と情報との関係について理解している。(〔知識及び技能〕⑵ア) ❷文の中での語句の係り方や語順、文と文との接続の関係、話や文章の構成や展開、話や文章の種類とその特徴について理解している。(〔知識及び技能〕⑴カ)
思考・判断・表現	❸「読むこと」において、事実と感想、意見などとの関係を叙述を基に押さえ、文章全体の構成を捉えて要旨を把握している。(〔思考力・判断力・表現力等〕C ア) ❹「読むこと」において、文章を読んで理解したことに基づいて、自分の考えをまとめている。(〔思考力・判断力・表現力等〕C オ)
主体的に学習に取り組む態度	❺粘り強く文章全体の構成を捉えて要旨を把握するとともに、学習課題に沿って、筆者の考えに対する自分の思いや考えを進んで伝えようとしている。

単元の流れ

次	時	主な学習活動	評価
一	1	学習の見通しをもつ 単元名やリード文を読み、学習の見通しをもつ。 「見立てる」という題名について話し合い、全文を読んで共感したことや疑問に思ったことなど感想を書く。 文章の要旨をとらえて、言葉の意味について考えたことを伝え合おう。	
	2	例の挙げ方を確かめながら、筆者の考えやその進め方を捉える。 筆者の提示した話題と主張を読み取り、要旨をまとめる。	
二	3	「言葉の意味が分かること」という題名について話し合い、全文を読んで共感したことや疑問に思ったことなど感想を書く。	❺
	4	文章全体を「初め」「中」「終わり」に分けて文章構成を捉え、要旨をまとめる。	❸
	5	p.63「原因と結果」で関係の捉え方を確認する。	❶❷
	6	筆者の考えと事例の結び付きを捉える。	❺

		筆者の考えや事例の示し方に対する自分の考えを書き、発表し合う。	
三	7	言語・文化の違いについての本を選んで読み、自分の考えを書いて、友達と交流する。 **学習を振り返る** 単元の学習を通して、感じたことや考えたことをノートに書いて発表する。	❹

授業づくりのポイント

〈単元で育てたい資質・能力〉

本単元のねらいは、要旨を捉えて自分の考えを明確にしながら読む力を育むことである。さらに、そこから自分の考えを広げたり深めたりすることにつなげる。

第１教材「見立てる」では、文章構成を捉え、筆者の事例の取り上げ方を読み取る。そして、繰り返し使われている言葉や全体の構成、筆者の考えが書かれている段落に注目し、要旨をまとめる。第２教材「言葉の意味が分かること」では、「見立てる」で学んだことを生かして要旨をまとめ、筆者の考えや文章の進め方に対する自分の考えをまとめることができるようにする。

〈教材・題材の特徴〉

第１教材「見立てる」では、「見立てる」という行為が想像力に支えられており、その想像力は自然や生活と深い関わりがあることが述べられている。そのような筆者の考えを読み手に伝えるため、子供になじみ深いものである「あや取り」を例に挙げ、ある形を何に見立てているかは地域によって様々であること、その違いはその土地の自然や人々の生活の仕方と深く関わっていると説明している。

第２教材「言葉の意味が分かること」では、まず、「コップ」の事例を挙げることで、言葉の意味には広がりがあることを説明している。さらに、２つの事例を挙げ、言葉の意味の範囲を広げすぎて使ったときの言い間違いや、言葉の意味の範囲が言語によって異なることを説明している。普段、何気なく使っている「言葉」に目を向け、言葉の意味を「面」として考えることが、普段使っている言葉やものの見方を見直すことにつながるという筆者の考えを基に、自分の考えを広げたり深めたりすることができる教材である。

学級の実態に応じて、様々な言語・文化の特徴やその違いについて書かれた本を準備して並行読書を行い、筆者の考えを比較して自分の考えをまとめることで、さらに学習を深めることができる。

[具体例]

○「言葉の意味が分かること」では、教科書 p.63「原因と結果」を参考に、２つの事例を「原因」とその「結果」という関係で整理し、筆者の考えとの結び付きを分かりやすくしていることに気付かせる。

〈ICT の効果的な活用〉

共有：ホワイトボードアプリを活用して、教材文を読んだ感想の交流を行う。共通点や相違点に着目し、付箋の色を変えたり移動したりすることで、自分の考えを広げたり深めたりできる。

表現：文書作成ソフトを用いることで、着目した言葉を別途書き出しておくことができ、それらの言葉を落とさずに要旨をまとめることができる。また、書き換えが容易であり、書くことに苦手意識をもつ子供にとっても取り組みやすくなると考えられる。さらに、学習支援ソフトを活用して子供同士の考えを共有できるようにすることで、友達の学び方を参考にしながら取り組むことができる。

本時案

見立てる

1/7

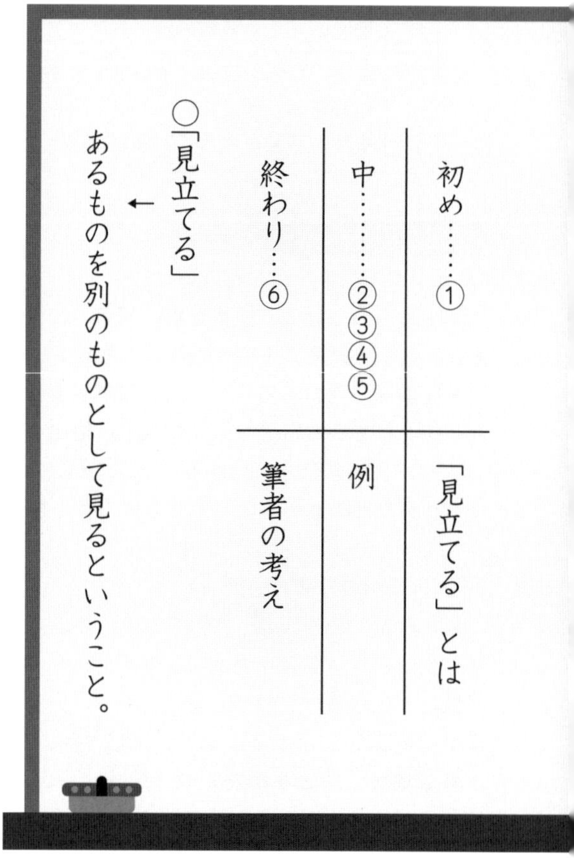

本時の目標

・「見立てる」という題名について話し合い、全文を読んで文章構成を捉えることができる。

本時の主な評価

・単元名とリード文から学習の見通しをもっている。
・題名から興味、関心をもって文章を読もうとしている。

資料等の準備

・国語辞典

授業の流れ ▷▷▷

1 学習の見通しをもつ 〈5分〉

T　教科書p.51の単元名とリード文を読みましょう。「要旨をとらえ」とありますが、「要旨」とは何でしょう。

○ p.52で「要旨」の意味を押さえるとともに、p.62の「たいせつ」を読み、これからの学習で要旨を捉えるための手掛かりを見つけられるようにする。

T　この単元では、「見立てる」と「言葉の意味が分かること」という２つの説明文を学習します。それぞれの説明文を読んで、みなさんの感じたことから問いを見つけ、筆者が伝えたいことは何だろう、筆者はどのように考えを進めているのだろう、と考えながら読み、要旨をまとめましょう。

2 「見立てる」を読み、内容をつかむ 〈10分〉

T　「見立てる」という題名から、どんなことを考えましたか。

・何かを見て、別のものに例えるのかなと思いました。
・「見立てる」という言葉を初めて聞きました。

T　今から本文を読みます。分からない言葉や読めない漢字にはサイドラインを引いて、あとで調べましょう。

○サイドラインを引いた言葉は、時間を取って調べさせたり、全体で確認したりする。

見立てる

全文を読んで、学習の見通しをもとう。

1 要旨……筆者が文章で取り上げている内容の中心となる事がらや、それについての筆者の考えの中心となる事がら。

3 ○感想を書こう。

・「そのとおりだ。」「そうかもしれない。」
（共感・なっとく）

・「どういうことだろう。」「そうだろうか。」
（ぎ問）

文章の要旨をとらえて、言葉の意味について考えたことを伝え合おう。

4 ○文章構成

3 感想から、問いをもつ〈15分〉

T 「見立てる」を読んで、どんなことを感じましたか。「そのとおりだ」など、筆者の考えに対して、感想を書きましょう。

・生活の仕方が違えば、想像することも違うのは、そのとおりだと思った。

・あや取りのほかにも、似た例はあるかな。

T 私たちの生活には、言葉があふれています。この単元では、説明文を読んで言葉の意味について考えたことを、友達と伝え合いましょう。

ICT 端末の活用ポイント

ホワイトボードアプリを活用して、教材文を読んだ感想の交流をする。共通点や相違点に着目し、付箋の色を変えたり移動したりすることで、みんなの考えを整理・分類する。

4 3つのまとまりに分け、それぞれの内容を確認する〈15分〉

T この文章は、大きく3つのまとまりに分かれています。それぞれどんなことが書かれていますか。

・「初め」……形式段落①——「見立てる」とはどういうことか。

・「中」………形式段落②〜⑤——様々な例

・「終わり」…形式段落⑥——筆者の考え

T 題名の「見立てる」とは、どういうことだと説明されていましたか。

・第1段落に、「あるものを別のものとして見ること」と書かれていました。

T 次の時間は、「見立てる」の要旨をまとめましょう。

本時案

見立てる

2/7

本時の目標

・例の挙げ方に注目して読み、筆者が話題にしていることや主張していることを読み取るとともに、要旨をまとめることができる。

本時の主な評価

・事例の意図を考えながら、筆者の説明の工夫を読み取っている。
・最初と最後の段落に着目して要旨をまとめている。

資料等の準備

・あや取りのひも
・教科書 p.53の写真を拡大したもの
・「見立てる」の要旨をまとめるワークシート
　09–01

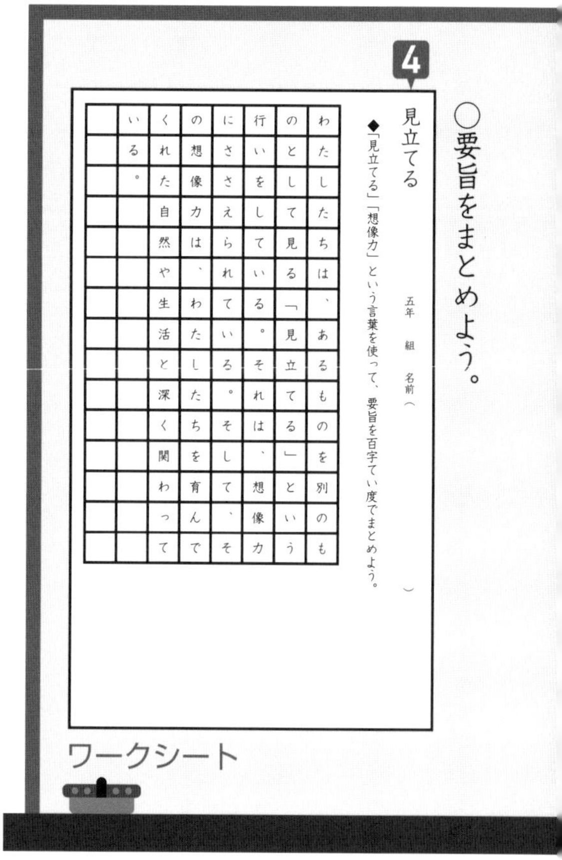
4
○要旨をまとめよう。
見立てる
◆「見立てる」「想像力」という言葉を使って、要旨を百字てい度でまとめよう。
五年　組　名前（　）
わたしたちは、あるものを別のものとして見る「見立てる」という行いをしている。それは、想像力にささえられている。そして、その想像力は、わたしたちを育んでくれた自然や生活と深く関わっている。
ワークシート

授業の流れ ▷▷▷

1 第２段落・第３段落の内容を読み取る　〈10分〉

T　この文章では「あや取り」が例に挙げられています。どの部分に書かれていますか。
・「中」の部分です。
T　第２段落の始めに「あや取りを例に考えてみよう。」とありますが、「あや取り」は何の例として挙げられているのでしょう。それを考えながら全文を読みましょう。
・「見立てる」ことの例として、筆者は「あや取り」を挙げています。
T　第３段落では、どんなことを言っていますか。
・同じ形に対して付けられる名前が、地域によって違うことが書かれています。

2 第４段落・第５段落の内容を読み取る　〈10分〉

T　第４段落には、どんなことが書かれていますか。
・日本で知られているあや取りの例と、地域ごとに違う名前をもつことが書かれています。
・それぞれの名前は、その土地の生活と、より関わりの深いものに見立てられていると書かれています。
T　第５段落には、どんなことが書かれていますか。
・あや取りは世界各地で行われていて、アラスカの西部とカナダでは、同じ形でも違う名前が付けられていると書かれています。

見立てる

「見立てる」の要旨をまとめよう。

○例の挙げ方

1 ②あや取り
・ひもが作り出した形に
名前がつけられる。

③同じ形に対して付けられる名前が、
地いきによってちがう。

2 ④日本での例
・一つの形に約三十種類。
・それぞれの生活と、
より関わりの深いもの。

⑤世界各地での例

3 具体的な事例

教科書p.53
下部の写真

3 筆者の工夫を読み取る 〈10分〉

T　筆者は、なぜ第４段落と第５段落を書いたのでしょう。

・第３段落の「同じ形に対してつけられる名前が、地域によってちがう」ことの具体的な例を挙げて、分かりやすく伝えたかったのだと思います。

T　「中」は、「初め」に書かれていることの例であること、また例があることで筆者の伝えたいことが分かりやすくなるということが確かめられましたね。

T　もし、例がなかったら、どんなふうに読み手に受け取られるのでしょう。

・どういうことなのか、よく分からなくて、説得力がないと思います。

4 「見立てる」の要旨をまとめる 〈15分〉

T　本文中に繰り返し使われている言葉を探して、丸で囲みましょう。

・「見立てる」　・「想像力」

T　筆者の考えが短くまとめられているのは、どの段落ですか。

・「終わり」の第６段落です。

・「初め」と「終わり」は似ています。

T　「見立てる」「想像力」という言葉を使って、要旨を100字程度でまとめましょう。

ICT端末の活用ポイント

文書作成ソフトを用いて、着目した言葉を別途書き出しておくことで言葉を落とさずに要旨を書くことができ、書き換えも容易にできる。

本時案

言葉の意味が分かること

3/7

本時の目標

・題名から、詳しく読んでみたいことを話し合い、全文を読んで感想を書くことができる。

本時の主な評価

❺題名から興味・関心をもって文章を読もうとしている。【態度】

資料等の準備

・国語辞典

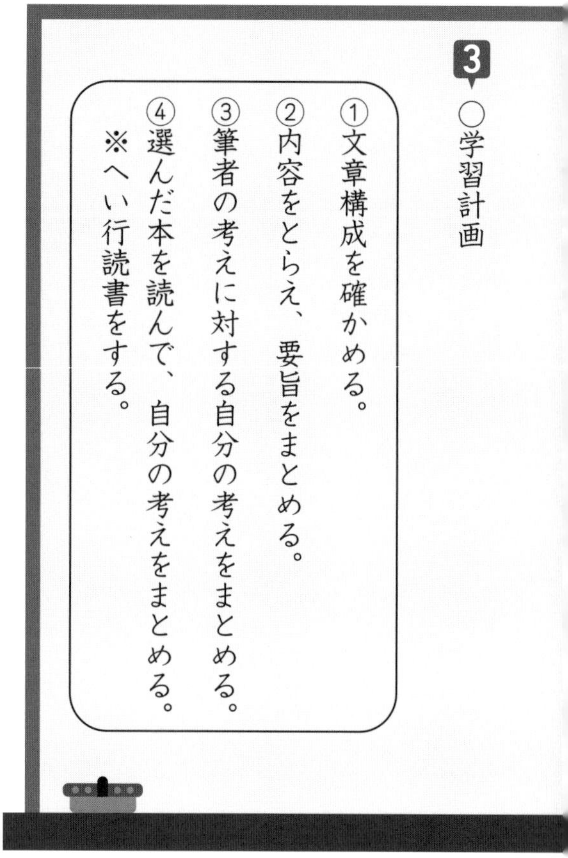

3
○学習計画
①文章構成を確かめる。
②内容をとらえ、要旨をまとめる。
③筆者の考えに対する自分の考えをまとめる。
④選んだ本を読んで、自分の考えをまとめる。
※へい行読書をする。

授業の流れ ▷▷▷

1 学習の見通しをもつ 〈5分〉

T 「言葉の意味が分かること」とありますが、みなさんは「言葉の意味が分かる」とは、どういうことだと思いますか。

・意味が分からない言葉と出合ったときに、国語辞典で調べると、意味が分かります。

・普段、話したり書いたりしている言葉は、意味が分かっているから使っているのだと思います。

T 「見立てる」では、みなさんの感想から問いを見つけて、学習のめあてを考えましたね。「見立てる」の学習を生かして、「言葉の意味が分かること」でも感想を書き、みんなでめあてを確認しましょう。

2 大まかな内容をつかみ、感想を書く 〈25分〉

T これから本文を読みます。分からない言葉や読めない漢字にはサイドラインを引いて、あとで調べましょう。

○サイドラインを引いた言葉は、時間を取って調べさせたり、全体で確認したりする。

T 「言葉の意味が分かること」を初めて読んでどんなことを感じましたか。「そのとおりだ。」「そうなのだろうか。」など、筆者の考えに対して感想を書きましょう。

・「コップ」の意味について、今まで深く考えたことがありませんでした。

・「なるほど」と思うことがたくさんありました。

・子供や外国の人の言い間違いの例があって分かりやすかったです。

言葉の意味が分かること

感想をもとに、学習の進め方を決めよう。

1

○「言葉の意味が分かる」とは

・辞典で調べて、意味を知ること。

・ふだん使っている → 意味が分かっている
から。

2

○感想を書こう

・「そのとおりだ。」「そうかもしれない。」
（共感・なっとく）

・「どういうことだろう。」「そうだろうか。」
（ぎ問）

・「コップ」の意味について、深く考えたことがなかった。他にも、同じような事例はあるのか。

・なぜ、おもしろいまちがいをしてしまうのか、その後の文章を読んでなっ得した。

3 感想を交流し、学習計画を立てる 〈15分〉

T　筆者の考えに対する自分の考えをもつための学習計画を立てましょう。

○「見立てる」の学習を想起し、文章の要旨を捉えたり説明の仕方の工夫を見つけたりすることで、筆者の考えを読み取る学習計画を子供とともに立てる。

T　教科書 p.62に紹介されているような様々な言語・文化の特徴やその違いについて書かれた本も読んでみましょう。そして、単元の終わりに友達と考えを交流しましょう。

ICT 端末の活用ポイント

ホワイトボードアプリを活用して、教材文を読んだ感想の交流をする。共通点や相違点に着目し、付箋の色を変えたり移動させたりすることで、みんなの考えを整理・分類する。

よりよい授業へのステップアップ

並行読書の取組

事前に学級に選書を数冊置いておき、子供が読みたいときにすぐに手に取れる環境を整えておく。教科書に紹介されている本は3冊であるが、シリーズ本もあるので、子供の実態や興味・関心に合わせて、より多くの本をそろえるのもよいだろう。

朝読書や授業の終わりに5分程度時間を設けるなど、並行読書ができるようにする。その際、読書記録を付けておくと、その後の学習に生かすことができる。

本時案

言葉の意味が分かること

4/7

本時の目標

・文章全体の構成を捉え、筆者が話題としていることや主張していることを読み取ることができる。

本時の主な評価

❸全文を大きく３つに分けて文章構成を捉え、要旨を書いている。【思・判・表】

資料等の準備

・模造紙
・要旨を書くワークシート 09–02

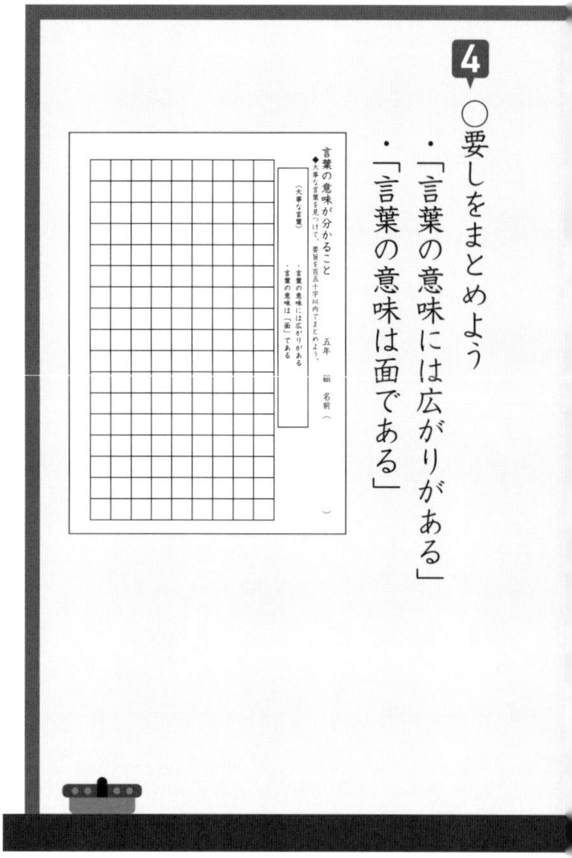

4
○要しをまとめよう
・「言葉の意味には広がりがある」
・「言葉の意味は面である」
言葉の意味が分かること
◆大事な言葉を見つけて、要旨を百五十字以内でまとめよう。
五年　組　名前（　）
〈大事な言葉〉
・言葉の意味には広がりがある
・言葉の意味は「面」である

授業の流れ ▷▷▷

1 文章全体を３つに分ける 〈10分〉

T　「言葉の意味が分かること」は、全部でいくつの形式段落がありますか。番号を付けましょう。

・全部で12段落です。

T　この文章は、「見立てる」と同じように文章全体を３つに分けることができます。全文を「初め」「中」「終わり」に分けてみましょう。

T　どこで分けることができましたか。

・「初め」……形式段落①
・「中」………形式段落②〜⑩
・「終わり」…形式段落⑪、⑫

2 それぞれのまとまりに書かれていることを簡単にまとめる 〈15分〉

T　「初め」「中」「終わり」には、どんなことが書かれていますか。ノートに簡単な言葉で書いてみましょう。

・「初め」には、言葉の意味には広がりがあると書かれています。
・「中」には、言葉の意味には広がりがあることの例が書かれています。
・「終わり」には、筆者の考えが書かれています。

T　「中」を、内容のまとまりでさらに分けるとすると、どのように分けられるでしょう。

・第２〜４段落と第５〜10段落で分けることができます。

言葉の意味が分かること

文章構成をとらえ、要旨をまとめよう。

初め 1	中	終わり
① ・「言葉の意味には広がりがある」……筆者の考え 2	②③④ ・コップの例 3 ①の考えについて、読者に説明している。 ⑤⑥⑦⑧⑨⑩ ・使いまちがいの例	⑪⑫ ・言葉の意味は「面」……筆者の考え

3 第２～４段落の役割を考える 〈10分〉

T　第２～４段落は、文章全体の中でどのような役割をしているでしょうか。

・第１段落の「言葉の意味には広がりがある」について、「コップ」を例に出して説明しています。

・身近なものを取り上げて説明することで、筆者の考えを読者に分かりやすく伝えていると思います。

○特に、第２段落の内容に着目するよう促すことで、読者に対して説明する役割があることを押さえる。

○文章構成を模造紙または ICT 端末で記録しておき、次時以降の学習に活用する。

4 要旨をまとめる 〈10分〉

T　本文で繰り返し使われている言葉を探して、要旨を150字以内でまとめましょう。

・筆者の考えが表れているのは、「初め」と「終わり」の部分だったな。

・「言葉の意味には広がりがある」「言葉の意味は面である」は大事な言葉だと思います。

ICT 端末の活用ポイント

文書作成ソフトで着目した言葉を別途書き出しておき、それらの言葉を落とさずに要旨をまとめるよう指導する。また、学習支援ソフトを活用して子供同士の考えを共有できるようし、友達の学び方を参考にしながら取り組む。

本時案

言葉の意味が分かること

5/7

本時の目標

・筆者の主張を捉え、要旨をまとめることができる。

本時の主な評価

❶原因と結果の関係を読み取っている。【知・技】

❷筆者の考えと事例の結び付きを捉えている。【知・技】

資料等の準備

・模造紙（第４時のもの）

・要旨を書いたワークシート

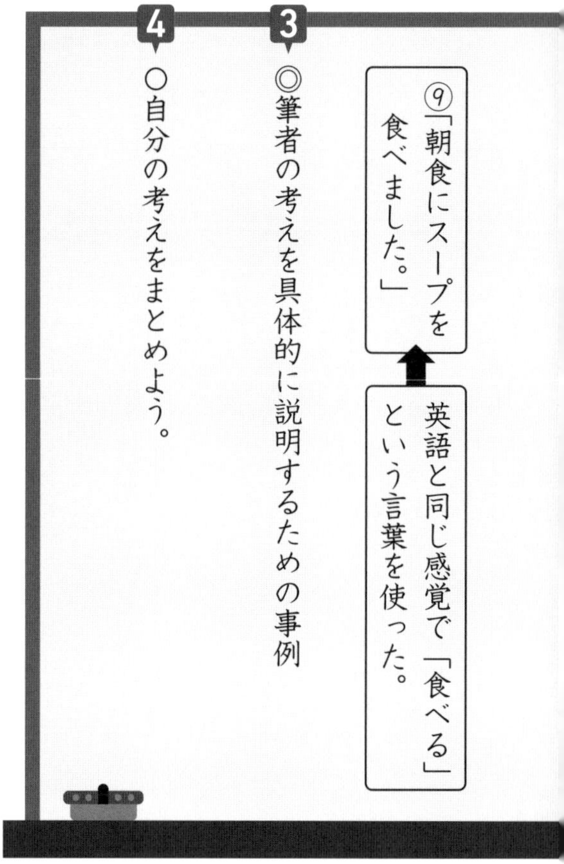
⑨「朝食にスープを食べました。」
英語と同じ感覚で「食べる」という言葉を使った。
3
◎筆者の考えを具体的に説明するための事例
4
○自分の考えをまとめよう。

授業の流れ ▷▷▷

1 要旨を読み合う 〈10分〉

T　前の時間にそれぞれが書いた要旨を友達と読み合って、アドバイスし合いましょう。

・「初め」と「終わり」に書かれていたことがきちんと要旨に入っているね。

・事例は入れなくてもいいと思うよ。

○事例の内容ではなく、筆者の考えがまとめられているか、読み合う前に観点を確認する。

T　友達のアドバイスを基に、書き直してよりよい要旨にしましょう。

2 「原因と結果」の関係を確かめる 〈10分〉

T　筆者は事例の中で「原因」という言葉を使って説明しています。２つの事例を原因とその結果という関係で整理しましょう。

・結果：「歯をくちびるでふんじゃった。」この子は、……したのでしょうか。

→原因：この言いまちがいの原因は、……うまくいかなかったことといえます。

・結果：「朝食にスープを食べました。」これは、……言った言葉です。

→原因：英語と同じ感覚で、……使ったことが原因です。

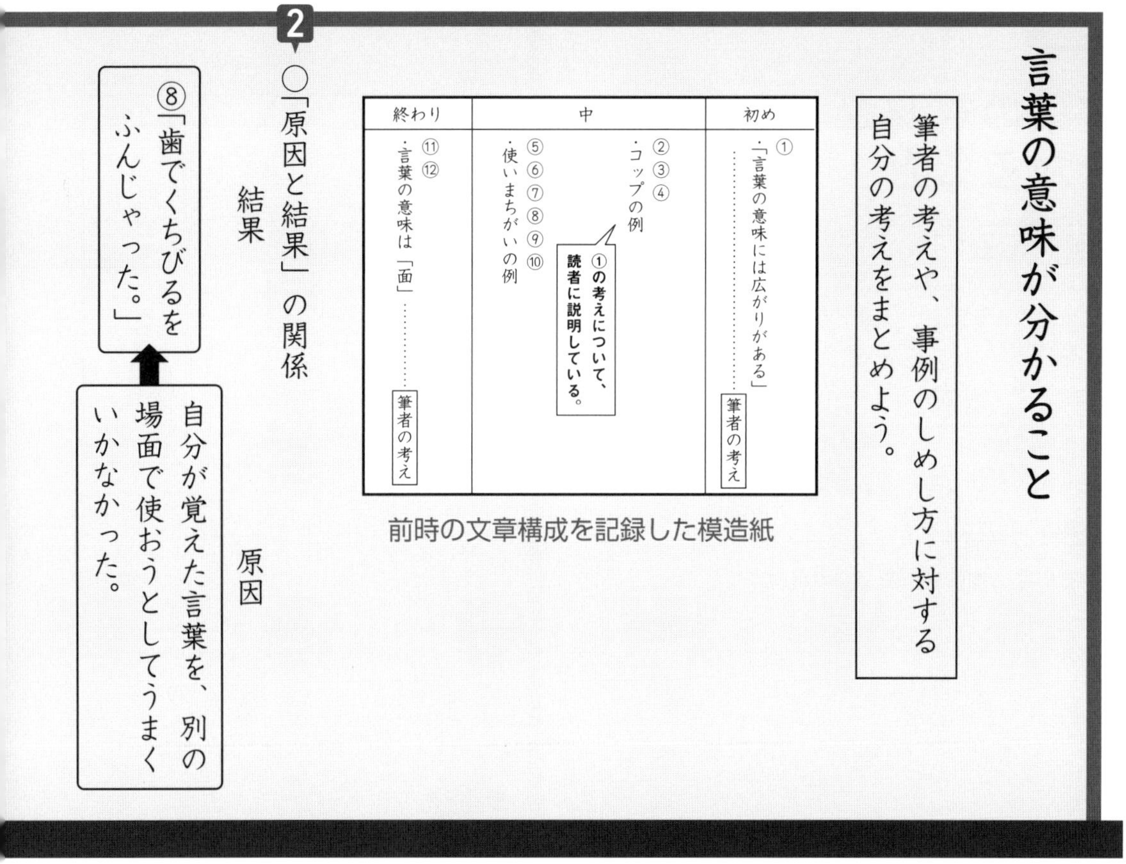
言葉の意味が分かること
筆者の考えや、事例のしめし方に対する自分の考えをまとめよう。
初め
①
・「言葉の意味には広がりがある」
筆者の考え
中
②③④
・コップの例
⑤⑥⑦⑧⑨⑩
・使いまちがいの例
①の考えについて、読者に説明している。
終わり
⑪⑫
・言葉の意味は「面」
筆者の考え
前時の文章構成を記録した模造紙
2
○「原因と結果」の関係
結果
⑧「歯でくちびるをふんじゃった。」
原因
自分が覚えた言葉を、別の場面で使おうとしてうまくいかなかった。

3 筆者の考えと文章の書き方の工夫について確認する 〈10分〉

T　2つの事例は、筆者の考えとどう結び付いていますか。

・第11段落「言葉の意味を『面』として理解することが大切」という考えを具体的に説明するために、2つの事例を取り上げていると思います。

・第12段落では、「言葉やものの見方を見直す」ということを、事例の言葉を使って説明しています。

○ p.63「原因と結果」を読み、事例の結果だけでなく、その原因を説明することで、筆者の考えとの結び付きを分かりやすくしていることを押さえる。

4 自分の考えをまとめる 〈15分〉

T　筆者の考えに対して、自分がどう考えたかを文章にまとめましょう。筆者の考えそのものはもちろん、事例の示し方についての考えでも構いません。

○筆者の考えに触れたり、引用したりしながら、本文と関連させて書くとよいことを指導する。

T　次時は、今回まとめたことを基に、考えを友達と伝え合いましょう。

ICT 端末の活用ポイント

書き進められない子供には、文章の型や問いの言葉を示すとともに、学習支援ソフトを活用して感想を共有することで、どの子も自分の考えをもつことができるようにする。

本時案

言葉の意味が分かること 6/7

本時の目標

・筆者の考えや文章の書き方の工夫について、自分の考えを書き、友達と交流することができる。

本時の主な評価

❺友達の考えに共感したり、自分の考えを広げたり深めたりしている。【態度】

資料等の準備

・文章構成の模造紙（第４時のもの）

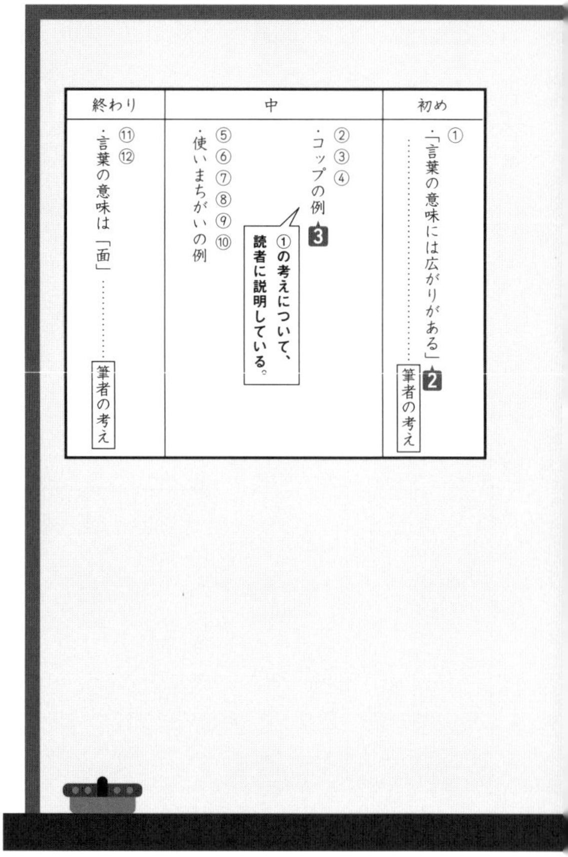

授業の流れ ▷▷▷

1 自分の考えを見直す 〈15分〉

T　今日は、友達と自分の考えを伝え合いますが、その前にもう一度自分の書いた文章を読み返し、自分の伝えたいことがきちんと書かれているかを確かめましょう。

〇書き終えている子供には、発表の練習をしたり、ICT を活用して友達の考えを読んだりすることを伝える。

・どうして自分がそう考えたのか、筆者の考えに触れながら話そう。

・自分と同じ考えの人はいるかな。

2 グループで考えを伝え合う 〈20分〉

T　お互いの考えを発表しましょう。友達の考えを聞くとき、よい考えだなと思ったことはメモを取りましょう。

〇メモには、自分の考えとの共通点、新たに気付いたこと、疑問に思うことなどを書かせる。

T　友達の考えを聞いて、どんなことを感じましたか。

・これから外国語を学ぶときに、この文章で書かれていたことを思い出したいという考えは、自分と同じでした。

・なるほど、そういう考えもあるんだなと思う考えがたくさんありました。

言葉の意味が分かること

自分の考えを友達に伝えよう。

1 ○自分の考えをまとめる。

2 ○考えを伝え合う。
聞き手……共通点・相い点・感想などを伝える

3 ○学習のふり返り
・要旨をまとめるとき
　くり返される言葉が大事
　「初め」「終わり」―筆者の考えがある
・原因と結果
　文の書き始め、文末の書き方から
　読み取る

3 学習を振り返る 〈10分〉

T　この学習では、要旨をまとめて、筆者の考えに対する自分の考えを友達と伝え合いました。要旨をまとめるときに大切なことは何でしたか。

○文章構成の模造紙を活用する。

・繰り返し使われている言葉が大事であることが分かりました。

・「初め」「終わり」に筆者の考えが書かれているので、特にその部分に着目しました。

T　原因と結果の関係を捉えるとき、どんなことに気を付けましたか。

・文の書き出しや文末に着目すると、見つけやすかったです。

T　次時は、並行読書をしてきた本について、自分の考えを伝え合いましょう。

よりよい授業へのステップアップ

グループでの交流の工夫

グループ内での発表は、自分の考えを伝えるだけで終わることのないようにしたい。そのために、聞き手は発表者に対して、共通点や相違点、感想を、必ず一言返すようにするなど、聞く側の視点や約束を事前に示すことが大切である。

さらに、その後学級全体で共有したい友達の考えを紹介してもらうことを伝えておくと、より友達の考えをしっかり聞こうとする態度を育てることができる。

本時案

言葉の意味が分かること

7/7

本時の目標

・選んだ本から読み取った筆者の考えや文章の書き方の工夫について、自分の考えを書き、友達と交流することができる。

本時の主な評価

❹本単元で学んだことを生かして、筆者の考えに対して自分の考えをまとめている。【思・判・表】

資料等の準備

・ワークシート 09-03〜04
・教科書 p.62で紹介されている本

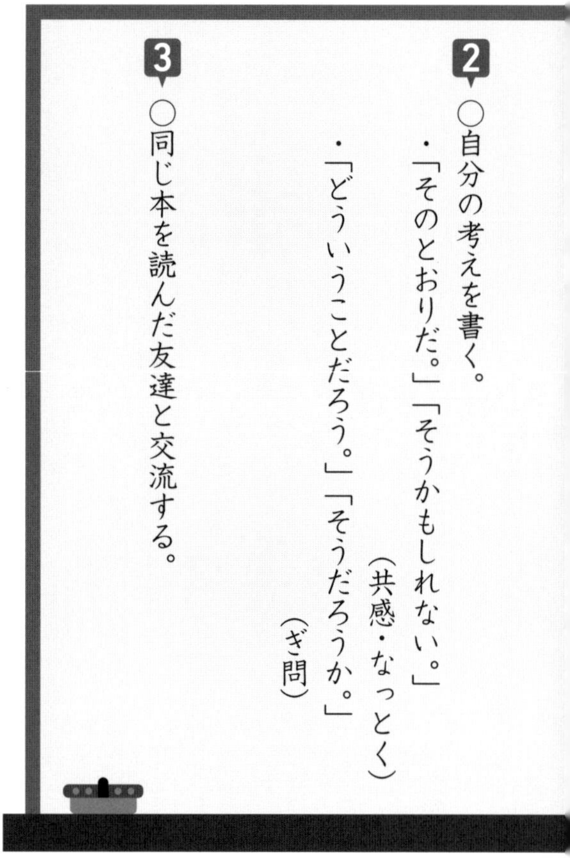
2
○自分の考えを書く。
・「そのとおりだ。」「そうかもしれない。」
（共感・なっとく）
・「どういうことだろう。」「そうだろうか。」
（ぎ問）
3
○同じ本を読んだ友達と交流する。

授業の流れ ▷▷▷

1 選んだ本の筆者の考えや書き方の工夫を確認する 〈15分〉

T　今日は、これまで読んできた本から１冊選び、自分の考えを書きます。様々な言語や文化の違いについて書かれた本ですが、これらの本にも筆者の考えや書き方の工夫が見つけられたのではないかと思います。

○ p.62の「たいせつ」「いかそう」を読み、この学習で身に付けた力を押さえる。

T　筆者の考えや文章の書き方の工夫について、ワークシートにまとめてみましょう。

・「はじめに」の部分で、なぜこの本を作ったのか、筆者の思いが書かれています。

○筆者が考えを伝えるために工夫したこと（事例をどのように取り上げているか、写真をどのように使っているかなど）に注目させるとよい。

2 自分の考えを書く 〈10分〉

T　自分の考えを書きましょう。その際、自分の経験や体験、知っていることなどと結び付けて考えられるとよいですね。

○第３時と同じ視点「共感・納得」「疑問」を示す。

T　筆者の考えで、そうかもしれないと共感する部分や、分かりにくかった部分などを挙げると、自分の考えがはっきりしてきますね。

ICT 端末の活用ポイント

ワークシートの代わりに文書作成ソフトを用い、学習支援ソフトで共有することで、コメントを付けたり、感想を伝え合ったりすることができる。

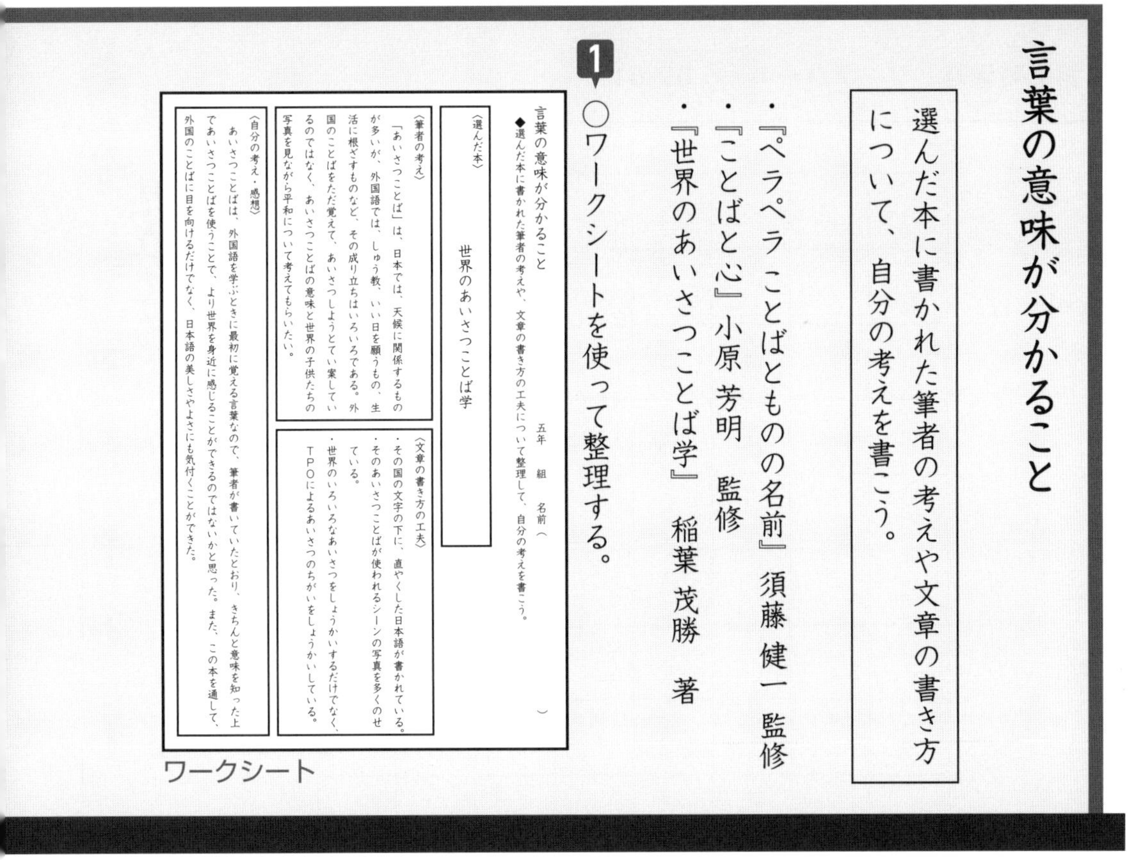
言葉の意味が分かること
選んだ本に書かれた筆者の考えや文章の書き方について、自分の考えを書こう。
・『ペラペラ ことばとものの名前』須藤 健一 監修
・『ことばと心』小原 芳明 監修
・『世界のあいさつことば学』稲葉 茂勝 著
1
○ワークシートを使って整理する。
言葉の意味が分かること
五年 組 名前（ ）
◆選んだ本に書かれた筆者の考えや、文章の書き方の工夫について整理して、自分の考えを書こう。
〈選んだ本〉
世界のあいさつことば学
〈筆者の考え〉
「あいさつことば」は、日本では、天候に関係するものが多いが、外国語では、しゅう教、いい日を願うもの、生活に根ざすものなど、その成り立ちはいろいろである。外国のことばをただ覚えて、あいさつしようとてい案しているのではなく、あいさつことばの意味と世界の子供たちの写真を見ながら平和について考えてもらいたい。
〈文章の書き方の工夫〉
・その国の文字の下に、直やくした日本語が書かれている。
・そのあいさつことばが使われるシーンの写真を多くのせている。
・世界のいろいろなあいさつをしょうかいするだけでなく、TPOによるあいさつのちがいをしょうかいしている。
〈自分の考え・感想〉
あいさつことばは、外国語を学ぶときに最初に覚える言葉なので、筆者が書いていたとおり、きちんと意味を知った上であいさつことばを使うことで、より世界を身近に感じることができるのではないかと思った。また、この本を通して、外国のことばに目を向けるだけでなく、日本語の美しさやよさにも気付くことができた。
ワークシート

3 友達と考えを交流する 〈10分〉

T　グループで、ワークシートを交換して読み合いましょう。そして、読んだ感想を伝え合いましょう。

○同じ本を読んだ子供同士でグループが組める場合は、着眼点の違いを見つけさせるとよい。

○別の本を読んだ子供同士のグループになる場合は、ものの考え方や、その説明の仕方を知り、広げていくという目的で読み合わせる。

・『世界のあいさつ言葉学』を読んで、私もあいさつの大切さについて改めて考えました。

・自分が読んでいない本も、読んでみたいと思いました。

4 単元を通しての感想を発表し、学習のまとめをする 〈15分〉

T　「見立てる」「言葉の意味が分かること」、そして並行読書に取り組んで、学習をしてきました。この学習でできたこと、分かったことは何ですか。

○ p.61「ふりかえろう」を活用する。

T　この単元の学習を通して、みなさんが感じたこと、思ったことをノートに書いて発表しましょう。

・それぞれの本の筆者は、自分の考えを分かりやすく伝えるために、興味をもちやすい事例を挙げているのだと思いました。

・写真があることで、文章だけよりも筆者の伝えたいことが伝わってきます。

T　この学習で学んだことを、これからの学習に生かしていきましょう。

資料

1 第2時資料　ワークシート 09-01

見立てる

五年　　組　名前（　　　　　　　　）

◆「見立てる」「想像力」という言葉を使って、要旨を百字てい度でまとめよう。

言葉の意味が分かること

五年　　組　名前（　　　　　　　　　　）

◆大事な言葉を見つけて、要旨を百五十字以内でまとめよう。

〈大事な言葉〉
・言葉の意味には広がりがある
・言葉の意味は「面」である

資料

3 第7時資料　ワークシート　09-03

言葉の意味が分かること

五年　組　名前（　　　　）

◆選んだ本に書かれた筆者の考えや、文章の書き方の工夫について整理して、自分の考えを書こう。

〈選んだ本〉

〈筆者の考え〉

〈文章の書き方の工夫〉

〈自分の考え・感想〉

言葉の意味が分かること

◆選んだ本に書かれた筆者の考えや、文章の書き方の工夫について整理して、自分の考えを書こう。

五年　　組　名前（　　　　　）

〈選んだ本〉

世界のあいさつことば学

〈筆者の考え〉

「あいさつことば」は、日本では、天候に関係するものが多いが、外国語では、しゅう教、いい日を願うもの、生活に根ざすものなど、その成り立ちはいろいろである。外国のことばをただ覚えて、あいさつしようとてい案しているのではなく、あいさつことばの意味と世界の子供たちの写真を見ながら平和について考えてもらいたい。

〈文章の書き方の工夫〉

・その国の文字の下に、直やくした日本語が書かれている。
・そのあいさつことばが使われるシーンの写真を多くのせている。
・世界のいろいろなあいさつをしょうかいするだけでなく、ＴＰＯによるあいさつのちがいをしょうかいしている。

〈自分の考え・感想〉

あいさつことばは、外国語を学ぶときに最初に覚える言葉なので、筆者が書いていたとおり、きちんと意味を知った上であいさつことばを使うことで、より世界を身近に感じることができるのではないかと思った。また、この本を通して、外国のことばに目を向けるだけでなく、日本語の美しさやよさにも気付くことができた。

言葉

敬語 （2時間扱い）

単元の目標

知識及び技能	・日常よく使われる敬語を理解し使い慣れることができる。((1)キ) ・言葉には、相手とのつながりをつくる働きがあることに気付くことができる。((1)ア)
学びに向かう力、人間性等	・言葉がもつよさを認識するとともに、進んで読書をし、国語の大切さを自覚して思いや考えを伝え合おうとする。

評価規準

知識・技能	❶日常よく使われる敬語を理解し使い慣れている。(〔知識及び技能〕(1)キ) ❷言葉には、相手とのつながりをつくる働きがあることに気付いている。(〔知識及び技能〕(1)ア)
主体的に学習に取り組む態度	❸粘り強く相手の立場や状況に応じた敬語の使い方を考え、学習課題に沿って適切な敬語を話そうとしている。

単元の流れ

時	主な学習活動	評価
1	敬語クイズに取り組む。 自分たちが日常的に使っている敬語や知っている敬語について話し合う。 敬語の 3 つの種類（丁寧語、尊敬語、謙譲語）について知り、どのような違いがあるのかをまとめる。	❶ ❷
2	相手の立場や状況に応じてふさわしい敬語を考えて例題を解く。 ペアで役割を決め、敬語を使う練習を行う。 学習を振り返る。	❸

授業づくりのポイント

〈単元で育てたい資質・能力〉

本単元では言葉の使い方や特徴に関する事項の中の言葉遣いに関して、日常よく使われる敬語を理解し、使い慣れる力を育てることをねらいとしている。高学年になり、敬語の大切さを意識し始める時期ではあるが、敬語を使うことに慣れていない子供も多いだろう。日常生活の中で相手や場面に応じて適切に敬語を使うことに慣れるようにすることが重要である。場面設定を行ったり、役割演技を行ったりと日常生活の中の具体的な場面を想起させながら、敬語を適切に使うことを繰り返し経験させていきたい。

〈教材・題材の特徴〉

敬語をより身近なものに感じられるように、普段の生活で敬語を使う必要がある場面を取り上げている。丁寧語、尊敬語、謙譲語を区別することは、子供にとって難しさを感じる内容と思われる。それぞれをどの場面で、どのように使うかを子供の生活経験と関連させながら扱うことが重要である。図を用いたり、実際に役割演技をさせたりすることで、敬語の使い方についての理解を深めることができるであろう。また、敬語の使い方に加えて、相手と自分との関係を意識して言葉を使うことの大切さにも気付かせたい。日常的に当たり前に使っている言葉について振り返り、自覚することで、言語感覚を養うことができるであろう。

〈言語活動の工夫〉

言葉の学習は教師による説明中心の授業になりがちだが、積極的に対話活動を取り入れ、敬語を使う経験をできるだけたくさん積ませていく。ペアやグループでの役割演技を行うなど、実際の場面を想定した必然性のある活動を行うことが大切である。

また、敬語の間違いを正す活動を行うことで、敬語の適切な使い方を意識することができるだろう。その際に、何がどのように誤りなのか、理由を明確に説明する活動も取り入れる。言葉の使い方やその働きについての思考を巡らせる経験を大切にしていきたい。

[具体例]

○店員役と客役に分かれて、敬語を使いながら会話をする。代表のペアに全体で発表をさせ、よかった点や課題点を話し合う。

○敬語の間違った使い方について、どのようにすれば正しい敬語になるのかを話し合う。

○目上の人に敬語を適切に使いながら手紙を書く活動を行う。

〈ICT の効果的な活用〉

調査：検索を用いて、どのような敬語があるのかを調べる。

共有：端末の学習支援ソフトなどを用いて、日常的に使っている敬語や調べた敬語をまとめ、クラス全体で交流する。

分類：端末の学習支援ソフトなどを用いて、日常的に使っている敬語や調べた敬語を、ペアやグループで 3 つの種類に分類する。

本時案

敬語

1/2

本時の目標

・日常よく使われる敬語に興味をもち、その種類や使い方を知ることができる。

本時の主な評価

❶日常よく使われる敬語を理解し使い慣れている。【知・技】

❷言葉には、相手とのつながりをつくる働きがあることに気付いている。【知・技】

資料等の準備

・敬語クイズ（拡大したもの）

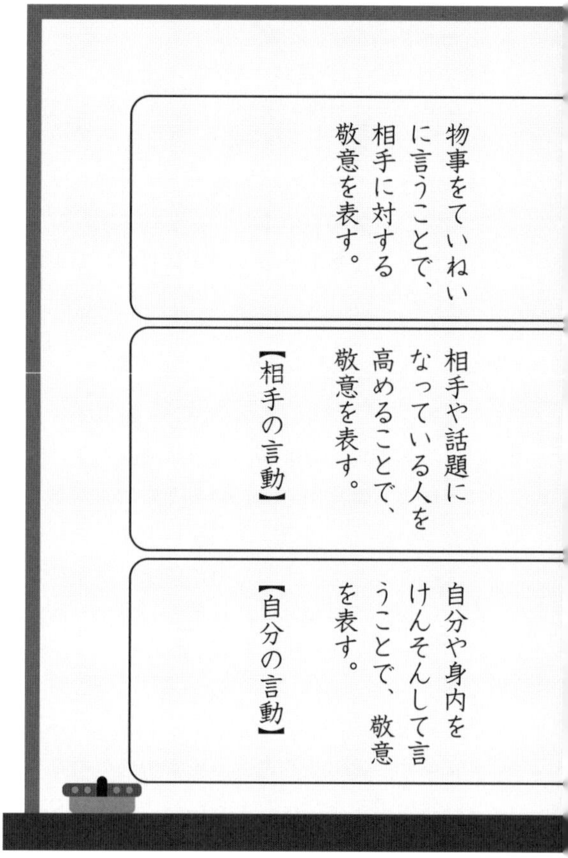
物事をていねいに言うことで、相手に対する敬意を表す。
相手や話題になっている人を高めることで、敬意を表す。
【相手の言動】
自分や身内をけんそんして言うことで、敬意を表す。
【自分の言動】

授業の流れ ▷▷▷

1 敬語クイズに取り組み、敬語について知る 〈10分〉

○クイズは３問行う。丁寧語、尊敬語、謙譲語のそれぞれについて考えることで、敬語には様々な種類があることに目を向ける。

T　正しい言葉遣いはどちらでしょうか。

・「です」「ます」がついている方が正しいと思います。

・「めしあがってください」や「うかがう」は、ていねいな言い方です。

○クイズの正解を確認し、敬語の意味を正しく知る。

T　相手に敬意を表すために使う言葉を敬語といいます。

2 自分たちが知っている敬語について話し合う 〈10分〉

○日常生活を振り返り、自分たちが知っている敬語について話し合う。

T　どのような敬語を知っていますか。

・「です」「ます」などを付けて話しています。

・「お～になる」という言い方を聞いたことがあります。

・「いただく」「召し上がる」などを使ったことがあります。

○子供から出された意見を、種類ごとに分けて板書していくことで、敬語には３つの種類あることに気付かせる。

ICT 端末の活用ポイント

端末の検索を用いて、どのような敬語があるのかを調べる。端末の学習支援ソフトなどを用いて、全体で共有する。

敬《けい》語の種類や使い方を知ろう

1 正しい言葉づかいはどちら？

① 自己しょうかいをする場面で
A 「ぼくの名前は渡辺だよ。よろしくね。」
B 「ぼくの名前は渡辺です。よろしくお願いします。」

② 年上の人に
A 「どうぞ、めしあがってください。」
B 「どうぞ、食べてください。」

③ 校長先生に
A 「聞きたいことがあります。」
B 「うかがいたいことがあります。」

3

○ていねい語
「～です」
「～します」
「～ございます」
←

○尊《そん》敬語
「いらっしゃる」
「おっしゃる」
「くださる」
「お話しになる」
「帰られる」
「お手紙」
←

○けんじょう語
「うかがう」
「いただく」
「お見送りします」
←

3 敬語の３つの種類について知り、まとめる　〈25分〉

T　敬語には３つの種類があります。それぞれどのような違いがあるのか比べましょう。
○子供たちから出された敬語以外も掲示し、どのような種類の仲間なのかを考えさせる。
○尊敬語と謙譲語は区別しづらいと予想される。図を用いて、言葉の主体が相手なのか自分なのかで区別できるようにするとよい。
T　授業の初めに行った敬語クイズの問題はどの種類の敬語でしょうか。
○授業のまとめとして導入時のクイズを再度扱うことで、学習内容への理解を高めたい。

ICT 端末の活用ポイント

端末の学習支援ソフトを使って、日常的に使っている敬語や調べた敬語をペアやグループで３つの種類に分類する。

よりよい授業へのステップアップ

導入とまとめを連携させる工夫

クイズでの導入を行うことで、敬語に対する興味をもたせたい。また、授業のまとめの段階において導入時で行ったクイズを再度扱い、それぞれがどの種類の敬語なのかを考えさせると、学習内容の活用につながる。

言葉への興味を高める工夫

子供の日常生活を振り返る場面を設定することで、日常よく使われている敬語に気付くことができる。

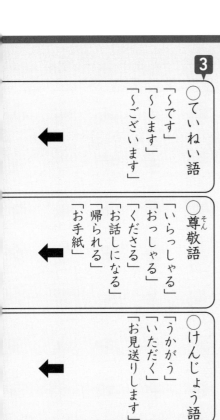

本時案

敬語

2/2

本時の目標

・敬語の種類を理解し、その使い方に慣れることができる。

本時の主な評価

❸粘り強く相手の立場や状況に応じた敬語の使い方を考え、学習課題に沿って適切な敬語を話そうとしている。【態度】

資料等の準備

・敬語の種類についてまとめた短冊
・敬語を使った会話文（拡大したもの）
・ワークシート

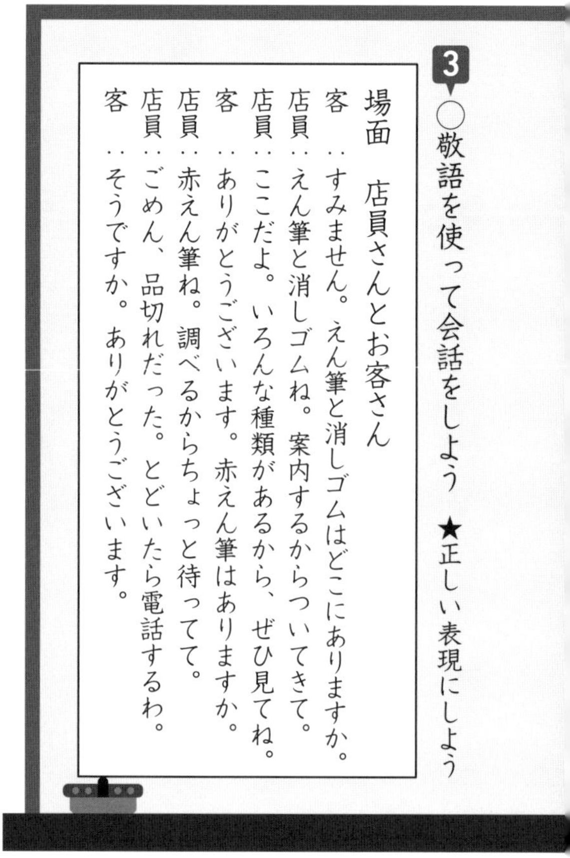

3
○敬語を使って会話をしよう　★正しい表現にしよう
場面　店員さんとお客さん
客　：すみません。えん筆と消しゴムはどこにありますか。
店員：えん筆と消しゴムね。案内するからついてきて。
店員：ここだよ。いろんな種類があるから、ぜひ見てね。
客　：ありがとうございます。赤えん筆はありますか。
店員：赤えん筆ね。調べるからちょっと待ってて。
店員：ごめん、品切れだった。とどいたら電話するわ。
客　：そうですか。ありがとうございます。

授業の流れ ▷▷▷

1 敬語の３つの種類について確認する 〈10分〉

T　敬語にはどのような種類がありましたか。
T　それぞれにどのような違いがありましたか。
・丁寧な言い方の言葉です。
・相手の言動を表すか、自分の言動を表すかで使い分けます。

○それぞれの違いや使い方を確認し、本時の学習内容にスムーズに取り組めるようにするとよい。

ICT 端末の活用ポイント

端末の学習支援ソフトを使って、敬語の分類クイズ等に取り組むとよい。前時の学習内容を振り返るとともに、本時の学習内容への興味・関心を高めることができる。

2 敬語を使った文づくりを行う 〈15分〉

T　次の文章を敬語を使った表現にしましょう。
○４つの文章を提示し、敬語を使った表現を考えさせる。その際にペアやグループで取り組ませるなど、学習形態を工夫するとよい。
○例文をグループごとに割り振って考えさせたり、自分が選んだ例文について友達と考えさせたりと、協働的な学びの視点を踏まえた活動にするとよい。
○必要に応じて、敬語にする言葉にサイドラインを引き、考えやすくするとよい。

ICT 端末の活用ポイント

検索を用いて、敬語の使い方を調べる。どの言葉を敬語にすればいいのか見当を付けさせるとよい。

敬《けい》語

敬語を適切《てきせつ》に使って、会話をしよう。

1

○ていねい語

物事をていねいに言うことで、聞き手や読み手に対する敬意を表す。

○尊敬語

相手や話題になっている人を高めることで、敬意を表す。

○けんじょう語

自分や身内の人の動作をけんそんして言うことでその動作を受ける人への敬意を表す。

2

○敬語を使った表現に直そう

① 先生は、今、体育館にいる。

② 氷河を毎年さつえいしている林さんに、話を聞く。

③ 学校の歴史について、校長先生が書く。

④ 学習会に、新幹線のデザインをした関さんを招く。

3 適切な敬語表現を考え、役割に分かれて会話をする〈20分〉

T 次の会話文を敬語を使った表現に直して、ペアで会話をしましょう。

○客と店員とのやり取りに関する文章を提示し、適切な敬語表現を考えさせる。

○できたペアから実際に練習をするように声をかける。

T ペアでどのような会話になったのか発表しましょう。

T よかった点などを発表しましょう。

T アドバイスを基に、もう一度ペアで適切な敬語表現を考え、会話をしましょう。

ICT 端末の活用ポイント

端末の動画機能を活用し、ペアのやり取りを撮影する。撮影した動画を見ながら、より適切な敬語表現を考える。

よりよい授業へのステップアップ

対話活動の工夫

ペアで役割演技をすることで、実生活の場面を想定した学習になる。また、ペアやグループで文づくりに取り組む場面を設定し、対話活動を進んで行わせたい。全体での発表の際に、よかった点やアドバイスを交流し、敬語の適切な使い方を明確に理解させたい。

理由を明確にしながら考えをもたせる

間違った敬語を正す活動の際に、「どうしてその言葉に注目したの？」と理由を尋ねるようにしたい。そうすることで、敬語を正しく使おうする意識を高めていきたい。

表現を工夫して、俳句を作ろう

日常を十七音で （3時間扱い）

単元の目標

知識及び技能	・比喩や反復などの表現の工夫に気付くことができる。((1)ク) ・俳句の中で漢字と仮名を適切に使い分けることができる。((1)ウ)
思考力、判断力、表現力等	・俳句の構成や書き表し方などに着目して、俳句を整えることができる。(B オ) ・目的や意図に応じて簡単に書いたり詳しく書いたりするなど、自分の考えが伝わるように書き表し方を工夫することができる。(B ウ)
学びに向かう力、人間性等	・言葉がもつよさを認識するとともに、進んで読書をし、国語の大切さを自覚して思いや考えを伝え合おうとする。

評価規準

知識・技能	❶比喩や反復などの表現の工夫に気付いている。(〔知識及び技能〕(1)ク) ❷俳句の中で漢字と仮名を適切に使い分けている。(〔知識及び技能〕(1)ウ)
思考・判断・表現	❸「書くこと」において、俳句の構成や書き表し方などに着目して、俳句を整えることができる。(〔思考力、判断力、表現力等〕B オ) ❹「書くこと」において、目的や意図に応じて簡単に書いたり詳しく書いたりするなど、自分の考えが伝わるように書き表し方を工夫している。(〔思考力、判断力、表現力等〕B ウ)
主体的に学習に取り組む態度	❺粘り強く、俳句の構成や書き表し方などに着目して、俳句を整え、学習の見通しをもって俳句を書こうとしている。

単元の流れ

次	時	主な学習活動	評価
一	1	学習の見通しをもつ 教科書の俳句を読み、共感するところやよいと思う言葉の使い方を伝え合う。 学習のおおよその見通しをもち、学習課題を設定する。 感動が伝わるように、表現を工夫して俳句を作ろう。 生活の中での気付いたことや、驚いたこと、心が動いたことなど、俳句を作るための材料集めをする。	❶ ❹
	2	「季語」について理解し、五・七・五の十七音の形式にする。 「歳時記」や辞書を活用しながら、表現を工夫して俳句を作り、推敲する。	❷ ❸ ❺
二	3	作った俳句を友達と読み合い、句会を開く。 共感した俳句を選んだり、友達の俳句のよさを見つけて感想を発表したりする。 単元の学習活動を通して学んだことを振り返る。	

授業づくりのポイント

〈単元で育てたい資質・能力〉

本単元では、俳句を作るだけでなく、表現を工夫して推敲する力を育てる。短い音数に収まるように比喩を使ったり、言葉や表記をかえたり、順序を考えたりすることで表現を工夫することができる。推敲する際は、教材文を基にどのように推敲すると感動が伝わるかを考えていく。教科書の例にあるように、あじさいが「ゆれている」様子から「おどりだす」に推敲していくまでの考え方を確かめるなどして、推敲の進め方を実感し、自分の作品を推敲するときに生かせるようにする。

単元の最後に句会を開き、互いの作品を読み合うことで、友達の作品のよさに気付くとともに、友達から感想をもらうことで、自分の俳句のよさにも目を向けることができるだろう。

〈教材・題材の特徴〉

俳句は、17音という少ない音の中で、様子や作り手の感動、思いなどを伝える短い詩である。高学年では、直接的な感情表現などをあえて使わず、表現を工夫することを大切にしたい。そこで、共通の俳句を読んで感じたことや表現でよいと思うことを交流することで、どのように表現を工夫すれば読み手に感動が伝わるかという問いをもてるようにする。使う言葉や表記、言葉の順序など表現が工夫された俳句を読むことで、俳句の特徴を理解する。また、推敲の過程も例示することで、どのようなところに気を付けて推敲すればいいかというポイントを理解することができる。

[具体例]

○虹が空にかかる様子を橋に見立て、さらにそれを「すべり台」に例えていることを捉える。虹は雨が降った後に太陽の光が当たってできることから、雨上がりの虹の様子を「雨のしずくのすべり台」と表現することで晴れやかな雰囲気が表現されていることを捉える。

○「雨の中」は視覚的に捉えた様子だが、「雨の歌」は雨の降っている音を「歌」と表現することで、「おどりだす」という言葉と結びついていることを捉える。

〈言語活動の工夫〉

俳句を作る前に、材料を集める期間をしっかりと確保することが大切である。日常生活で周囲に目を向け、自分の心の揺れ動きを捉え、気付いたことや驚いたことなどを取材シートに記入しておく。そうして集めたことの中から俳句にしたいと思うものを広げていく。広げ方は、マッピングをしたりICT を活用したりして、できるだけたくさんの言葉を集め、推敲で表現の工夫をする際にも生かす。

よりよい表現にしていくには、自分の俳句を客観的に評価することも必要である。推敲のポイントと照らし合わせて、なぜその表現を選択したかという理由を考えられるようにする。

〈ICT の効果的な活用〉

調査：自分の心が揺れ動いた瞬間を、写真で撮っておくことも考えられる。写真を見返すことで、より鮮明なイメージをもちながら表現を集めることができる。

分類：情報の収集では、ICT の学習支援ソフトを用いて画面上にキーワードを入力し、分類・整理する。手書きでのマッピングをする方法と ICT を活用した分類・整理をする方法とを学習者自身が選択することで、より自分に適した学習方法で進めることができるだろう。

共有：句会では、学習支援ソフトを用いて共有する。一覧で見られるようにすることで、友達の作品のよさだけでなく、互いの作品のよさの共通点や独自性も見つけることができるだろう。

本時案

日常を十七音で 1/3

本時の目標

・俳句を読み、比喩や反復などの表現の工夫に気付くことができる。
・感動が伝わるように書き表し方を工夫することができる。

本時の主な評価

❶俳句を読み、比喩や反復などの表現の工夫に気付いている。【知・技】
❹感動が伝わるように書き表し方を工夫している。【思・判・表】

資料等の準備

・材料集めシート 11-01
・「俳句のきまり」掲示物（もしくは配信） 11-02
・材料マッピング・記述・推敲シート 11-03
・歳時記・国語辞典
・類語辞典・オノマトペ辞典

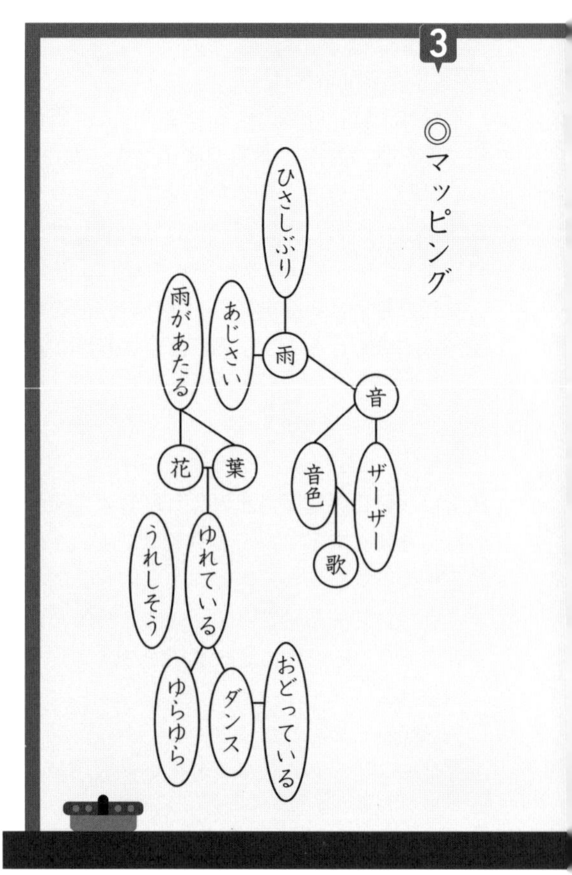
3
◎マッピング
ひさしぶり
雨
あじさい
雨があたる
音
花
葉
音色
ザーザー
歌
うれしそう
ゆれている
ゆらゆら
ダンス
おどっている

授業の流れ ▷▷▷

1 俳句を読み、学習課題を設定する 〈10分〉

T　教科書の２つの俳句を読んで、共感するところや、言葉の使い方で「いいな」と思うところは、どこですか。
・にじの橋をすべり台に例えていてきれい。
・雨のしずくがすべっている感じに見えたのかな。
・２つめの俳句は悔しい感じが伝わってくる。
・どうしたら、俳句が作れるのかな。
T　俳句は、季節を表す言葉を入れながら、五・七・五の17音で感動を伝えるものです。みんなも感動が伝わるように、表現を工夫して俳句を作ってみましょう。そして、作った俳句を読み合う句会を開きましょう。

2 俳句の作り方を知り、学習計画を立て 〈15分〉

T　句会を開くまでの見通しをもつために、学習計画を立てましょう。
・俳句にする材料を集める必要があるね。
・どうやって俳句を作ったらいいかを知らないと作れないな。
・五・七・五のリズムにする必要があるな。
・感動が伝わるように表現を工夫するにはどのようにすればよいのだろう。
・句会を開いてよかったところを伝えたいな。
○子供の疑問や学びたいと思うことを聞きながら一緒に学習計画を立てる。
○俳句のきまりを確認し、季語や音数の数え方を確認する。

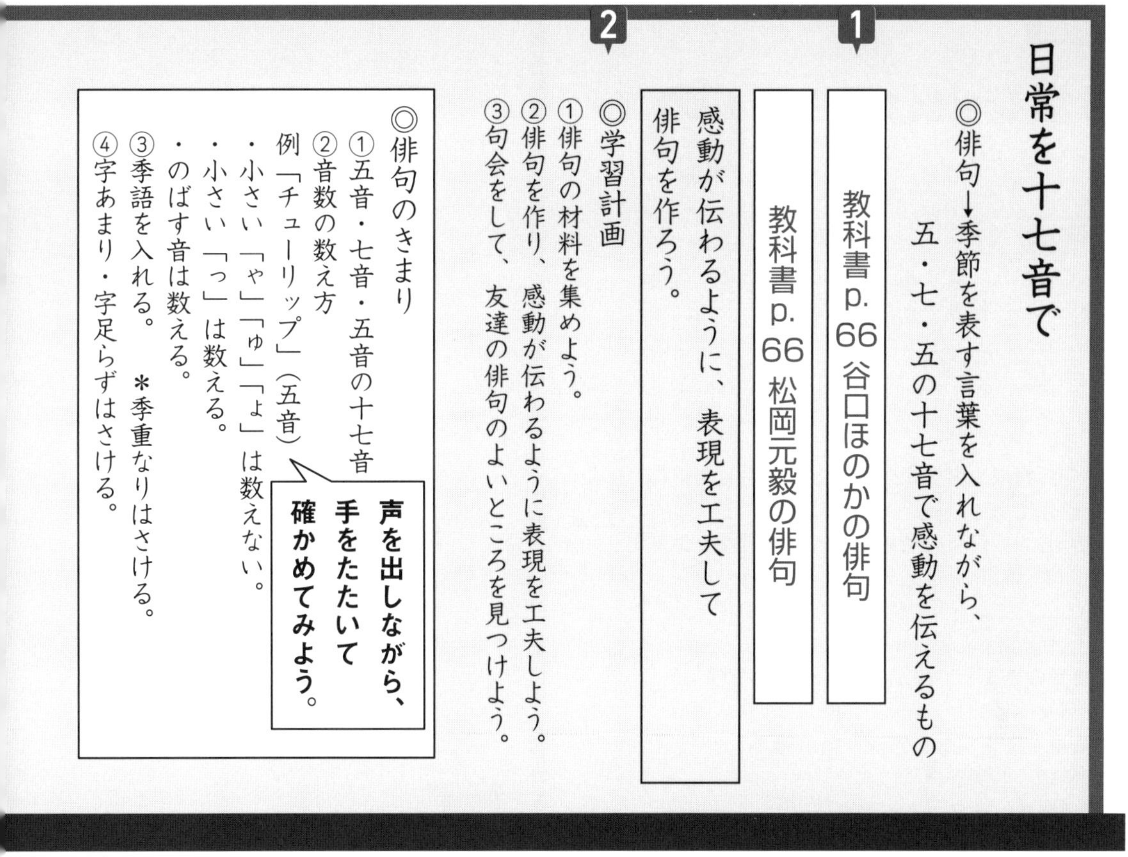
日常を十七音で
◎俳句→季節を表す言葉を入れながら、
五・七・五の十七音で感動を伝えるもの
1
教科書p.66 谷口ほのかの俳句
教科書p.66 松岡元毅の俳句
感動が伝わるように、表現を工夫して
俳句を作ろう。
2
◎学習計画
①俳句の材料を集めよう。
②俳句を作り、感動が伝わるように表現を工夫しよう。
③句会をして、友達の俳句のよいところを見つけよう。
◎俳句のきまり
①五音・七音・五音の十七音
②音数の数え方
例「チューリップ」(五音)
・小さい「ゃ」「ゅ」「ょ」は数えない。
・小さい「っ」は数える。
・のばす音は数える。
③季語を入れる。 ＊季重なりはさける。
④字あまり・字足らずはさける。
声を出しながら、手をたたいて確かめてみよう。

3 俳句を作る材料を集める〈20分〉

○事前に、気付いたことや驚いたことなどを、材料集めシートに書いたり、写真に撮ったりしておくとよい。

T　生活の中で気付いたことや、驚いたこと、心が動いたことなどから１つ選んで、マッピングをしていきましょう。まずは、みんなで一緒に考えてみましょう。

・「雨」からどんな言葉が想像できるかな。

○板書で見本を示す。マッピングに書く言葉は、子供たちから引き出す。

T　マッピングでは、感じたこと、想像できること、様子などを思い出して、できるだけたくさん書き込むといいですね。では、自分の俳句を作るためにマッピングをしていきましょう。

ICT 等活用アイデア

写真や動画で情報収集

俳句を作る前に、材料を集める期間をしっかり確保できた場合、有効に使えるのが ICT 端末である。生活の中で気付いたことや驚いたこと、心が動いた瞬間を写真や動画で撮影することができる。撮影したものを見返しながらマッピングをすることで、より具体的に言葉を集めることができるだろう。

自分の感動を見つめ直し、自分との対話によって思いを深め、言葉を紡いでいくことも大切である。鮮明に思い起こせる写真や動画は、情報収集の一助となると考えられる。

本時案

日常を十七音で 2/3

本時の目標

・俳句を作り、よりよい俳句にするために表現を工夫して推敲することができる。

本時の主な評価

❷俳句の中で、漢字と仮名を適切に使い分けている。【知・技】
❸俳句の構成や書き表し方などに着目して俳句を整えている。【思・判・表】
❺粘り強く、俳句の構成や書き表し方などに着目して、俳句を整えている。【態度】

資料等の準備

・「俳句のきまり」掲示物（もしくは配信）
・材料マッピング・記述・推敲シート
・「表現を工夫するときは」掲示物
・歳時記・国語辞典
・類語辞典・オノマトペ辞典

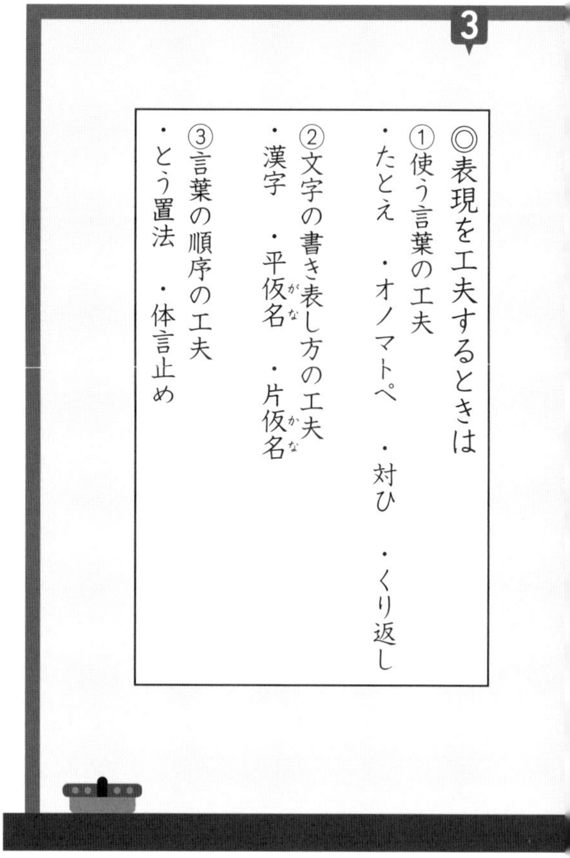
3
◎表現を工夫するときは
①使う言葉の工夫
・たとえ　・オノマトペ　・対ひ　・くり返し
②文字の書き表し方の工夫
・漢字　・平仮《が》名《な》　・片仮《か》名《な》
③言葉の順序の工夫
・とう置法　・体言止め

授業の流れ ▷▷▷

1 俳句を作る 〈20分〉

○前時で学んだ「俳句のきまり」を確認する。
T　マッピングを基に、17音の俳句を作りましょう。
・17音にまとめるのは難しいな。
・どの言葉を使おうかな。
・「五月雨や　かたい地面に　かさの花」
・「おしゃれした　紅葉たち舞う　舞踏会」
○なかなか書くことが進まない子供には、マッピングの中から使いたい言葉を選び、つなぎながら考えるようにさせる。
○17音にまとめることが難しい子供には、まず、「雨の中であじさいがゆれている。」などのように一文にまとめてから考えるように促す。

2 表現を工夫するポイントを考える 〈10分〉

T　前回、みんなで「雨」をテーマに作った材料マッピングシートを参考に、あじさいの句の表現を工夫してみよう。
・「ゆれている」を最初にもってきたらどうかな。
・「ゆれている」は様子を表す「ゆらゆらと」にしてみたらどうかな。
・「あじさい」と「アジサイ」だとひらがなのほうが柔らかい感じがする。
T　作者は表現を工夫して、「雨の歌あじさいたちがおどりだす」という俳句にしました。どんなことに気付きますか。
・擬人法を使っている。
・音を歌にたとえていて、あじさいが雨を喜んでいる感じが伝わる。

日常を十七音で

限られた音数で感動が伝わるように、表現を工夫しよう。

1 ◎俳句を作ろう。

2 ◎表現を工夫しよう。

雨の中あじさいたちはゆれている

雨の中あじさいたちがゆれている

アジサイたちがゆらゆらと
ダンシング
おどっている

ゆらゆらとあじさいたちが雨の中

⇦

雨の歌あじさいたちがおどりだす

・ぎ人法
・雨の音→雨の歌　たとえ
・雨に喜ぶあじさい

3 自分の句の表現を工夫する〈15分〉

T　みんなで確かめた表現を工夫するポイントを意識して、自分の句の表現を工夫しよう。材料マッピングシートを使って、もう１度材料となる言葉を集めても構いません。

○表現を工夫するときは、消しゴムを使わず、どのように言葉を選んで考えたかが残るようにする。

○できた句について、教科書 p.68の「表現を工夫するときは」に書かれていることに照らし合わせて、確認するように伝える。

○国語辞典や類語辞典、オノマトペ辞典などを活用できるようにする。

・他の言葉で言い換えるとどうなるかな。
・様子をオノマトペで表してみよう。
・順番を入れ替えると、伝わり方はどうかな。

よりよい授業へのステップアップ

表現を工夫するために

表現を工夫するポイントを考える際は、同じ題材について、全体で表現を工夫する学習活動を行うことで、個人での学習の見通しをもつことができる。また、実際に表現を工夫するために、それぞれのポイントごとに具体的な問いかけがあると、子供は言葉を引き出しやすい。「他の言い方はないかな」「どんな様子かな」「どんな音が聞こえてくるかな」「何かにたとえられないかな」などである。言葉の順序を考えるときは、入れ替えた句を声に出して読み、伝わり方を比較検討させたい。

本時案

日常を十七音で 3/3

本時の目標

・友達と俳句を読み合い、友達の俳句の比喩や反復などの表現の工夫に気付くことができる。

本時の主な評価

・友達と俳句を読み合い、友達の俳句の比喩や反復などの表現の工夫に気付いている。【知・技】

資料等の準備

・子供の作品一覧（名前を伏せたもの）
・句会用ワークシート 11-04
・最優秀作品賞の賞状

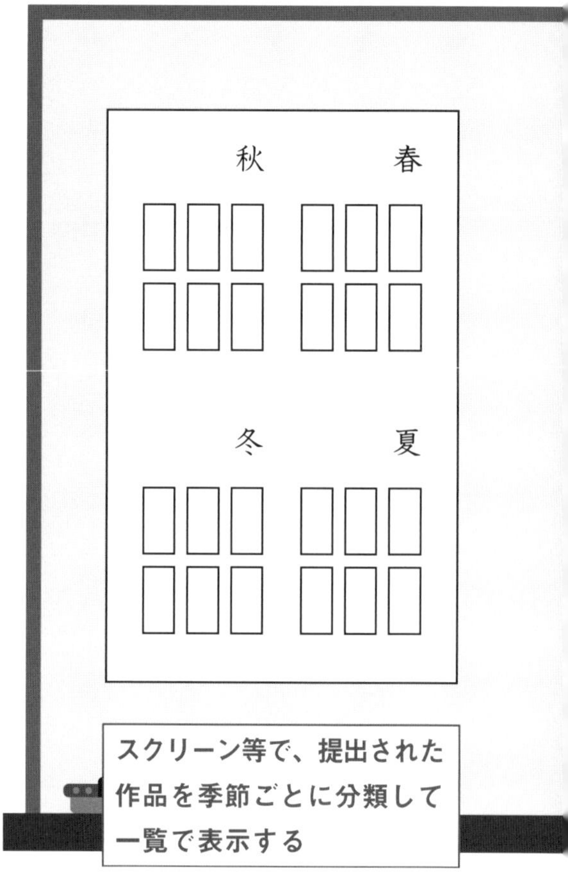

秋
春
冬
夏
スクリーン等で、提出された作品を季節ごとに分類して一覧で表示する

授業の流れ ▷▷▷

1 俳句を友達と読み合う 〈10分〉

T　みなさんが作った俳句の一覧を読んでいきます。声に出して読んでみると、リズムなども感じられていいですね。よいと思った句を２つ選びます。選ぶ観点は、「言葉や表現が工夫されている」「『いいな』と共感できる」などです。作るときに確かめた「表現を工夫するときは」を参考にしてみてもいいですね。
・友達は、どんな工夫をして俳句を作ったのかな。
・おもしろい表現をしているな。
・この気持ちはよく分かるな。
○声に出して音の響きを味わったり、作者が伝えようとしていることの中心を考えたりする。

2 よいと思った句を選び、その理由を書く 〈10分〉

T　よいと思った句２つとその理由を書きましょう。よいと思った理由は具体的に書くといいですね。
・秋に色が変わった紅葉を「おしゃれした」と擬人法を使って表現しているところが「いいな。」と思いました。
・葉が散る様子を「舞踏会」と表していて、楽しくてきれいな感じが伝わってきて共感できました。
○どの言葉からどんなことを想像したのか、どの言葉が印象的だったのかなど、具体的に理由が書けるように促す。

日常を十七音で

友達と俳句を読み合い、よいところを見つけよう。

1

◎句会をしよう。

①友達の俳句を読む。

2

②俳句を選ぶ。

・言葉や表現が工夫されている。

・「いいな。」と共感できる。

◎表現を工夫するときは

①使う言葉の工夫

・たとえ　・オノマトペ　・対ひ　・くり返し

②文字の書き表し方の工夫

・漢字　・平仮《が》名《な》　・片仮《か》名《な》

③言葉の順序の工夫

・とう置法　・体言止め

3

③句会のふり返りをする。

3 句会の振り返りをする　〈25分〉

T　選んだ俳句とその理由を発表しましょう。

○「最優秀作品賞」の賞状を用意しておき、集計して表彰するのもよい。教員が意図的に取り上げたい句も選出し、「審査員特別賞」などとして表彰するのもよい。

○よいと思った句を２つ選ぶのではなく、友達の句のよいと思ったところをコメントで書いて交流するなどしてもよい。

・私は○番の俳句がいいと思いました。傘をさしている様子を「かたい地面にかさの花」と表現することで色とりどりの花畑のようなイメージが広がるからです。

T　この学習を通して、学習内容や学習方法について学んだことや、次に生かしたいことを振り返りましょう。

ICT 等活用アイデア

季節ごとの句会を記録

本単元では、感動が伝わるように表現を工夫して俳句を作る学習を行った。季節感を大切にしながら、短い言葉で感動を伝えることのできる俳句を生かして、季節ごとに句会を行うなど、帯単元として取り組むのもよい。作った俳句を記録しておくことで、自分の俳句作品を振り返り、自己の成長を確かめることができる。

資料

1 第1時資料　材料集めシート 11-01

日常を十七音で

年　組　名前【　　　　　　　　】

生活の中で気付いたことや、おどろいたこと、心が動いたことなどを、短く書き留めよう。

日付	気付いたこと・おどろいたこと・心が動いたことなど

2 第1時資料　俳句のきまり　掲示物 11-02

◎表現を工夫するときは
①使う言葉の工夫
・たとえ・オノマトペ・対比・くり返し
②文字の書き表し方の工夫
・漢字・平仮名《がな》・片仮名《かな》
③言葉の順序の工夫
・とう置法・体言止め

◎俳句のきまり
①五音・七音・五音の十七音
②音数の数え方
例「チューリップ」（五音）
・小さい「ゃ」「ゅ」「ょ」は数えない。
・小さい「っ」は数える。
・のばす音は数える。
③季語を入れる。＊季重なりはさける。
④字あまり・字足らずはさける。

声を出しながら、手をたたいて確かめてみよう。

3 第1・2時資料　材料マッピング・記述・推敲シート 11-03

日常を十七音で

年　組　名前【　　】

伝えたい感動を一つ選んで、マッピングでイメージを広げよう。

◎マッピングをしよう。

・中心となる言葉を○に書こう。
・景色は？
・様子は？
・どんな音？
・どんなにおい？
など

限られた音数で感動が伝わるように、表現を工夫しよう。

◎俳句を作ろう。

作った俳句を書く。
推敲作業もこの枠で行う。

◎表現を工夫しよう。

【完成した作品】

4 第3時資料　句会用ワークシート 11-04

日常を十七音で

年　組【　　】

◎選んだ俳句・理由

・番号（　　）
・理由

・番号（　　）
・理由

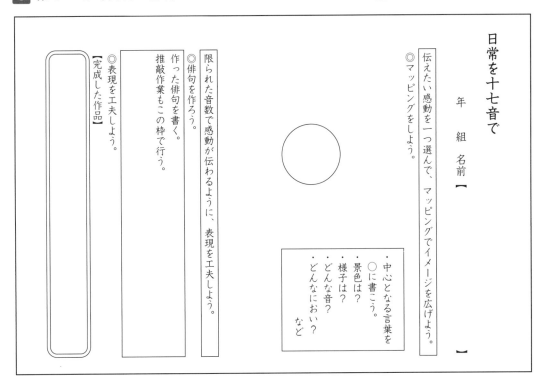

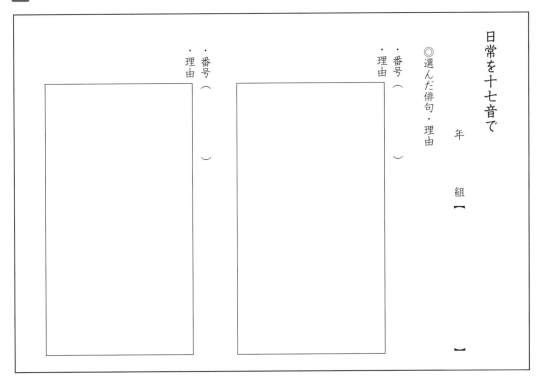

漢字の広場①　（1時間扱い）

単元の目標

知識及び技能	・第4学年までに配当されている漢字を書き、文や文章の中で使うことができる。((1)エ)
思考力、判断力、表現力等	・文章全体の構成や書き表し方などに着目して、文や文章を整えることができる。(B オ)
学びに向かう力、人間性等	・言葉がもつよさを認識するとともに、進んで読書をし、国語の大切さを自覚して思いや考えを伝え合おうとする。

評価規準

知識・技能	❶第4学年までに配当されている漢字を書き、文や文章の中で使っている。(〔知識及び技能〕(1)エ)
思考・判断・表現	❷「書くこと」において、文章全体の構成や書き表し方などに着目して、文や文章を整えている。(〔思考力、判断力、表現力等〕B オ)
主体的に学習に取り組む態度	❸進んで、文章全体の構成や書き表し方などに着目して文や文章を整えながら、学習課題に沿って説明する文を書こうとしている。

単元の流れ

時	主な学習活動	評価
1	本時の学習課題を確認する。 教科書 p.70に載っている熟語全てに目を通し、漢字を正確に読めるかを確認する。 教科書に示された絵や言葉を使い、図書館の人になったつもりで、本の場所や図書館の使い方などについて説明する文章を書く。 書いた文章を推敲する。 書いた文章をまとめる。 互いの文章を読み合い、感想を伝え合う。	❶ ❷ ❸

授業づくりのポイント

〈単元で育てたい資質・能力〉

本単元のねらいは、第４学年までに学習した漢字を読んだり書いたりし、文章の中で使えるようにすることである。そのために、教科書に描かれた図書館の様子を基に、本の場所や図書館の使い方などについて説明する文章を書く。

この学習を通して、既習の漢字についての理解を確実にし、漢字を使って文章を書くことの必要性や分かりやすさを実感できるようにしたい。

〈教材・題材の特徴〉

子供が日常的に利用することの多い図書館が、イラストとして描かれている。そのため、生活経験から獲得している語彙も多い。想像しやすい場面設定のため、図書館で働く人になったつもりで、教科書に示されている語彙を複数使った短文を作ることができるだろう。

また、同じ言葉を選んだとしても作られる文は多岐にわたることが想定される。したがって、子供は作った文を互いに読み合うことに対して、意欲的に取り組むことができるだろう。

〈言語活動の工夫〉

図書館で働く人になったつもりで、本の場所や図書館の使い方などについて説明する文を作り、互いに読み合うという言語活動を設定した。学習の冒頭で、平仮名のみで書かれた文と漢字仮名交じりで書かれた文を比較し、人に説明する文章を書く際には、適切に漢字を使用することでより分かりやすくなることに気付けるようにする。漢字を使うことの必要感をもったうえで、どのようにすれば読む人に分かりやすい説明になるかを考えながら学習を進めていく。読み手を意識して書くため、自分の書いた説明が適切に伝わるかを確かめることが大切である。また、分かりやすい説明を考えながら学習することで、友達の文章も「読んでみたい。」という思いを自然と高めていくと考えられ、互いに読み合う中で友達の文章のよさにも気付くことができるだろう。友達の文章を読む際には、使われている漢字を正しく読む必要もあり、漢字の定着を図ることができる。

教科書に示された絵や言葉から文章を書くが、必要に応じて絵や言葉を見て気付いたことをペアトークなどで伝え合い、考えを耕してから書く活動を行う。まずは漢字を使って文をいくつも作り、組み合わせたりつなげたり、取捨選択したりしながら推敲し、まとめていく方法をとると、多くの漢字を使用しながら文を作る練習となる。

〈ICT の効果的な活用〉

共有：それぞれがまとめた文章の写真を撮影し、学習支援ソフトを用いて共有する。学習支援ソフト上で全員の作った文章が見られるため、説明の仕方のよさに気付きやすい。また、一人あたり複数枚提出できるようにし、随時見られるようにする。そうすることで、文章を書くことに困っている子供への支援にもすることができる。

発展：教科書に示されている図書館のイラストだけでなく、子供にとってより身近な学校図書館の写真も子供の端末に送り、本の場所や図書館の使い方などの説明のイメージが広がるようにする。さらに、教科書に載っている単語だけでなく、４年生で習った漢字をウェブブラウザで検索し、より多くの漢字を使って文章が書けるようにする。

本時案

漢字の広場①

1/1

本時の目標

・第４学年までに配当されている漢字を書き、文章の中で使うことができる。
・図書館の人になったつもりで図書館の説明をする文章を書き、より伝わるように文章を整えることができる。

本時の主な評価

❶第４学年までに配当されている漢字を書き、文章の中で使っている。【知・技】
❷図書館の人になったつもりで図書館の説明をする文章を書き、より伝わるように文章を整えている。【思・判・表】

資料等の準備

・教科書の挿絵の拡大コピー

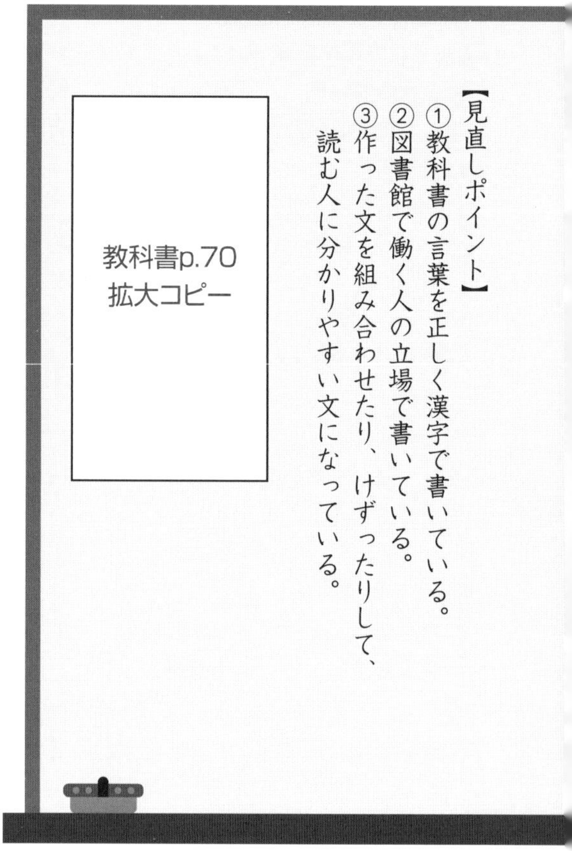

【見直しポイント】
①教科書の言葉を正しく漢字で書いている。
②図書館で働く人の立場で書いている。
③作った文を組み合わせたり、けずったりして、読む人に分かりやすい文になっている。
教科書p.70
拡大コピー

授業の流れ ▷▷▷

1 ２つの文を比較し、本時の学習課題を確認する 〈５分〉

T　２つの文を比べてみましょう。どんなことに気付きますか。
・ひらがなだけの文は読みづらい。
・漢字を使った文の方が、読みやすいし、読んだときに意味が分かりやすい。
T　漢字を使うと、読む人にも分かりやすい文になりますね。では、これまでに習った漢字を使うことを意識して文を作ってみましょう。
○教科書の挿絵の拡大コピーを示す。
○本時の学習課題を確認する。
T　教科書 p.70のリード文を読みましょう。図書館の人になったつもりで、本の場所や図書館の使い方などについて説明する文を作ります。

2 教科書に示された絵や言葉を見て文を考える 〈20分〉

○教科書に載っている熟語の読み方や意味を確認してから文を作り始める。
T　教科書にある言葉を使って作ります。必要な人は、相談コーナーで友達と絵や言葉から気付いたことを話してイメージを広げていきましょう。
・図書館で借りたい本がある時は、司書の人に要望を出すことができます。
・図書館の本は、分類して配置されています。
○必要に応じて、ペアトークをしたり、相談コーナーを設けたりする。また、イメージが広がらない子供には、学校図書館の写真を示し、どのようなルールや使い方をしているかを声掛けするなどして文を作れるようにする。

漢字の広場①

図書館の人になったつもりで、本の場所や図書館の使い方などについて説明する文章を書こう。

1

◎二つの文をくらべてみよう。

○としょかんは、ほんをかりることができるべんりなこうきょうしせつです。

○図書館は、本を借りることができる便利な公共しせつです。

・漢字を使った文の方が、書いてある意味が分かりやすい。

・漢字を使った文の方が、読みやすい。

2

◎文を作ろう。

案内図

季節

（例）図書館のけいじ板には、案内図や季節のイベントのチラシなどがはってあります。

3

◎作った文を見直して、まとめよう。

3 書いた文を推敲し、文章にまとめる 〈10分〉

T　では、友達と読み合うために、作った文を見直して、まとめていきましょう。

○推敲するための見直しポイントを板書する。

・「図書館の中では静かに本を読みます。」と書いたけれど送り仮名は合っているかな。

・いくつか言葉を付け足して、「図書館の本は、百科事典、伝記など分類して配置されています。」と書き換えよう。

○推敲ができた子供には、書く順番も考えるように促す。

ICT端末の活用ポイント

文章をまとめ終わった子供は、写真で撮影し、学習支援ソフトを用いて共有する。

4 友達と書いた文章を読み合い、感想を伝え合う 〈10分〉

T　まとめた文章を提出することができましたね。では、友達と文章を読み合いましょう。読んだあとには、感想を伝えましょう。

○漢字を正しく読めているかも確認できるように、共有する際は友達の作った文を微音読するように伝える。その上で、感想を伝え合う。感想は、直接本人に伝えるようにする。

・同じ言葉を選んで文章を書いたけれど、全く違う説明になっているね。

・この説明は、詳しくて分かりやすいね。

○読み合いの最後に、よいと思った友達の作品を紹介し、全体でそのよさを共有する。

声に出して楽しもう

古典の世界（一）（2時間扱い）

単元の目標

知識及び技能	・親しみやすい古文を音読するなどして、言葉の響きやリズムに親しむことができる。（⑶ア） ・古典について解説した文章を読んだり作品の内容の大体を知ったりすることを通して、昔の人のものの見方や感じ方を知ることができる。（⑶イ）
学びに向かう力、人間性等	・言葉がもつよさを認識するとともに、進んで読書をし、国語の大切さを自覚して思いや考えを伝え合おうとする。

評価規準

知識・技能	❶親しみやすい古文を音読するなどして、言葉の響きやリズムに親しんでいる。（〔知識及び技能〕⑶ア） ❷古典について解説した文章を読んだり作品の内容の大体を知ったりすることを通して、昔の人のものの見方や感じ方を知っている。（〔知識及び技能〕⑶イ）
主体的に学習に取り組む態度	❸進んで言葉の響きやリズムに親しみ、学習課題に沿って古文を音読したり、昔の人のものの見方や感じ方を知ったりしようとしている。

単元の流れ

次	時	主な学習活動	評価
一	1	『竹取物語』の範読を聞き、教科書の挿絵の絵巻や『かぐや姫』といった昔ばなしから、物語が現代へと伝わってきていることを知る。 『竹取物語』を音読し、言葉の響きやリズムについて気付いたことを話し合う。 めあてを立てる。言葉の響きやリズムを味わいながら読み、古典に親しもう。 『平家物語』の琵琶の演奏付きの語りを聞き、言葉の響きやリズムで感じたことを話し合うとともに、『方丈記』と『徒然草』も音読し、言葉の響きやリズムについて話し合う。 作品を１つ選び、繰り返し音読したり暗唱したりして、言葉の響きやリズムを味わい、感じたり考えたりしたことを書く。	❶
	2	言葉の響きやリズムを意識しながら、４つの古典作品を音読する。 めあてを確認する。古典を読んで話し合い、自分の感じ方との共通点や違う点を考えよう。 ４つの古典作品を音読して、昔の人のものの見方や感じ方、言葉の使い方の相違など、感じたことや考えたことを書き加える。 感じたことや、考えたことについて、話し合い、共有する。 ４つの古典作品で、気に入ったものを選んで再読する。	❷ ❸

授業づくりのポイント

〈単元で育てたい資質・能力〉

本単元のねらいは、古典の様々な作品を何度も音読したり暗唱したりする中で、七五調や文語調の言葉の響きやリズムに親しみ、昔の人のものの見方や感じ方に気付くことである。繰り返し音読することで、子供が「音読してみたら心地よい」「言葉のリズムがおもしろい」「今とは言葉の意味が違う」と感じて、言葉の響きやリズムに親しめるようにする。また、作品の中に描かれている情景を具体的に想像しながら読むことで、「昔の人はこんなことを思っていたのか」と気付くことも大切にする。そうすることで、何百年も昔の人々も、自分たちと同じように様々な思いを抱えながら生きていたことに気付けるようにする。

〈教材・題材の特徴〉

本単元は、文語調の文章に本格的に触れる第一歩となる。現代語訳と対比させながら読むことで、大体の内容を捉えられると同時に、文語調のもつ独特のリズムや言葉の言い回しに気付ける教材である。絵巻物の一場面からの気付きを共有したり、時代背景について想像したりする中で、子供のさらなる気付きを引き出し、作品に興味をもたせることが大切になる。また、現代では使われなくなった言葉や、意味が異なる言葉も数多く含まれる。意味が想像できる言葉や現代でも使われている言葉などを手掛かりに、子供が昔の人の思いや考え方に思いを馳せることができるようにする。

〈言語活動の工夫〉

子供が主体的かつ対話的に学習に取り組めるよう、気に入った表現について、その理由や感じたことを互いに伝え合う活動を取り入れる。そうすることで、自分の感じ方と友達の感じ方との違いに気付くことができる。また、教科書に掲載された部分以外も読み、感じたことを伝え合うことで、昔の人のものの見方や考え方に迫る。

[具体例]

○『竹取物語』は『かぐや姫』などの、子供向けの図書資料等を活用して、教科書に掲載された部分以外（特に５人の求婚者が姫の要求に応えようとする場面）を読み、求婚者の誰に共感できるか、自分が同じ立場ならばどうするかなど、感じたことや考えたことを伝え合う。そうすることで、物語の展開を楽しみつつ、主体的かつ対話的に昔の人の感じ方や考え方に迫ることができ、現代の自分たちとの共通点や相違点にも気付くことができる。

〈ICT の効果的な活用〉

表現：音読や暗唱をする際には、教科書の二次元コードから聞くことができる音声資料等を活用し、何度も繰り返し音声を聞きながら音読や暗唱のための練習ができるようにする。

整理：子供が気になった言葉や表現、現代の意味や使われ方とは異なる語句について、意味や文章中での使い方をまとめて、「５年○組版古語辞典」を作る。文語調の文章を扱うごとに表計算ソフト等にまとめることで、学級オリジナルの古語辞典の内容が充実し、共有もできる。

共有：『かぐや姫』の教科書に掲載された部分以外を提示する際に、挑戦者名と与えられた課題、解決の仕方をまとめたものを一人ずつ提示する。そうすることで、その解決の仕方をどのように感じるか、自分ならばどうするかについて、子供の考えを共有しやすくするとともに、昔の人の考え方と現代の自分たちとの共通点や相違点に気付けるようにする。

本時案

古典の世界Ⅰ

1/2

本時の目標

・言葉の響きやリズムを味わい、感じたり考えたりしたことを書くことができる。

本時の主な評価

❶親しみやすい古文を音読するなどして、言葉の響きやリズムに親しんでいる。【知・技】

・進んで言葉の響きやリズムに親しみ、学習課題に沿って古文を音読したり、昔の人のものの見方や感じ方を知ろうとしている。【態度】

資料等の準備

・『竹取物語』の絵巻物の拡大絵
・『かぐや姫』の絵本等
・『平家物語』の琵琶語りの演奏動画等
・「5年〇組版古語辞典」

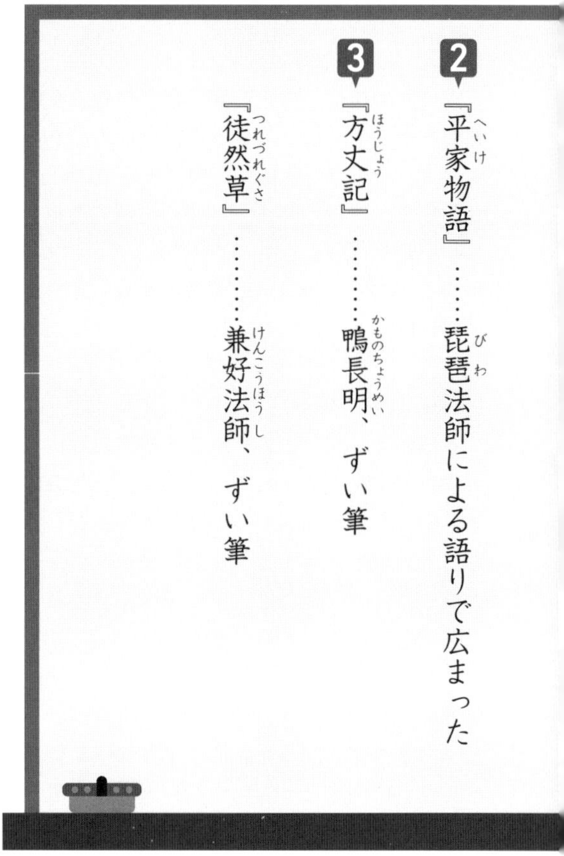

2
『平家《へいけ》物語』……琵琶《びわ》法師による語りで広まった
3
『方丈記《ほうじょう》』……鴨長明《かものちょうめい》、ずい筆
『徒然草《つれづれぐさ》』……兼好法師《けんこうほうし》、ずい筆

授業の流れ ▷▷▷

1 『竹取物語』や挿絵から物語の歴史を想像する 〈15分〉

〇古典の世界（一）の扉ページの絵だけを提示し、気付いたことや感じたことを自由に語らせる。

・お雛様みたいな着物を着ている。
・みんなに担がれて、雲みたいなものに乗って浮いていて、『かぐや姫』みたいだ。

T　この絵には、実はお話があります。

〇『竹取物語』の冒頭部分を範読する。

・「筒の中光りたり」って、『かぐや姫』？
・「竹取」ってあるから、そうかもね。
・「翁」って何？

T　これは、『竹取物語』という作品です。今は、『かぐや姫』という題名で親しまれている、日本最古の物語です。長い年月読み継がれてきた「古典」に触れてみましょう。

2 『平家物語』の琵琶語りで、リズムや言葉を楽しむ 〈15分〉

〇『平家物語』範読後、琵琶語りを聞かせる。

T　聞いていて、どんなことを感じましたか。

・歌っているみたい。
・眠くなった。テンポが遅すぎる。
・琵琶の演奏がないと、五・七・五みたいにリズムがある感じがする。
・「おごれる人も久しからず」って聞いたことがあるよ。ことわざかな。
・「祇園精舎」「諸行無常」「沙羅双樹」「盛者必衰」って、四字熟語みたい。

〇言葉やリズムに着目している意見を取り上げて、興味を高める。歴史好きの子供がいれば、運動会の赤白分けの由来（源氏が白旗、平家は赤旗を掲げたことが起源という説）を話すのもよい。

古典の世界（一）

言葉のひびきやリズムを味わいながら読み、
古典に親しもう。

教科書p.71
写真

古典……長い年月を経て、今日まで読みつがれて
きた作品のこと

1
『竹取物語』……日本最古の物語
「今は昔」で始まる

3 『方丈記』や『徒然草』を音読し、古典に親しむ 〈10分〉

○『方丈記』を範読し、子供も追読する。
・ちょっとリズムがいい感じがする。
・泡のことを「うたかた」っていうんだ。
・ずっと同じじゃないって思っている鴨長明は、何か悲しいことでもあったのかな。
T 『徒然草』も読んでみましょう。
・「あやしう」って「怪しい」じゃないんだ。
・『枕草子』の「をかし」と似ているよ。
・「そこはかとなく」って、今も使うよね。意味も同じ感じがするよ。
○無理に意味を理解させるのではなく、リズムのよい音読を繰り返すことで、現代語訳を合わせながら、大体の内容を理解できるようにする。言葉の意味の違い等に着目する子供の発言は、取り上げて共有するとよい。

4 古典を音読して、感じたことや考えたことを書く 〈５分〉

T ４つの作品で、どれが一番気に入りましたか。自分が気に入った作品を、リズムを意識して音読してみましょう。
・『竹取物語』が分かりやすくて好き。
・『平家物語』を琵琶と一緒に読んでみたい。
・世の中を悲しいと感じている鴨長明の考え方が自分に合うから、『方丈記』にしよう。
・『枕草子』に似ていて好きだから、『徒然草』にしよう。
○繰り返し音読することで、リズムや文語調の文章に慣れさせる。終末に、なぜその作品を選んだのか理由を問い、感じたことや考えたことをノートに書かせる。配慮が必要な子供には、教科書掲載の二次元コード（音源）を活用して声を合わせるようにする。

本時案

古典の世界Ｉ　2/2

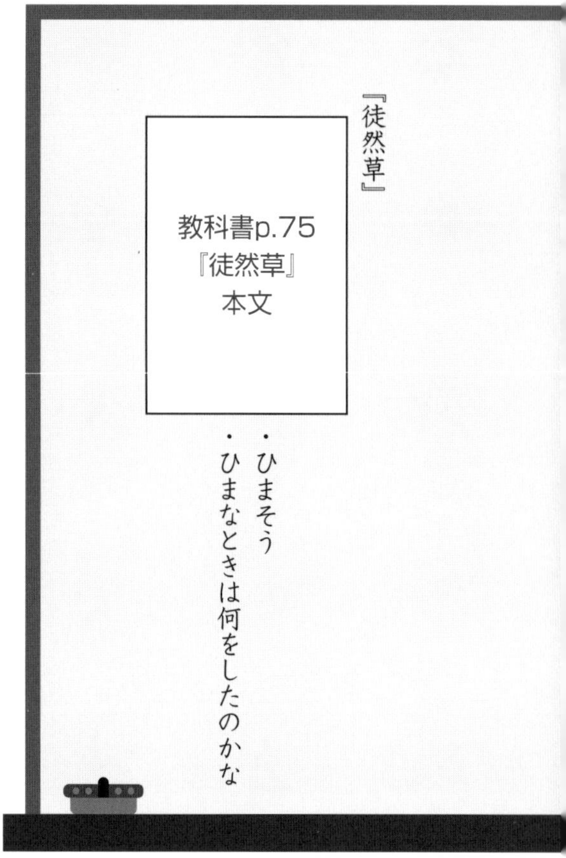

本時の目標

・古典の文章を音読し、昔の人のものの見方や感じ方について、自分の考えをもつことができる。

本時の主な評価

❷古典について解説した文章を読んだり作品の内容の大体を知ったりすることを通して、昔の人のものの見方や感じ方を知っている。【知・技】

・進んで言葉の響きやリズムに親しみ、学習課題に沿って古文を音読したり、昔の人のものの見方や感じ方を知ろうとしている。【態度】

資料等の準備

・４作品の本文資料
・『竹取物語』の５人の求婚者の資料
・『竹取物語』の「語源資料」

授業の流れ ▷▷▷

1　４つの古典を音読し、感じたことを発表する　〈15分〉

T　４つの古典を、言葉の響きやリズムを感じて、様子を想像しながら音読しましょう。

○前回、初めて古典に触れた子供もいるので、句読点で句切りながら、言葉を意識して子供に追読させる。

T　昨日初めて古典を学習して、どんなことを感じたり考えたりしましたか。

・昔の言葉でよく分からない言葉があっても、なんとなく意味が分かるものなんだと『竹取物語』を読んで思った。
・４つともなんとなくリズムがいいと感じた。
・『平家物語』は、漢字も難しい言葉も多くて、硬い感じが武士っぽかった。
・どの作品も、自分の身の回りに目を向けている感じがした。

2　昔の人のものの見方や感じ方などについて考える　〈10分〉

T　４つの古典から、昔の人がどんなことを感じていたのか想像してみましょう。

○再度１作品ずつ音読しながら、昔の人のものの見方や感じ方に迫る。

・『竹取物語』は、竹から生まれて月に帰るなんて、現実にないことを書いているから、昔の人も月に憧れがあったのかもしれない。
・『平家物語』の琵琶演奏はゆっくり過ぎて驚いたけれど、盛り上がるところもあるから、昔の人も音楽を楽しんだのかもしれない。
・鴨長明は、一人でさみしかったから、河の泡を見ていたのかもしれないな。
・『徒然草』みたいに、何もすることがないとき、昔の人にはゲームもないし、どうしたのかな。

古典の世界（一）

1 古典を読んで話し合い、自分の感じ方との共通点や違う点を考えよう。

『竹取物語』

教科書p.72
『竹取物語』
本文

2
・昔の人も月にあこがれた
・ファンタジー作品
・言葉のもとになった話がある
・ずるい人やいやな人は昔もいる

『平家物語』

教科書p.73
『平家物語』
本文

・琵琶語りは音楽みたい
・むずかしい言葉が多い
・漢字が多くてかたい感じ
・武士っぽい

『方丈記』

教科書p.74
『方丈記』
本文

・鴨長明はさみしい
・あわと世の中を重ねている

3 昔の人のものの見方や感じ方をさらに考え、再読する　〈20分〉

T　『竹取物語』では、姫が５人の求婚者に現実には存在しない品物を要求します。５人の様子から、昔の人のものの見方や考え方に迫ってみましょう。

○５人の様子については、現代語訳したプリントを配布する。子供が語句の解釈のみに追われるのではなく、大体の内容を理解でき、５人それぞれの対応から誰の言動に共感できるか考えられるような内容のものとする。

・うそをつく人は、どの時代にもいるんだね。
・自分もうそをついてごまかしたことがあるな。
・現実にはない品物を言う姫は意地悪だよ。

○５人の様子から、昔の人のものの見方や考え方に迫っている発言を取り上げていく。

○最後に、一番共感した古典を再度音読する。

よりよい授業へのステップアップ

語源を探る

『竹取物語』には、現在も使われている言葉や表記の源となるエピソードが多数ある。「語源資料」を活用して、その中のいくつかに触れる。そうすることで、ある出来事がもとになってできた言葉があることを知り、興味をもつ子供も出てくる。また、「ふじ」であれば、「富士」だけでなく「不死」「不二」もあるなど、音が同じで表記が異なる「同音異義語」「同訓異字」へと学習を広げることもできる。こうすることで、日本語そのものの特性にも興味をもたせることができる。

集めて整理して伝えよう

目的に応じて引用するとき （2時間扱い）

単元の目標

知識及び技能	・情報と情報との関係付けの仕方、図などによる語句と語句との関係の表し方を理解し使うことができる。((2) イ)
思考力、判断力、表現力等	・引用したり、図表やグラフなどを用いたりして、自分の考えが伝わるように書き表し方を工夫することができる。(B エ)
学びに向かう力、人間性等	・言葉がもつよさを認識するとともに、進んで読書をし、国語の大切さを自覚して思いや考えを伝え合おうとする。

評価規準

知識・技能	❶情報と情報との関係付けの仕方、図などによる語句と語句との関係の表し方を理解し使っている。(〔知識及び技能〕(2) イ)
思考・判断・表現	❷「書くこと」において、引用したり、図表やグラフなどを用いたりして、自分の考えが伝わるように書き表し方を工夫している。(〔思考力、判断力、表現力等〕 B エ)
主体的に学習に取り組む態度	❸進んで目的に応じた引用の仕方を理解し、学習課題に沿って、引用カードを書こうとしている。

単元の流れ

時	主な学習活動	評価
1	調べたことを記録したときに、困ったことやうまくいかなかったことについて交流する。 目的に応じた引用の重要性を知る。 情報を書き留める際に気を付けることを確認する。 p.77の文章と「山下さんの引用カード」を読み、どのように引用したのか考え、話し合う。	❶
2	「山下さんの引用カード」を参考に「手あらいの際に、じゃぐちをしめることの大切さを説明する文章を書く場合」という設定で、引用カードを書く。 どのような引用カードを書いたか、伝え合う。 「目的に応じて引用するとき」について、考えたこと、疑問に思ったことなどを話し合う。 学習を振り返るとともに、「いかそう」を読み、生かし方を知る。	❷ ❸

授業づくりのポイント

〈単元で育てたい資質・能力〉

本単元のねらいは、自分の書く文章に引用を用いる目的をはっきりさせて、必要な情報を集め、適切に書き留めて整理する力を育むことである。そのためには、情報の集め方、情報の書き留め方を理解する必要がある。また、目的に応じて情報を集める力、集めた情報から目的に応じた部分を見つけ出し、適切に書き留める力が必要になる。ICT の効果的な活用が期待でき、他教材・他教科との関連性も高い単元である。実際の学習環境や学習場面を考慮しながら、引用カードを作成できるようにする。

〈他教材・他教科との関連〉

5年生の社会科の学習では、農業や水産業における食糧生産について、課題把握、課題追究、課題解決する活動がある。こうした学習活動では、地図帳や地球儀、統計データなどの各種の基礎的資料やコンピュータを活用して、情報を適切に集め、読み取り、まとめる技能を身に付けることが求められている。

また、総合的な学習の時間には、「①課題の設定→②情報の収集→③整理・分析→④まとめ・表現」という探究的な学習のプロセスが示されている。このうち、「②情報の収集」、「③整理・分析」が本単元に関わる部分である。「②情報の収集」は、図書やインターネット、およびマスメディアなどの情報源から目的に応じて情報を収集することが求められている。また「③整理・分析」では、入手した情報の重要性や信頼性を吟味した上で、「考えるための技法」（順序付ける、比較する、分類する、関連付ける、多面的に見る・多角的に見る、理由付ける、見通す、具体化する、抽象化する、構造化する）を身に付けることが求められている。

このように、本単元の特徴上、他教材・他教科と関連させながら授業を展開していくことが有効であり、子供が学ぶ必然性を感じながら主体的に取り組んでいく姿を期待することができる。

さらに、発展的な取り組みとして、年表や統計データなどの数値化した情報や、体験活動などを通した感覚的な情報における引用の仕方との比較も学習活動として考えられる。情報の種類によって、情報の引用の仕方や整理の仕方が異なることにも気付かせることができ、本単元のねらいをより一層実感することができる。

〈言語活動の工夫〉

本教材は「水と未来」という文章から、「世界における水の問題について報告する」という目的において必要な情報を書き留めた山下さんの引用カードが紹介されている。それを踏まえた上で、同じ「水と未来」という文章から「手あらいの際に、じゃぐちをしめることの大切さを説明する文章を書く」という目的で引用カードを作成することが示されている。同じ文章でも目的に応じて引用箇所が異なることに気付かせたい。また、他教材・他教科の学習においても、本単元の経験を生かして、目的に応じて引用できるようになることをねらっている。

[具体例]
社会科の食糧生産の学習において、課題追究に即して本やインターネットから必要な資料を収集し、引用カードを作成する。実際に、引用カードを作成する活動を通して、他教材・他教科に横断して活用できる方法であることに気付かせたい。

〈ICT の効果的な活用〉

記録：端末の文書作成ソフトを用いて引用部分についてメモをして、引用カードを作成する。

共有：学習支援ソフトを用いて、引用カードを共有し、比較する。

本時案

目的に応じて引用するとき　1/2

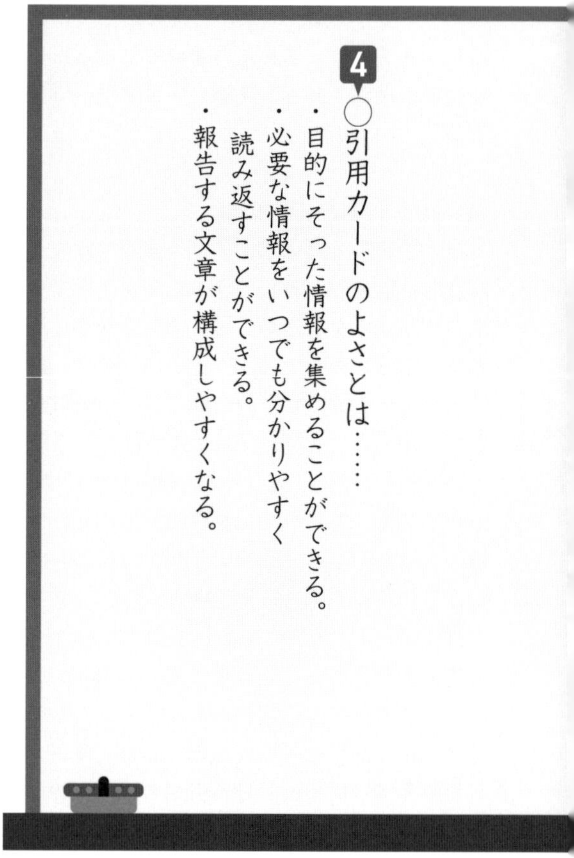
4
○引用カードのよさとは……
・目的にそった情報を集めることができる。
・必要な情報をいつでも分かりやすく
読み返すことができる。
・報告する文章が構成しやすくなる。

本時の目標

・調べたことを記録するときに、引用する目的をはっきりさせて、適切に書き留めることのよさに気付くことができる。

本時の主な評価

❶目的に応じた引用の仕方を理解し、引用カードに情報を書こうとしている。【知・技】

資料等の準備

・教科書 p.77の上段の拡大コピー
・教科書 p.77の下段の「引用カード」の拡大コピー

授業の流れ ▷▷▷

1 調べたことを記録したときのことを思い出す　〈15分〉

○様々な媒体から情報を調べた結果、困ったことやうまくいかなかったことについて想起させる。

T　調べたことを記録したときに、困ったことやうまくいかなかったことはありませんか。

・雑に書いてしまい、読めなくなって困った。
・とにかく全部書き写して手が疲れた。でも、実際にはあんまり使わなかった。
・ウェブサイトの情報をそのまま記録してしまった。
・どの資料からの情報か分からなくなった。
・必要な情報がどこかに行ってしまった。

ICT 端末の活用ポイント

学習支援ソフトを用いて、困ったことやうまくいかなかったことを出し合う。

2 調べたことを書き留めるときに気を付けることを考える　〈10分〉

○1と関連付け、どうすれば自分が困ったり、うまくいかなかったりした経験が解消できるのか考えさせる。

T　情報を書き留めるときにどんなことに気を付ければよいでしょうか。

・目的に応じて書き留めること。
・必要な情報だけ引用して記録すること。
・正確に書き写すこと。
・出典を記録すること。

○意見が出なければ、教科書 p.76を参照する。

ICT 端末の活用ポイント

学習支援ソフトを用いて、情報を書き留めるときに気を付けることを出し合う。

目的に応じて引用するとき

1 ○調べたことを記録したときに……

ざつに書いて読めなくなった

全部書き写した

ウェブサイトをそのまま記録した

どの資料の情報か分からなくなった

メモをなくした

2 ○情報を書き留めるときに気を付けること

・目的に合った部分を選び、正確に書き写す。

・出典となる本の情報（筆者名、書名、出版社名、発行年、その部分が書かれていたページ）を書く。

・インターネットで調べたときには、ウェブサイト名や、そのサイトの管理者の名前などを書く。

3 ○資料と引用カードを読みくらべてみよう

教科書p.77上段
近松みづき
「水と未来」

教科書p.77下段
「山下さんの
引用カード」

3 教科書の資料と山下さんの引用カードを読み比べる 〈10分〉

○資料と引用カードを読み比べて、資料のどの部分を引用カードにまとめたのか、資料にサイドラインを引きながら考えさせる。

T 世界における水の問題について報告する文章を書くことになった山下さんは、必要な情報を引用カードに記録しました。資料と引用カードを読み比べてみましょう。

・まず目的を書いておくと、迷わなくなる。

・必要な情報の部分を短く書き写している。

・誰の、いつの、何の本の、何ページなのか出典を正確に書いている。

○山下さんが知りたかったことは、世界における水の問題である。目的に応じて引用したメモが構成されていることに気付かせる。

4 引用カードのよさについてまとめる 〈10分〉

T 調べた情報を引用カードにまとめると、どんなよさがありますか。

・目的に沿った情報を集めることができる。

・必要な情報をいつでも分かりやすく読み返すことができる。

ICT 端末の活用ポイント

学習支援ソフトを用いて、引用カードと資料を共有し、比較してサイドラインを引く。

本時案

目的に応じて引用するとき 2/2

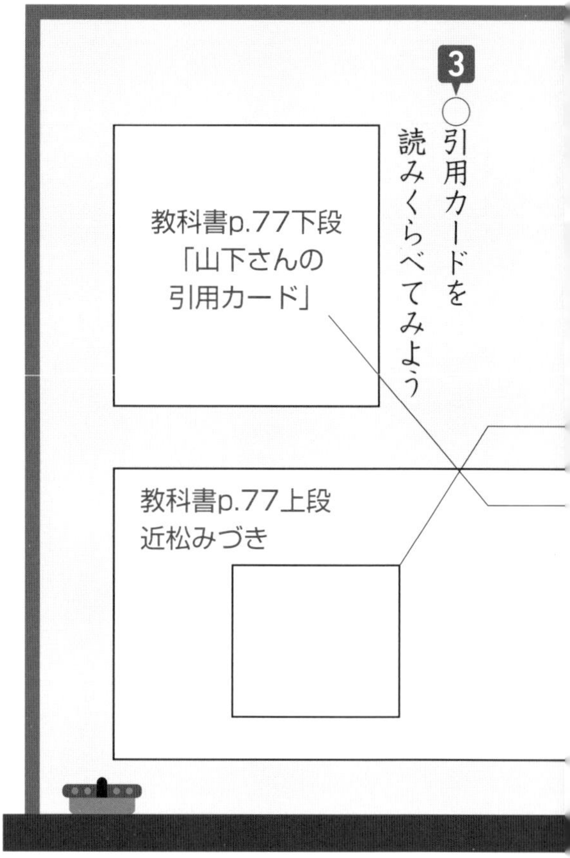

本時の目標

・調べたことを記録するときに、目的に応じて適切に書き留めることができる。

本時の主な評価

❷目的に応じて資料から引用する部分を書き留め、引用カードにまとめている。【思・判・表】
❸進んで目的に応じた引用の仕方を理解し、学習課題に沿って、引用カードを書こうとしている。【態度】

資料等の準備

・教科書 p.77の上段の拡大コピー
・引用カード

授業の流れ ▷▷▷

1 目的を変えて、文章を読む 〈20分〉

○前時を振り返り、引用カードのよさと調べたことを書き留めるときに気を付けることを振り返る。
T　引用カードを作るよさ、書き留める時に気を付けることは、どんなことでしたか。
○前時と目的を変えて、教科書の資料を読む。
T　山下さんは「世界における水の問題」について報告する文章を書くために、教科書の資料から引用カードを作成しました。
T　今日は、目的を「手あらいの際に、じゃぐちをしめることの大切さ」について説明する文章を書くことに変えて、同じ教科書の資料を読んでみましょう。

2 引用カードを作成する 〈10分〉

T　教科書の資料を読んで、目的に対して必要な箇所があったら、サイドラインを引きましょう。
○前時と同じ資料だが、目的が違えば引用する箇所が異なることに気付かせる。
○教科書の資料を読み、サイドラインを引く。
T　どんなところにサイドラインを引いたのか、友達と確認し合いましょう。
T　サイドラインを基にして引用カードを作ってみましょう。
○サイドラインを基に、引用カードを作る。

ICT 端末の活用ポイント

端末の文書作成を用いてまとめると、学習支援ソフトを用いて比較しやすい。

目的に応じて引用するとき

目的を変えて文章を読み、引用カードを作ってみよう。

1

○引用カードのよさ

・目的にそった情報を集めることができる。

・必要な情報をいつでも分かりやすく読み返すことができる。

・報告する文章の構成がしやすくなる。

○調べたことを書き留めるときに気を付けること

・目的に合った部分を選び、正確に書き写す。

・出典となる本の情報を書く。

・インターネットで調べたときは、ウェブサイト名やそのサイトの管理者の名前などを書いておく。

2

○引用カードを作ろう

子供の発言をまとめて、板書した引用カード

「水と未来」

3 引用カードを比較する 〈15分〉

T　全体で確認してみましょう。目的には、何を書きましたか。

・手あらいの際に、じゃぐちをしめることの大切さを説明する。

T　引用したい部分には何を書きましたか。

・「例えば手あらいの際に、じゃぐちをしめずに一分間流しっぱなしにすると、約十二リットルもの水が流れてしまう。」

T　出典には何を書きましたか。

・近松みづき「水と未来」大空書店、2020年52ページ。

T　山下さんの引用カードと比べて、気が付いたことはありますか。

・目的が違うと、引用する部分も異なる。

ICT等活用アイデア

引用した箇所を交流する

「手あらいの際に、じゃぐちをしめることの大切さを説明する文章を書く」ことを目的として、教科書の資料から必要な箇所を引用するとき、学習者が引用した箇所は様々に分かれるだろう。端末の文書作成で、引用箇所を書き留め、学習支援ソフトで共有すると、それぞれの引用箇所の違いを確認することができる。

「なぜその部分を引用したのか」子供たち同士で引用した理由を話し合い、交流できるとよい。

伝えたいことを整理して、報告しよう

みんなが使いやすいデザイン （8時間扱い）

単元の目標

知識及び技能	・情報と情報との関係付けの仕方、図などによる語句と語句との関係の表し方を理解し使うことができる。(⑵イ)
思考力、判断力、表現力等	・目的や意図に応じて、感じたことや考えたことなどから書くことを選び、集めた材料を分類したり関係付けたりして、伝えたいことを明確にすることができる。(B ア) ・筋道の通った文章となるように、文章全体の構成や展開を考えることができる。(B イ)
学びに向かう力、人間性等	・粘り強く、自分の考えが伝わるように書き表し方を工夫し、学習課題に沿って、報告する文章を書こうとする。

評価規準

知識・技能	❶情報と情報との関係付けの仕方、図などによる語句と語句との関係の表し方を理解し使っている。(〔知識及び技能〕⑵イ)
思考・判断・表現	❷「書くこと」において、目的や意図に応じて、感じたことや考えたことなどから書くことを選び、集めた材料を分類したり関係付けたりして、伝えたいことを明確にしている。(〔思考力、判断力、表現力等〕B ア) ❸「書くこと」において、筋道の通った文章となるように、文章全体の構成や展開を考えている。(〔思考力、判断力、表現力等〕B イ)
主体的に学習に取り組む態度	❹粘り強く、自分の考えが伝わるように書き表し方を工夫し、学習課題に沿って、報告する文章を書こうとしている。

単元の流れ

次	時	主な学習活動	評価
一	1	**学習の見通しをもつ** 身近なところで、「これはユニバーサルデザインかもしれない」と思うものについて思い出して、知っていることについて話し合う。 「調べて集めた情報を整理して、友達に興味をもって読んでもらえる文章を書こう」という学習課題を設定し、学習計画を立てる。	
二	2	家や町の中にあるものを思い出して、だれもが使いやすいように工夫されているものを探す。見つけたものから、特に調べたいものを選ぶ。	❷❹
	3 4	「目的に応じて引用するとき」を参照して、集めた情報をカードにして書き留める方法について振り返る。 p.80の「さまざまな調べ方と特長」を参考に、適切な方法を選んで調べる。 集めた情報や引用カードをノートや端末に整理する。	❶❷

	5	p.81に示されている「組み立てメモ」や西村さんの報告文を参考にして、報告する文章の構成を考える。	❸❹
	6	p.83の注意点を参考にして、報告する文章を修正する。	❸❹
三	7	報告する文章を推敲し、清書する。	❸❹
	8	学習を振り返る 学習を振り返り、「たいせつ」「いかそう」で身に付けた力を押さえる。 今後の学習に生かすことを考えて、学習感想を書く。	❶

授業づくりのポイント

〈単元で育てたい資質・能力〉

本単元のねらいは、目的に応じて集めた情報を整理した上で、構成を考え、報告する文章を書く力を育むことである。そのためには、目的に応じて必要な情報を収集すること、収集した情報を適切に整理すること、整理した情報から文章の構成を考えること、構成を基に実際に書き表すことができるようにすることが必要である。また、書いた文章を推敲したり、互いの報告文を読み合ったりすることで、集めた情報が報告する文章に効果的に活用されているか考えることも大切である。

〈教材・題材の特徴〉

この教材・題材の特徴は、家や町にあるものに改めて目を向けて調べることで、ユニバーサルデザインを発見し、その発見の喜びが友達に知らせたいという報告文を書く意欲へとつながる点である。

また、前単元の「目的に応じて引用するとき」で学習した「引用カード」を用いることで、学んだことを実用的に生かすことができる。

〈言語活動の工夫〉

「山下さんの引用カード（前単元）」、「西村さんのノート」「構成メモの手引き」「西村さんが書いた、報告する文章」は教科書に掲載されている。しかし、実際に報告文を書く時には、「構成メモ」から「実際に文章を書く」までの段階に難しさがある。したがって、報告文の中心と段落ごとのまとまりを意識しながら、書き進めていく必要がある。そのためには、自分で書いた文章を読み直したり、友達に書いた文章を読んでもらったりしながら、推敲することが有効である。

[具体例]
文章を全て書き終えてから推敲するのではなく、「初め」「中」「終わり」それぞれのまとまりを書き終えた段階で、「引用カードやノート」「構成メモ」と照らし合わせながら推敲する。そうすることによって、集めた情報が適切に活用されているか確認することができる。また、その際には、自分や友達と声に出して音読したり、文字を鉛筆等で追いながら読み進めたりすることによって、より効果的に修正できるようになる。

〈ICT の効果的な活用〉

調査：検索を用いて補助的に情報を収集する。
整理：端末の文書作成ソフトを用いて引用部分を整理する。
表現：端末の文書作成ソフトを用いて報告文を書く。
共有：学習支援ソフトを用いて、報告文を読み合い、推敲する。

本時案

みんなが使いやすいデザイン 1/8

本時の目標

・伝えたいことを整理して、報告する文章を書く見通しをもつ。

本時の主な評価

・身近なところで、「これはユニバーサルデザインかもしれない」と思うものについて思い出そうとしている。
・報告する文章を書く見通しをもっている。

資料等の準備

・シャンプーボトルなど、ユニバーサルデザインが用いられている具体物

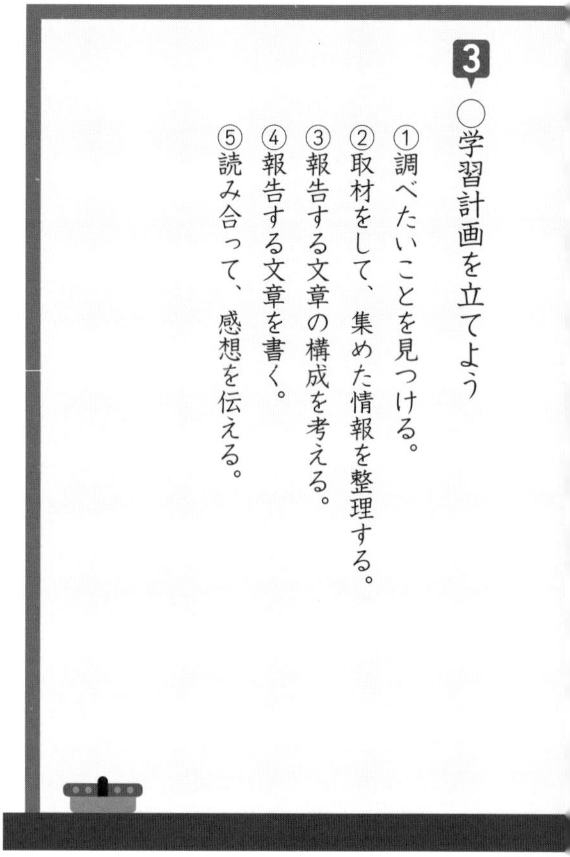

3
○学習計画を立てよう
①調べたいことを見つける。
②取材をして、集めた情報を整理する。
③報告する文章の構成を考える。
④報告する文章を書く。
⑤読み合って、感想を伝える。

授業の流れ ▷▷▷

1 ユニバーサルデザインを知る〈15分〉

○ユニバーサルデザインを知る。
T　年齢や性別、言語、障害の有無を問わず、誰もが使いやすいように考えられたデザインを「ユニバーサルデザイン」といいます。
○身近なところでユニバーサルデザインが施されているものを思い出す。
○教科書についているＱＲコードから動画を視聴し、具体例を示してもよい。
T　みなさんの身近なところで「これはユニバーサルデザインかもしれない」と思うものはありますか。
○いくつか具体物を例示してもよい。
・シャンプーボトル
・自動ドア
・センサー式じゃぐち

2 ユニバーサルデザインが用いられているものを調べる〈15分〉

○端末を活用して、ユニバーサルデザインが施されたものを検索する。
T　端末を使って、ユニバーサルデザインが用いられているものを調べてみましょう。
○調べて分かったことを話し合う。
T　調べて分かったことについて発表しましょう。
・自動ドア
・ピクトグラム
○この段階では、具体物がいくつか挙がるだけでよい。

ICT 端末の活用ポイント

プロジェクターを介して、共有してもよい。

みんなが使いやすいデザイン

ユニバーサルデザインが用いられているものをさがしてみよう。

1
○ユニバーサルデザインとは
年齢《れい》や性別、言語、障《しょう》害の有《う》無を問わず、
だれもが使いやすいように考えられたデザイン

2
○ユニバーサルデザインが用いられているものを
調べてみよう
・シャンプーボトル
・自動ドア
・センサー式じゃぐち
・自動ドア
・ピクトグラム
・駅の改札

○単元の目標

ユニバーサルデザインについて集めた情報を整理して、友達にきょうみをもって読んでもらえる文章を書こう。

3 学習計画を立てる 〈15分〉

○単元の目標を知る。

T これからユニバーサルデザインについて詳しく調べていきましょう。そして、調べて集めた情報を整理して、友達に興味をもって読んでもらえる文章を書いてみましょう。

T 学習計画を立てましょう。

○学習者と話し合いながら、学習計画を立てていくようにする。

①調べたいことを見つける。
②取材をして、集めた情報を整理する。
③報告する文章の構成を考える。
④報告する文章を書く。
⑤読み合って、感想を伝える。

よりよい授業へのステップアップ

他教科と関連させる

本単元は、「ユニバーサルデザイン」に関する報告文の取り組みであるが、他教材・他教科の学習内容と関連させて報告文を作成してもよい。

例えば、社会科の食糧生産の学習と関連させて、日本の食糧自給率に関して報告する文章を書くことが考えられる。

その場合、教科書の「ユニバーサルデザイン」に関する報告書を書く学習計画は参考資料として提示するとよい。

本時案

みんなが使いやすいデザイン 2/8

本時の目標

・だれもが使いやすいように工夫されているユニバーサルデザインを探し、特に調べたいものを選ぶ。

本時の主な評価

❷集めた情報を分類したり、関係付けたりして、伝えたいことを明確にしようとしている。【思・判・表】
❹粘り強く、自分が報告する文章に必要な情報を探そうとしている。【態度】

資料等の準備

・ユニバーサルデザインに関する書籍

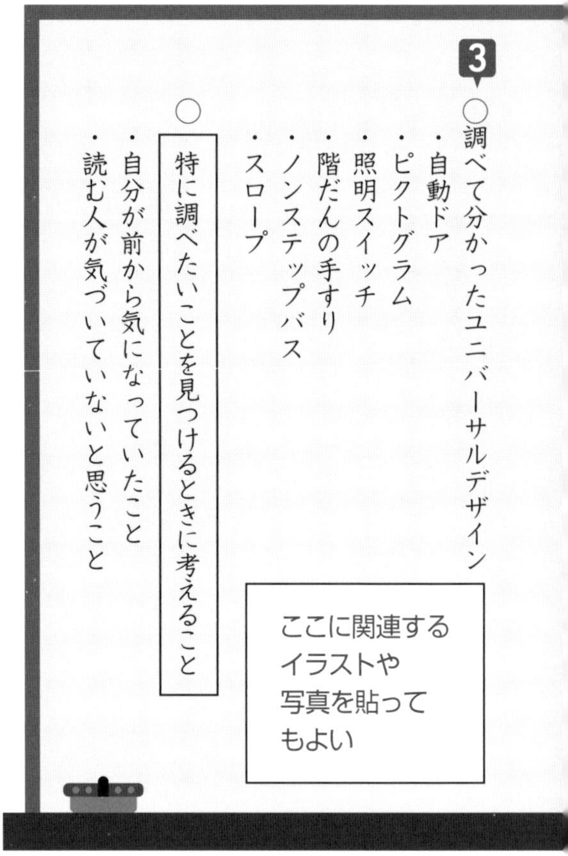
3
○調べて分かったユニバーサルデザイン
・自動ドア
・ピクトグラム
・照明スイッチ
・階だんの手すり
・ノンステップバス
・スロープ
ここに関連する
イラストや
写真を貼って
もよい
○
特に調べたいことを見つけるときに考えること
・自分が前から気になっていたこと
・読む人が気づいていないと思うこと

授業の流れ ▷▷▷

1 ユニバーサルデザインの調べ方を考える 〈15分〉

T 調べるときに、どんな方法があると思いますか。
・インターネット
・動画
・本や資料
・見学や体験
・インタビュー
・アンケート
T それぞれの調べ方には特徴があります。どんな特徴があると思いますか。
○それぞれの調べ方の特徴を理解する。
T 調べるときに、注意することはどんなことですか。
・１つの情報だけで判断しない。
・出典を明らかにする。

2 ユニバーサルデザインを調べる 〈20分〉

○ユニバーサルデザインについて調べる。
T では、家や町の中にあるものを思い出して、ユニバーサルデザインについて調べてみましょう。
○端末や書籍を用いて、ユニバーサルデザインについて調べる。
○場合によっては、学校内を見学してユニバーサルデザインを探すこともできる。
○この段階では、情報を整理するというより、調べたいものを見つけることを優先する。

ICT 端末の活用ポイント

ユニバーサルデザインについて端末で調べることが有効である。１つのウェブサイトだけではなく、様々なウェブサイトから情報を探させる。

みんなが使いやすいデザイン

ユニバーサルデザインをさがして、特に調べたいことを決めよう。

1
○調べ方

インターネット	最新の情報を知ることができる。
動画	動きが確にんできる。
本や資料	せんもん的な知識をまとめて得ることができる。
見学・体験	実際に自分で確かめることができる。見たりさわったりして調べることができる。
インタビュー	せん門家に直接質問することができる。
アンケート	多くの人の考えを知ることができる。

○気を付けること
・一つの情報だけではんだんしない。
・出典を明らかにする。

2
○ユニバーサルデザインを調べよう

3 特に調べたいものを選ぶ〈10分〉

○ユニバーサルデザインについて出し合う。

T 調べて分かったユニバーサルデザインを発表しましょう。

・自動ドア
・ピクトグラム
・照明スイッチ
・階段の手すり
・ノンステップバス
・スロープ

○ユニバーサルデザインである理由も話せるとよい。

T 自分が特に調べたいものを決めましょう。調べたいことを見つけるときには、自分が前から気になっていたこと、読む人が気付いていないと思うことを選びましょう。

ICT 等活用アイデア

端末から情報を調べる

本時では、ICT 端末を活用することが以下の点において有効である。

①端末を用いて情報を収集する。
②調べたことを学習支援ソフトを用いて共有する。
③自分が詳しく調べたいことを決め、学習支援ソフトを用いて共有する。

また、情報モラルに関わる以下の項目について、適宜指導が必要である。

・複数の情報から検討する。
・情報の発信者や HP の URL、検索日などを記録しておく。
・画像や動画を許可なく使用しない。

本時案

みんなが使いやすいデザイン 3・4/8

本時の目標

・情報を集めて、カードやノートに整理して書き留める。

本時の主な評価

❶集めた情報を整理する方法を理解している。【知・技】
❷集めた情報を分類したり、関係付けたりして、伝えたいことを明確にしようとしている。【思・判・表】

資料等の準備

・ユニバーサルデザインに関する書籍
・教科書 p.80「西村さんのノート」の拡大

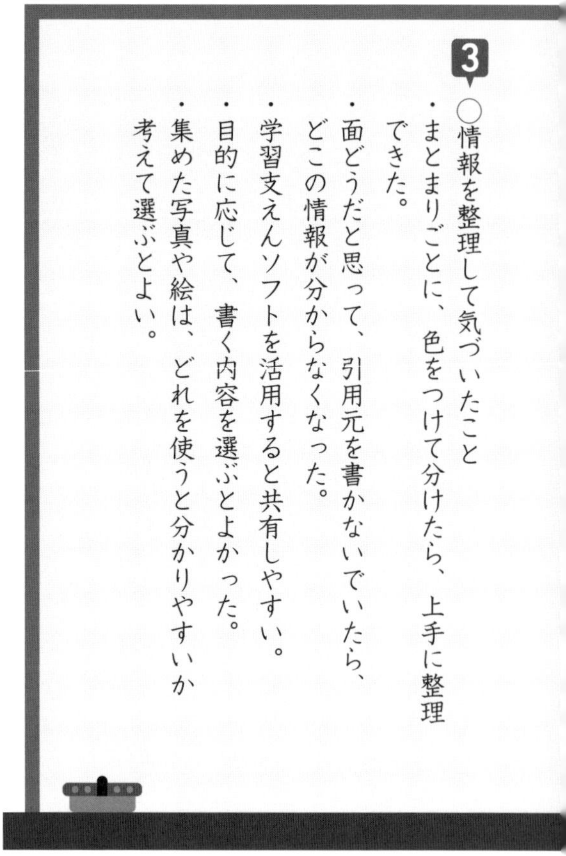

3
○情報を整理して気づいたこと
・まとまりごとに、色をつけて分けたら、上手に整理できた。
・面どうだと思って、引用元を書かないでいたら、どこの情報が分からなくなった。
・学習支えんソフトを活用すると共有しやすい。
・目的に応じて、書く内容を選ぶとよかった。
・集めた写真や絵は、どれを使うと分かりやすいか考えて選ぶとよい。

授業の流れ ▷▷▷

1 情報の整理の仕方を知る 〈10分〉

T　情報を集めたら、どのように整理するとよいでしょうか。西村さんのノートを見て、気が付くことはありますか。
・本で調べたこと、インターネットで調べたことなどで分かれているけれど、内容のまとまりで整理するとよい。
・目的に応じて引用するとよい。
○西村さんのノートの他にも、前単元で学習した「目的に応じて引用するとき」を振り返り、引用カードでまとめていくことも想起させる。

ICT 端末の活用ポイント

端末の学習支援ソフトを用いて集めた情報を整理してもよい。

2 取材をして、集めた情報を整理する 〈25分〉

T　前時で学習した調べ方とその特徴や、「目的に応じて引用するとき」で学習したことを振り返りながら、自分が調べたいことに関する情報を集めて、整理しましょう。
○情報の整理の仕方は以下の3つが考えられる。黒板にそれぞれの例を示しておくとよい。
①ノート
②カード
③端末の文書作成ソフト
○調べる方法によって、まとめ方が異なるため、黒板にそれぞれの例を示しておくとよい。
○学習の進度が子供によって異なるため、教師が丁寧に学習支援する必要がある。

みんなが使いやすいデザイン

取材をして、集めた情報を整理しよう。

1

2

○情報の整理のしかた

教科書p.80
「拡大した
ノート」

教科書p.77
「山下さんの
引用カード」

文書作成
ソフトで
記録した
引用カード

ICT 等活用アイデア

情報を整理する

端末の撮影機能を用いる

インタビューの動画や音声を記録することが可能である。

端末の文書作成ソフトを用いる

アンケートをデータで取ったり、集計データをグラフで表現したりすることが可能である。引用カードも文書作成ソフトで作成することもできる。

子供たちの情報活用能力に応じて、端末を活用することが求められる。また、著作権の扱いや盗用・剽窃など情報モラルも併わせて指導することが求められる。

3 整理の仕方を確認する 〈15分〉

T 集めた情報は、上手に整理できましたか。困っていることはありますか。

・まとまりごとに、色をつけて分けたら、上手に整理できた。
・面倒だと思って、引用元を書かないでいたら、どこの情報かが分からなくなった。
・学習支援ソフトを活用すると共有しやすい。
・目的に応じて、書く内容を選ぶとよかった。
・集めた写真や絵は、どれを使うと分かりやすいかよく考えてから選ぶとよい。

ICT 端末の活用ポイント

調べたいことが同じ場合や、グループ学習を取り入れている場合は、学習支援ソフトを用いて、集めた情報を共有してもよい。

本時案

みんなが使いやすいデザイン　5/8

本時の目標

・筋道の通った文章となるように、文章全体の構成について考えることができる。

本時の主な評価

❸筋道の通った報告文になるように、文章全体の構成を考えている。【思・判・表】
❹自分の考えが伝わるように粘り強く文章全体の構成について考えようとしている。【態度】

資料等の準備

・教科書 p.81、82の拡大コピー

2 ○構成メモを書こう

3 ○構成メモを確にんし合おう

確にんすること

・構成メモの順序通りに、確にんする。

・調べて分かったことについて、情報を整理したノートやカードと照らし合わせて確にんする。

授業の流れ ▷▷▷

1 構成メモと報告する文章を比べる　〈15分〉

T　西村さんが書いた構成メモと報告する文章を比べてみましょう。どのような順序で書かれていますか。
・「初め」には、何について調べたか、調べたきっかけや理由、調べ方が書いてある。
・「中」には、調べて分かったこと、考えたことが書いてある。
・「終わり」には、全体を通して考えたこと、思ったことが書いてある。
T　本当にそのような順序で書かれているか、報告する文章を確認してみましょう。
T　構成メモから報告する文章を書くと、どのようなよい点がありますか。
・伝えたいことがまとまる。
・内容ごとに項目になっていて読みやすい。

2 構成メモを書く　〈15分〉

○報告する文章を書く場合、集めた全ての情報を用いるわけではない。あくまで報告したい目的に応じて、情報を選択していく必要がある。その前段階として、どのような情報が手元にあり、どのように組み立てるのか確かめる必要がある。
T　自分が集めた情報を基に、構成メモを書いてみましょう。
○基本的には教科書の構成に沿って書く。ただ、子供の学習状況によって、構成メモは工夫することができる。

ICT 端末の活用ポイント

端末の文書作成で行ってもよい。

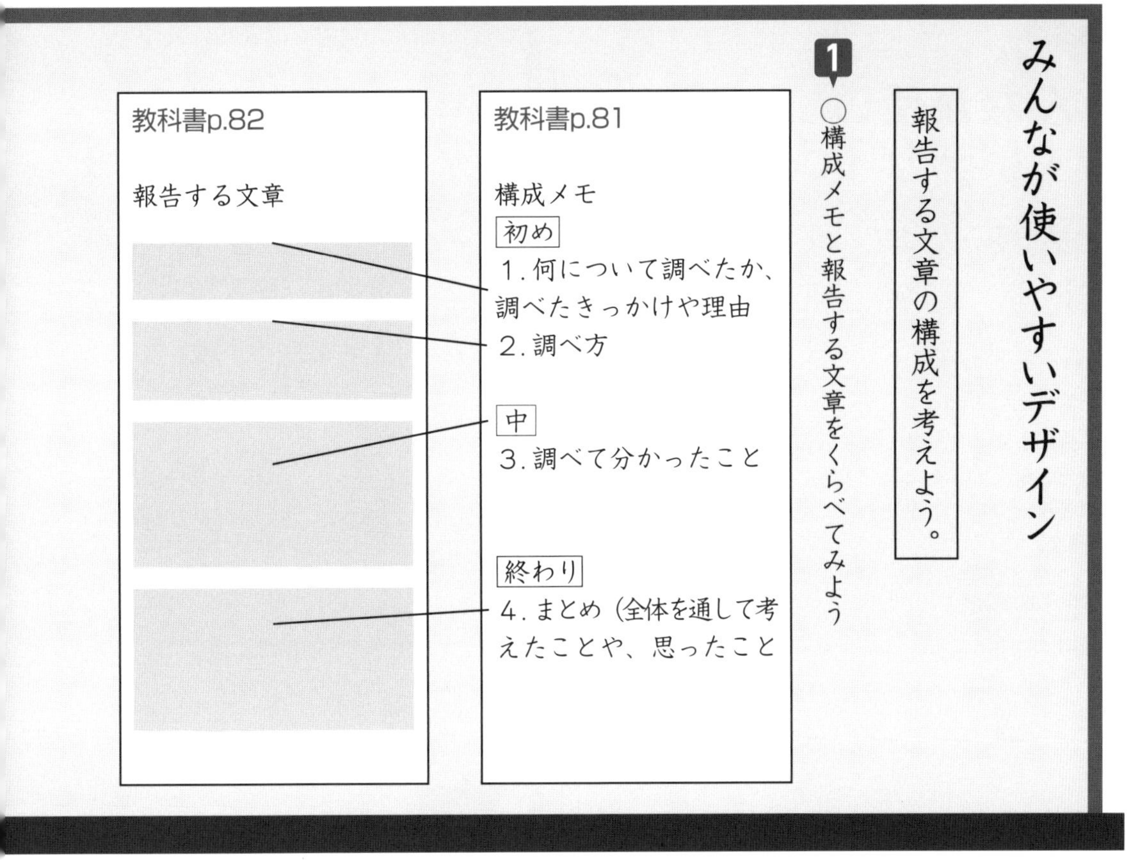
みんなが使いやすいデザイン
報告する文章の構成を考えよう。
1
○構成メモと報告する文章をくらべてみよう
教科書p.81
構成メモ
初め
1. 何について調べたか、調べたきっかけや理由
2. 調べ方
中
3. 調べて分かったこと
終わり
4. まとめ（全体を通して考えたことや、思ったこと
教科書p.82
報告する文章

3　構成メモを確認し合う　〈15分〉

T　構成メモを友達と読み合い、筋道が通っているか確認し合いましょう。

○構成メモと整理した情報を照らし合わせてみる。

○調べた情報は、できる限り使いたくなる傾向にある。あくまで報告する文章の目的に照らし合わせて、情報を選択して活用することを意識させたい。

○構成メモの確認は、対話的な学習を通して行う。対話を通して、自分では気が付かなかった情報に気付いたり、構成の立て直しに気付いたりすることができる。

よりよい授業へのステップアップ

構成メモと報告する文章の接続

　実際に文章を書いてみると、当初思ってもみなかった方向へと書き進んでしまった経験をもつ子も少なくないだろう。

　本単元では、次時に実際に報告する文章を書く。構成メモを作成することで、書き始める前段階で、筋道をイメージすることができる。構成メモを作成していても、実際に文章を書くとずれていってしまうことがある。そのような場合には、「初め」「中」「終わり」それぞれの区切りで教師が確認して指導するとよい。

本時案

みんなが使いやすいデザイン 6/8

本時の目標

・構成メモを用いて、報告する文章を書くことができる。

本時の主な評価

❸筋道の通った報告文になるように、文章全体の構成を考えて、書いている。【思・判・表】
❹自分の考えが伝わるように粘り強く文章全体の構成について工夫して書こうとしている。【態度】

資料等の準備

・引用カード
・構成メモ

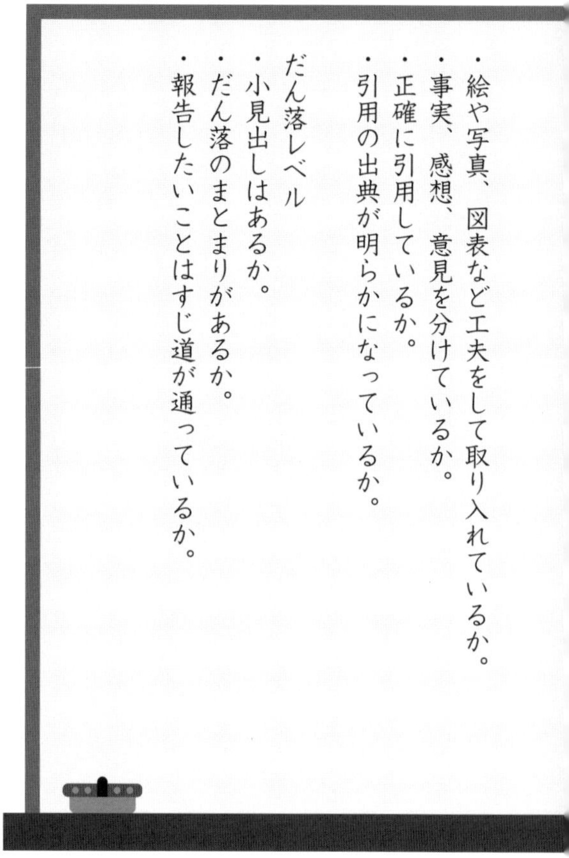

・絵や写真、図表など工夫をして取り入れているか。
・事実、感想、意見を分けているか。
・正確に引用しているか。
・引用の出典が明らかになっているか。
だん落レベル
・小見出しはあるか。
・だん落のまとまりがあるか。
・報告したいことはすじ道が通っているか。

授業の流れ ▷▷▷

1 報告する文章を書く際に気を付けることを確認する〈5分〉

T 教科書 p.83を見て、報告する文章を実際に書くときに気を付けることを確認しましょう。

○情報を引用するときには、引用部を区別して書くことが重要である。事実、著者の意見や感想、自分の意見や感想を明確にして書くように指導する必要がある。こうした指導は、説明的文章を読むときにも生かすことができる。

○報告する文章に引用する場合には、自分の主張と引用部分を区別して書くことが大切である。そうした書き方の指導も適宜行う必要がある。

2 構成メモを基に、報告する文章を書く〈35分〉

T 構成メモを基に、報告する文章を書いてみましょう。

ICT 端末の活用ポイント

端末の文書作成ソフトを用いて書いてもよい。

○絵や写真、図表など工夫して取り入れるとよい。ただし、調べたことを正確に伝えるために絵や図表と自分の考えとを区別して書く。

○書く学習は進度に個人差が出やすい。文章をすらすらと書いているうちに筋道から外れてしまうことがある。そのため、「初め」「中」「終わり」それぞれ書き終えた段階で、自分で読み返したり、教師が確認・助言したり、友達同士で読み合ったりして、段階的に、丁寧に書いていくことが有効である。

みんなが使いやすいデザイン

報告する文章を書こう。

1 ○気を付けること

・小見出しをつけて、まとまりが分かるように書く。

・本などから引用する場合は、他と区別して書く。

○引用する場合

・引用元に書かれていることと、自分の意見や感想を区別して書く。

・まとめは、それまでにのべてきたことと対応させる。

2 ○報告する文章を書く

3 ○確にんしよう

文字レベル

・字のまちがいがないか。

・句読点にまちがいがないか。

・「だ・である」調の常体でとういつされているか。

文章レベル

・接続し（そして、しかし、また、次に、など）を使っているか。

3 自分が書いた文章を読み返す 〈5分〉

T　自分が書いた文章を読み返してみましょう。気付いたことは修正しましょう。

○読み返す観点は、学習者とともに相談しながら挙げ、文字レベル、文章レベル、段落レベルに分けて板書するとよい。学習者は、文字レベルの修正に終始してしまうことがある。文章を丁寧に読み返すことで、文章レベル・段落レベルの修正に気付くことができる。

○推敲は、観点を決めて何度か読み返して行うとよい。1人で行うことが難しい場合には、教師が音読すると修正点に気付くことができる。

ICT 等活用アイデア

ICT 端末の文書作成ソフトで報告する文章を書く

筆記具で書くことが苦手な子への対応

筆記具で書くことが苦手な子供も少なくない。その場合には、ICT 端末の文書作成ソフトを用いて文章を書くことが有効である。

ICT 端末の文書作成ソフトのメリット

・推敲が容易になる。特に、文章の入れ替えや構成の組み立て直しなどを簡単に行うことができる。

・絵や写真、図表の取り込みが容易にできる。

・学習支援ソフトを活用すると、より多くの友達と容易に共有できる。

本時案

みんなが使いやすいデザイン 7/8

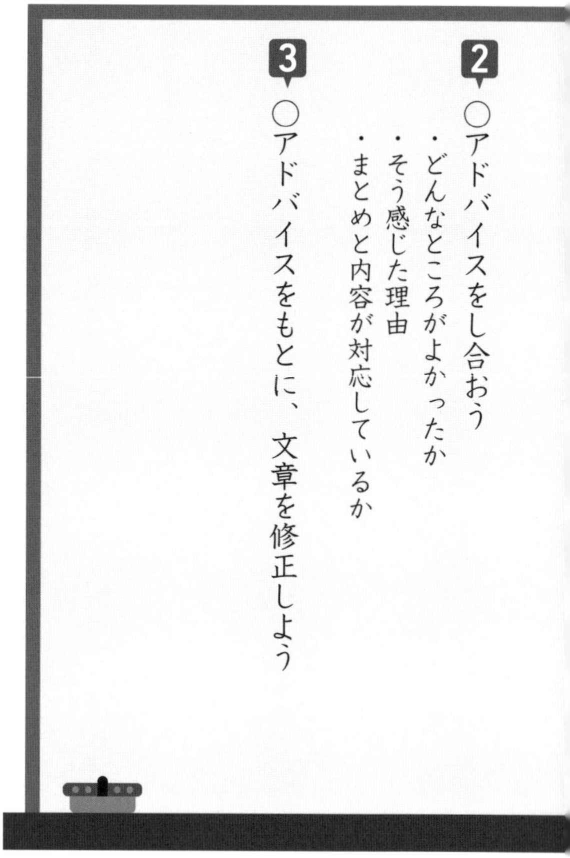

2
○アドバイスをし合おう
・どんなところがよかったか
・そう感じた理由
・まとめと内容が対応しているか
3
○アドバイスをもとに、文章を修正しよう

本時の目標

・報告する文章を読み合い、文章全体の構成を見直し、報告する文章を整えることができる。

本時の主な評価

❸構成を考えながら、筋道の通った文章を書いている。【思・判・表】
❹粘り強く、書き表し方を工夫して、報告する文章を書こうとしている。【態度】

資料等の準備

・引用カード
・構成メモ

授業の流れ ▷▷▷

1 報告する文章を読み合う観点を確認する 〈10分〉

T　報告する文章を読み合って、アドバイスをしてみましょう。どんなことに気を付けてアドバイスをすればよいでしょうか。
・漢字の間違いがないか。
・引用する部分が正確か。
○発言を板書していくときに、読み合う観点を分類する。ここでは、「文字レベル」「文章レベル」「段落レベル」に区分して板書している。
○交流の前に、声に出して読む、指でなぞって読むなど、推敲の仕方を確認してもよい。

2 報告する文章を読み合い、アドバイスをする 〈15分〉

○1で挙げた観点に沿って、友達と読み合い、アドバイスをする。自由に交流して、複数の友達と読み合うと効果的である。また、付箋紙などを用いて、アドバイスカードとして記入することで、修正が行いやすくなる。
○交流するときには、引用カードや構成メモなども一緒に見てもらうことで、確認・修正がしやすくなる。交流では、「どんなところがよかったか」「そう感じた理由」「まとめと内容が対応しているか」について伝えるとよい。

ICT 端末の活用ポイント

端末の学習支援ソフトを用いて、交流することもできる。

みんなが使いやすいデザイン

報告する文章を読み合い、さらによくしよう。

1

○読み合うときの観点

文字レベル
・漢字や送りかな
・句読点
・だ、である調

文章レベル
・接続し（そして、しかし、また、次に、など）
・事実、意見、感想の区別
・引用部分の区別
・正確な引用
・絵や写真、図表と文章が合っているか
・出典の明記

だん落レベル
・だん落のまとまり
・小見出しと内容が合っているか
・報告する文章のすじ道が通っているか

3 文章を読み直し、修正する〈20分〉

T 友達からもらったアドバイスを基に、自分の文章を修正しましょう。

○「書くこと」の推敲にあたる学習活動である。全て書き直すのではなく、部分的に書き直したり、書き加えたりするようにさせる。

○友達と交流したことで、自分の文章がよりよくなったことを実感させたい。

○学習者の実態にのっとり、修正できるように声をかけ、支援していく。

○書き終わったら、もう一度最初から読み返して、自分で推敲できるとよい。

よりよい授業へのステップアップ

読み合いの観点を整える

子供同士で作品を読み合い、アドバイスし合うと、字の丁寧さや誤字・脱字の指摘に終始し、文章の構成や引用の工夫などに目が向かないことがある。そのため、読み合う観点を確認してから、活動を行う必要がある。本単元では、「文字レベル」、「文章レベル」、「段落レベル」と区分した。

また、書いた文章を自分や友達と声に出しながら、読み返すことも有効である。文字と音と意味を重ねることで、自分では「書いたつもり」になっていたことに、改めて気付くことができる。

本時案

みんなが使いやすいデザイン　8/8

本時の目標

・構成メモを用いて、報告する文章を書いて振り返ることができる。

本時の主な評価

❶構成を考えながら、筋道の通った文章を書くことを理解している。【知・技】

資料等の準備

・自分が書いた報告する文章

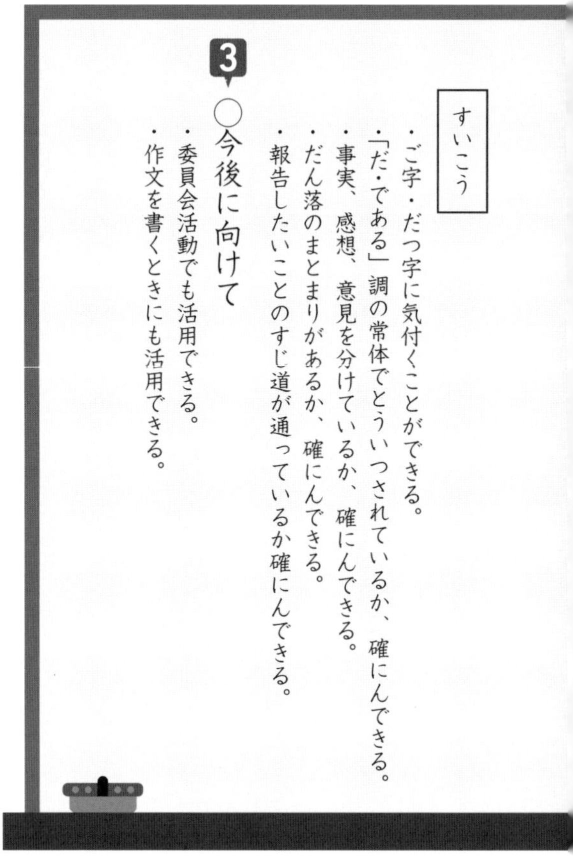

すいこう
・ご字・だつ字に気付くことができる。
・「だ・である」調の常体でとういつされているか、確にんできる。
・事実、感想、意見を分けているか、確にんできる。
・だん落のまとまりがあるか、確にんできる。
・報告したいことのすじ道が通っているか確にんできる。
3
○今後に向けて
・委員会活動でも活用できる。
・作文を書くときにも活用できる。

授業の流れ ▷▷▷

1 報告する文章を書いて読み合った感想を書く 〈10分〉

T　報告する文章を書いて、読み合った感想を交流しましょう。

○ここでは、単元全体を振り返って感想を引き出したい。そのため、「集めた情報の整理」「構成メモの作成」「文章の作成」「内容」「推敲」と学習過程に沿って、振り返りをさせたい。

○報告する文章を書けるようになった過程で、学習者にとって有効だった方法について考えさせたい。

ICT 端末の活用ポイント

端末の文書作成ソフトで書いてもよい。

2 感想をもとに話し合う 〈20分〉

T　感想を交流しましょう。

○書き手としての振り返り（自分が書き手として気が付いたこと、友達からアドバイスを受けて気が付いたこと）が中心である。活動過程を段階的に振り返り、今後の学習活動に生かす観点として整理したい。

・～さんが私の文章を読んでくれた時、～とアドバイスをくれました。私はそのアドバイスで～に気付くことができました。

ICT 端末の活用ポイント

端末の学習支援ソフトで感想を交流してもよい。

みんなが使いやすいデザイン

報告する文章を書いてみて、活動をふり返ろう。

2 1

○報告する文章を読み合った感想

集めた情報の整理

・引用カードやノートで整理すると情報が使いやすくなった。
・出典が明らかになった。

構成メモの作成

・構成メモがあると、安心して書けるようになった。
・話のまとまりごとに書けるようになった。

文章を書く

構成について
・文章のまとまり・話のすじ道が分かりやすい。
引用について
・事実と意見や感想を区分していて説とく力があった。
・情報の信ぴょう性があって説とく力があった。
絵や写真、図表について
・文章と合わせることで、より分かりやすくなった。

内容

・身近なところに、ユニバーサルデザインがあって、おどろいた。
・何のためにあるんだろうって思っていたが、初めて分かった。

3 今後の学習で生かすことを話し合う 〈15分〉

T　報告する文章を書いて学んだことは、今後どのようなことに生かすことができそうですか。

・社会科や総合的な学習の時間でも報告する文章を書くことがある。その時に生かすことができそう。
・委員会活動でも報告するときがある。
・集めた情報を整理することは、学習に限らず大切だと思う。
・他の作文でも、構成メモは使えると思う。
・説明的文章を読んだときに、筆者がどこから引用しているのか、図や写真、図表をどのように用いているのか確認してみたい。

よりよい授業へのステップアップ

学習の連続性を意識する

他教材・他教科との関連性が強い学習である。本単元における学習のステップを、方法知・経験知の1つとして、その後の学習に生かすことを意識させたい。そのためには、本単元の第8時の振り返りが重要である。

教師が学習者の振り返りの言葉を整理して、次の学習の生かすことができる言葉や観点として提示する必要がある。こうした観点の整理によって、学習者はこの学習で学んだことを今後の学習において想起し、学習を積み上げていくことができる。

同じ読み方の漢字　2時間扱い

単元の目標

知識及び技能	・第5学年までに配当されている漢字を読むことができる。第4学年までに配当されている漢字を書き、文や文章の中で使うとともに、第5学年に配当されている漢字を漸次書き、文や文章の中で使うことができる。((1)エ)
学びに向かう力、人間性等	・言葉がもつよさを認識するとともに、進んで読書をし、国語の大切さを自覚して思いや考えを伝え合おうとする。

評価規準

知識・技能	❶第5学年までに配当されている漢字を読んでいる。第4学年までに配当されている漢字を書き、文や文章の中で使うとともに、第5学年に配当されている漢字を漸次書き、文や文章の中で使っている。(〔知識及び技能〕(1)エ)
主体的に学習に取り組む態度	❷同じ読み方の漢字の使い分けに関心をもち、同訓異字や同音異義語について進んで調べたり使ったりして、学習課題に沿って、それらを理解しようとしている。

単元の流れ

時	主な学習活動	評価
1	**学習の見通しをもつ** 同訓異字を扱ったメールのやり取りを見て、気付いたことを発表する。 同訓異字と同音異義語について調べるという見通しをもち、学習課題を設定する。 同じ読み方の漢字について調べ、使い分けられるようになろう。 教科書の問題を解き、同訓異字や同音異義語を集める。 〈課外〉・同訓異字や同音異義語を集める。 ・集めた言葉を教室に掲示し、共有する。	❶
2	集めた同訓異字や同音異義語から調べる言葉を選び、意味や使い方を調べ、ワークシートにまとめる。 調べたことを生かして、例文やクイズを作って紹介し合い、同訓異字や同音異義語の意味や使い方について理解する。 **学習を振り返る** 学んだことを振り返り、今後に生かしていきたいことを発表する。	❷

授業づくりのポイント

〈単元で育てたい資質・能力〉

本単元のねらいは、同じ読み方の漢字の理解を深め、正しく使うことができるようにすることである。

そのためには、どのような同訓異字や同音異義語があるか、国語辞典や漢字辞典などを使って進んで集めたり意味を調べたりすることに加えて、実際に使われている場面を想像する力が必要となる。

選んだ言葉の意味や使い方を調べ、例文やクイズを作ることで、漢字の意味を捉えたり、場面に応じて使い分けたりする力を育む。

[具体例]

○教科書に取り上げられている「熱い」「暑い」「厚い」を国語辞典で調べると、その言葉の意味とともに、熟語や対義語、例文が掲載されている。それらを使って、どう説明したら意味が似通っているときでも正しく使い分けることができるかを考え、理解を深めることができる。

〈教材・題材の特徴〉

教科書で扱われている同訓異字や同音異義語は、子供に身に付けさせたい漢字や言葉ばかりであるが、ともすれば練習問題的な扱いになりがちである。子供一人一人に応じた配慮をしながら、主体的に考えて取り組める活動にすることが大切である。

本教材での学習を通して、同訓異字や同音異義語が多いという日本語の特色とともに、一文字で意味をもち、使い分けることができる漢字の豊かさに気付かせたい。そのことが、漢字に対する興味・関心や学習への意欲を高めることになる。

[具体例]

○導入では、同訓異字によってすれ違いが起こる事例を提示する。生活の中で起こりそうな場面を設定することで、これから学習することへの興味・関心を高めるとともに、その事例の内容から課題を見つけ、学習の見通しをもたせることができる。

〈言語活動の工夫〉

数多くある同訓異字や同音異義語を区別して正しく使えるようになることを目標に、集めた言葉を付箋紙またはホワイトボードアプリにまとめる。言葉を集める際は、「自分たちが使い分けられるようになりたい漢字」という視点で集めることで、主体的に学習に取り組めるようにする。

さらに、例文やクイズを作成する過程では、使い分けができるような内容になっているかどうか、友達と互いにアドバイスし合いながら対話的に学習を進められるようにする。自分が理解するだけでなく、友達に自分が調べたことを分かりやすく伝えたいという相手意識を大切にしたい。

〈ICT の効果的な活用〉

調査：言葉集めの際は、国語辞典や漢字辞典を用いたい。しかし、辞典の扱いが厳しい児童にはインターネットでの検索を用いてもよいこととし、意味や例文の確認のために辞典を活用するよう声を掛ける。

記録：集めた言葉をホワイトボードアプリに記録していくことで、どんな言葉が集まったのかをクラスで共有することができる。

共有：端末のプレゼンテーションソフトなどを用いて例文を作り、同訓異字や同音異義語の部分を空欄にしたり、選択問題にしたりすることで、もっとクイズを作りたい、友達と解き合いたいという意欲につなげたい。

本時案

同じ読み方の漢字　1/2

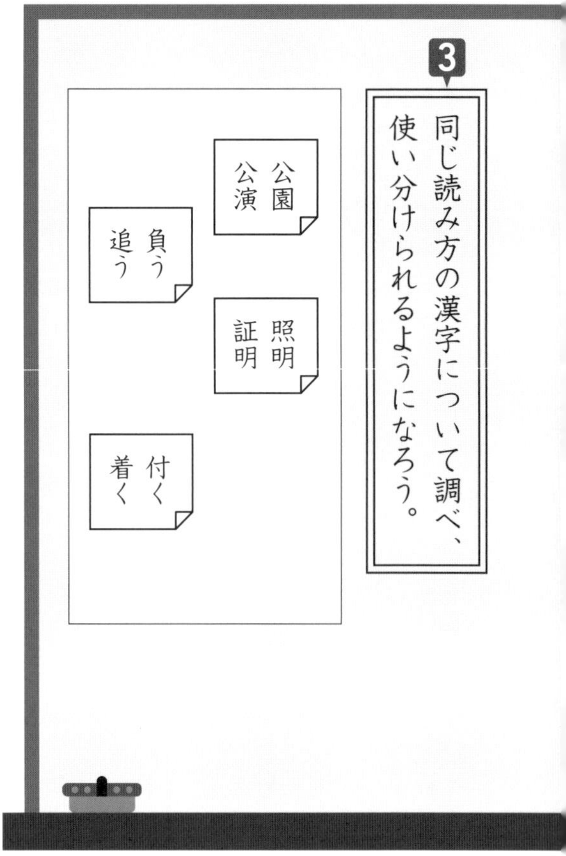

3
同じ読み方の漢字について調べ、使い分けられるようになろう。
公園
公演
負う
追う
照明
証明
付く
着く

本時の目標

・同訓異字と同音異義語について知り、言葉や漢字への興味を高めることができる。

本時の主な評価

❶同訓異字や同音異義語を集めて、それぞれの意味を調べている。【知・技】

・漢字や言葉の読みと意味の関係に興味をもち、進んで調べたり考えたりしている。

資料等の準備

・メールのやりとりを表す掲示物 16-01
・国語辞典
・漢字辞典
・関連図書（『ことばの使い分け辞典』学研プラス、『同音異義語・同訓異字①②』童心社、『のびーる国語 使い分け漢字』KADOKAWA）

授業の流れ ▷▷▷

1 同訓異字を扱ったやり取りを見て、気付いたことを発表する 〈10分〉

T　今から、あるやり取りを見せます。どんな学習をするのか、考えながら見てください。

○「移す」と「写す」を使ったやり取りを見せることで、同訓異字の存在に気付いてその特徴を知り、興味・関心を高められるようにする。

・「移す」と「写す」で意味の行き違いが生まれてしまいました。
・同じ読み方でも、意味が違う漢字の学習をするのだと思います。
・自分も、どの漢字を使えばよいのか迷った経験があります。

ICT 端末の活用ポイント

メールのやり取りは、掲示物ではなく、プレゼンテーションソフトで作成し、アニメーションで示すと、より生活経験に近づく。

2 学習のめあてを確認し、同訓異字と同音異義語について知る 〈10分〉

T　教科書 p.84の「あつい」について、合う言葉を線で結びましょう。

・「熱い」と「暑い」は意味が似ているから、間違えやすいな。

T　このように、同じ訓の漢字や同じ音の熟語が日本語にはたくさんあります。それらの言葉を集めて、どんな使い方をするのか調べてみましょう。

○「同じ訓の漢字（同訓異字）」と「同じ音の熟語（同音異義語）」を押さえ、訓読みと音読みの違いを理解できるようにする。

同じ読み方の漢字

同じ訓の漢字や同じ音の熟語《じゅく》を集めよう。

1

2

・同じ訓の漢字……「移す」「写す」「映《うつ》す」
「暑い」「熱い」「厚い」

・同じ音の熟語……「公園」「公演」
「週間」「週刊」

3 教科書の問題を解き、同訓異字や同音異義語を集める　〈25分〉

T　同じ訓の漢字や同じ音の熟語は、意味を考えて、どの漢字を使うのが適切かを考えなければなりません。教科書の問題を解いて、練習してみましょう。

〇初めから辞典で調べるのではなく、まずは子供自身で意味を考えさせたい。難しい子供には、ヒントとなるような助言をする。

T　これまで習った漢字の中から、自分たちが使い分けられるようになりたい同じ訓の漢字や、同じ音の熟語を集めてみましょう。

〇漢字辞典や国語辞典だけでなく、関連図書を準備しておくとよい。

T　次時は、理解を深めたい字の使い分け方について調べて、友達に伝えましょう。

ICT 等活用アイデア

調査活動を広げる工夫

第１時と第２時の間の課外で、同訓異字・同音異義語を集める活動を行う。辞典だけでなく、経験やインタビュー、さらにインターネットなどを活用するとよい。

また、集めた言葉を「同じ訓の字」と「同じ音の熟語」に分けてホワイトボードアプリに記録していくことで、友達がどんな言葉を見つけたのか、どのくらい集まったのかをクラスで共有することができる。

本時案

同じ読み方の漢字 2/2

本時の目標

・選んだ同訓異字や同音異義語について調べ、意味や使い方についてワークシートにまとめ、例文やクイズを作ることができる。

本時の主な評価

❷同訓異字や同音異義語の違いを調べ、進んでまとめたり、例文やクイズを作ったりしようとしている。【態度】

資料等の準備

・ワークシート 16-02
・国語辞典
・漢字辞典
・関連図書

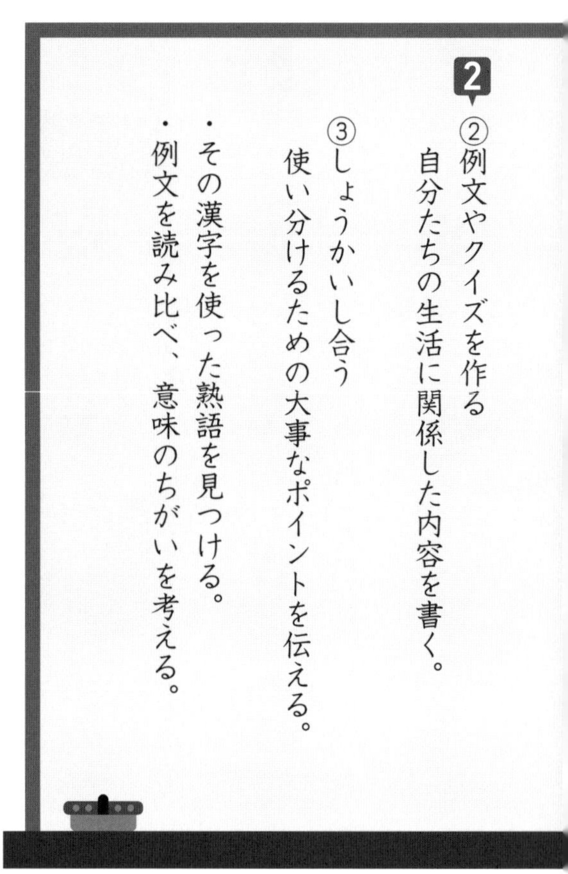
2
②例文やクイズを作る
自分たちの生活に関係した内容を書く。
③しょうかいし合う
使い分けるための大事なポイントを伝える。
・その漢字を使った熟語を見つける。
・例文を読み比べ、意味のちがいを考える。

授業の流れ ▷▷▷

1 調べる言葉を選んで調べ、ワークシートにまとめる〈25分〉

T　たくさん漢字が集まりましたね。この中から、間違えやすいな、きちんと使い分けたいな、という言葉を1人1つ担当して、意味や使い方を調べましょう。
○1人1つの言葉を担当し、「漢字」「意味」「対義語」「同じ意味の言葉」など、調べたことをワークシートに記入する。
・同じ訓の字は、対義語を紹介すると意味の違いが分かりやすくなります。
・絵を使って説明したいな。
○ワークシートの項目にとらわれず、表現方法を選ばせることも考えられる。

2 調べた言葉の例文やクイズを作り、調べたことについて紹介し合う〈15分〉

T　調べた言葉を使って、例文やクイズを作りましょう。
○普段の学習や生活文で活用していくために、自分たちの生活に関係した内容の文を書くように伝える。
T　自分が調べた言葉について、友達も正しく使い分けられるように、調べたことを紹介し合いましょう。
・ワークシートを見せながら、特に大事なポイントを分かりやすく説明しよう。
・例文を読み比べることで、意味の違いがはっきりしました。
・クイズを出したら、友達も楽しみながら理解してくれた。

同じ読み方の漢字

同じ読み方の漢字について調べ、友達にしょうかいしよう。

①調べる

1 同じ読み方の漢字　名前（　　）

あつい

漢字	意味	対ぎ語	じゅく語	例文
熱い	物の温度が高いこと。	冷たい	熱湯 熱風	熱いお茶を飲んでやけどをした。
暑い	空気の温度が高いこと。	寒い	暑中 残暑	暑い夏が今年もやってくる。
厚い	物の幅や奥行きがあること。	うすい	厚紙 肉厚	この国語辞典はとても厚い。

3 学習を振り返り、まとめをする〈5分〉

T　この学習で学んだことや、これからに生かしたいことを発表しましょう。

・日本語には、同じ読み方の漢字がたくさんあるんだなと、改めて思いました。

・他の漢字についても知りたいと思いました。

・自分がよく間違っていた漢字は、友達が調べたことをもう一度見直そうと思います。

T　この学習を生かして、漢字を正しく使い分けていくことが大切ですね。使い分けに困ったときには、今回の学習を思い出してみましょう。

○作成したワークシートやクイズは、教室に掲示したり、学習支援ソフトを活用したりするなど、学級の実態に応じて、学習後も全体で共有できる形にする。

ICT等活用アイデア

表現方法の選択

調べたことや例文・クイズを友達に伝える形として、手書きとともにICT端末の活用を選択できるようにしたい。

ICT端末のプレゼンテーションソフトなどを用いて例文を作り、同訓異字や同音異義語の部分を空欄にしたり、選択問題にしたりすることで、もっとクイズを作りたい、友達と解き合いたいという意欲につなげることができる。さらに、学習支援ソフトを活用し、共有することで、いつでも繰り返しクイズに取り組むことができる。

資　料

1 第1時資料　掲示物 16-01

83% 11:05

[redacted]

むすめ：（たく配便で花がとどいたわ。お母さんに知らせておこう。）

花がとどいたよ。
お庭に出しておくね。

母：（雨が降ってきたわ。花を家の中に移さないと。
むすめにたのもう。）

花を
うつしておいてね。

むすめ：（そんなに早く見たいの？　しょうがないなあ。）
パシャリ。

母：（あらっ、花がぬれてしまっているじゃない！）

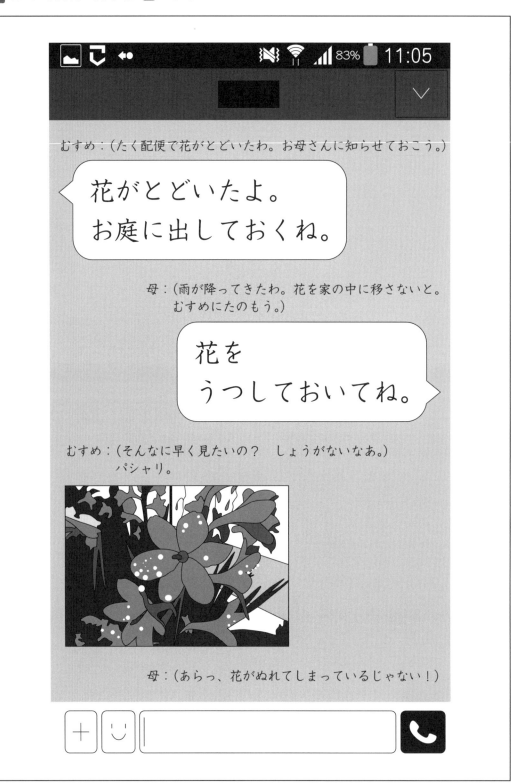

2 第２時資料　ワークシート　16-02

同じ読み方の漢字

名前（　　　　　　）

漢字	意味	対ぎ語	じゅく語	例文

季節の言葉２

夏の夜　1時間扱い

単元の目標

知識及び技能	・親しみやすい古文や漢文、近代以降の文語調の文章を音読するなどして、言葉の響きやリズムに親しむことができる。(⑶ア) ・語感や言葉の使い方に対する感覚を意識して、語や語句を使うことができる。(⑴オ)
思考力、判断力、表現力等	・目的や意図に応じて、感じたことや考えたことなどから書くことを選ぶことができる。(Ｂア)
学びに向かう力、人間性等	・言葉がもつよさを認識するとともに、進んで読書をし、国語の大切さを自覚して思いや考えを伝え合おうとする。

評価規準

知識・技能	❶親しみやすい古文や漢文、近代以降の文語調の文章を音読するなどして、言葉の響きやリズムに親しんでいる。(〔知識及び技能〕⑶ア) ❷語感や言葉の使い方に対する感覚を意識して、語や語句を使っている。(〔知識及び技能〕⑴オ)
思考・判断・表現	❸「書くこと」において、目的や意図に応じて、感じたことや考えたことなどから書くことを選んでいる。(〔思考、判断力、表現力等〕Ｂア)
主体的に学習に取り組む態度	❹進んで文語調の文章や言葉の響きに親しみ、語感や言葉の使い方に対する感覚を意識しながら、学習の見通しをもって、事実や経験を基に感じたり考えたりしたことについて文章に書こうとしている。

単元の流れ

時	主な学習活動	評価
1	夏の思い出について想起する。 『枕草子』の夏の範読を聞き、清少納言の夏についての感じ方を知る。 音読をして、言葉の響きやリズムに親しむ。 教科書を読んだり夏の言葉を出し合ったりして、新しい夏の言葉について知る。 自分の夏の思い出を基に、「自分流の『枕草子』夏版」を書く。 互いの「自分流の『枕草子』夏版」を読み合い、感じ方を知る。	❶ ❹ ❷ ❸

授業づくりのポイント

〈単元で育てたい資質・能力〉

本単元のねらいは、古文や漢文を音読して言葉の響きやリズムに親しむともに、語彙を豊かにし、自他の感じ方について表現することである。春に続き、２回目となる季節の言葉の単元は、『枕草子』をまねて自分の夏の思い出を表現することで、語彙を増やすとともに、自分の感じたことを表現する力を向上させる。表現することを通して、言葉の響きやリズムに意識を向けたり、夏に関する言葉を増やしたりできるよう、子供が使いやすい形容詞等を提示する。また、表現したものの共有などを通して、表現の仕方についても意図的に指導していく。

〈言語活動の工夫〉

『枕草子』を音読して、言葉の響きやリズムにより親しむことはもちろん、清少納言の夏への感じ方を知り、自分の感じ方と比べることも大切である。そのために、自分の夏の思い出を枕草子風にまとめる活動を行う。

［具体例］

○夏の思い出を想起したのち、教師の思い出をまとめたものを提示し、「自分たちも書きたい」という思いを醸成する。夏は、多くの子供が記憶に残る経験をしていることが予想される。子供が自分の思いを表現できた、まとめられたと感じられるようにしたい。そこで楽しい思い出だけに限らず、悔しい思い出や悲しい思い出も含めて、実体験から感じたり考えたりしたことをまとめるよう声をかける。

〈子供の作品・ノート例〉

夏はアイス。かき氷系はもちろん、のうこうクリーム系もよい。クーラーの効いている部屋で食べるのはうまし。また、弟に見せびらかしながら食べるのもめちゃくちゃうまし。

夏はプール。友と泳ぐはさらなり、検定もなほ、一生けん命泳ぎたる。また、検定に合格したごほうびにアイスを食べるのはいとうれし。検定に落ちた友をなぐさめるのにアイスをおごるのはわろし。

夏は海。昼にみんなではしゃぎたるはさらなり、夜もなほ、月が静かに光るをながめたる。また、あまたの星がほのかに光りたるもよし。すなはまで花火をするのもいとたのし。

〈ICT の効果的な活用〉

表現：「自分流の『枕草子』夏版」作成の際、文書作成ソフトやプレゼンテーションソフト等の、推敲がしやすいという機器の特性を利用する。語順を入れ替えたり、使っている言葉を別の言葉に置き換えたりと、自分の思いを様々な言葉で表現して、作品のブラッシュアップを図らせることができる。また、検索機能を使って類義語を調べることもできる。

共有：作成した「自分流の『枕草子』夏版」は、学習支援ソフトを用いて共有する。学習支援ソフトを用いると筆跡が分からず、名前を伏せることもでき、交友関係にとらわれることなく作品について公平に議論することができる。句会形式で共有し、優秀作品を決めるような活動を行う場合には、特に有効な手段となる。

記録：子供の作品は、多様な方法でまとめる利点もあるが、１つのソフトに絞って１年間用い続けると、季節の言葉に関する学びの積み重ねについて、子供自身が振り返ったり表現の仕方の特徴に気付いたりできるという利点がある。子供の実態に応じて使い分けていきたい。

本時案

夏の夜

1/1

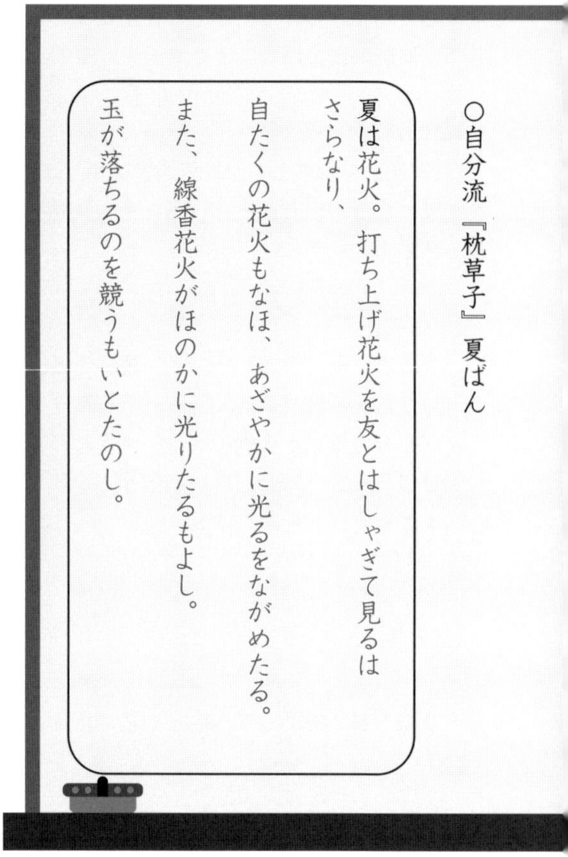
○自分流『枕草子』夏ばん
夏は花火。打ち上げ花火を友とはしゃぎて見るは
さらなり、
自たくの花火もなほ、あざやかに光るをながめたる。
また、線香花火がほのかに光りたるもよし。
玉が落ちるのを競うもいとたのし。

本時の目標

・文語調の文章を音読して、言葉の響きやリズムに親しみ、自分が感じた夏について『枕草子』風の文章にまとめることができる。

本時の主な評価

❶文語調の文章を音読して、言葉の響きやリズムに親しんでいる。【知・技】

❸夏の感じ方や夏の言葉について、感じたことや考えたことを文章にまとめている。【思・判・表】

資料等の準備

・国語辞典や子供向けの季語の本
・教師作成の「自分流『枕草子』夏版」

授業の流れ ▷▷▷

1 自分が描く夏のイメージや、夏の思い出を想起する 〈5分〉

T　今日は、夏について考えてみましょう。夏といえば、何をイメージしますか。どんな思い出がありますか。

・夏休み！　いっぱい遊べる！
・友達を呼んで花火する。花火大会にも行く。
・プール！　あ、海にも行く!!　スイカ割りしたり、バーベキューしたりして盛り上がる。
・おじいちゃん、おばあちゃん家に行って、虫とか魚とかいっぱいとって楽しかった。
・アイスを2個食べて、ゲームして夜更かしして、めちゃめちゃ怒られた。

○この後の活動で、夏の思い出を「自分流『枕草子』夏版」にまとめるので、自分の夏はこれ、というイメージを思い描けているようにする。

2 清少納言の感じ方、リズムや言葉の響きに親しむ 〈10分〉

T　春と同じように、清少納言の『枕草子』の夏を読んで、夏の何がよいと思っていたのか、探ってみましょう。

・「をかし」だって。おもしろいね。
・「をかし」「をかし」って、2回もあるよ。
・「をかし」ってよいっていう意味なんだね。
・「蛍の多く飛びちがひたる」だから、蛍がいっぱい飛んでるのをよいって思ってる。
・月もいいし、闇夜の蛍もきれいだよね。

○大体の内容が押さえられればよいので、全体読み、一人読み、ペア読みなど、多様な音読の仕方を通して、語感や言葉の使い方に気付かせる。また、リズムのよさや今と昔の言葉の違い等にも気付かせる。

夏の夜

言葉のひびきやリズムに親しみ、
自分が感じる夏についてまとめよう。

『枕草子』　清少納言

夏は夜。月のころはさらなり、
夏は夜がよい。月のころは言うまでもないが、
闇《やみ》もなほ《お》、蛍《ほたる》の多く飛びちがひ《い》たる。
月のない闇夜でもやはり、
蛍がたくさん飛びかっているのはよい。
また、ただ一つ二つなど、
ただ、一ぴき二ひきと、
ほのかにうち光りて行くもを《お》かし。
かすかに光りながら飛んでいくのも、
しみじみとしてよい。
雨など降《ふ》るもを《お》かし。
雨などが降るのもよいものである。

3　夏の思い出を「自分流『枕草子』」にまとめ、共有する　〈30分〉

○子供の創作の前に、教師の作例を提示する。教師の作例は、子供が書かないような内容で書いた方が、子供の思いを妨げない。

T　先生は、自分の夏はこれ、というものを、こんなふうにまとめてみました。みなさんも、夏の思い出を「自分流『枕草子』夏版」としてまとめてみましょう。

・夏はやっぱり花火だよ。花火で考えよう。家族で花火大会にも行ったし、友達と花火もするし、書けそうだよ。
・おじいちゃん家で、毎年カブトムシとかクワガタとか捕まえていることを書こうかな。
・夏はやっぱりプールでしょう。たくさん泳げるようになったもん。
・海で何をしたのが楽しかったか思い出そう。

ICT 等活用アイデア

1年間同じソフトを使って、書き溜める

本単元は、四季折々に学習を重ねる年間単元である。季節ごとに異なるソフトを活用して学習を重ねるよさもあるが、子供にとっては、積み重ねによる自分の成長を見取りにくいという難点がある。そこで、文書作成ソフトやプレゼンテーションソフトなど、1年間を通じて同じソフトを活用することで、語彙が増えたり、言葉への気付きが深まったりしていることを子供自身が気付けるようにする。また、共有して互いに見合うことで、言葉への新たな気付きへとつなげたい。

本は友達

作家で広げるわたしたちの読書／モモ

5時間扱い

単元の目標

知識及び技能	・日常的に読書に親しみ、読書が、自分の考えを広げることに役立つことに気付くことができる。((3)オ)
思考力、判断力、表現力等	・文章を読んでまとめた意見や感想を共有し、自分の考えを広げることができる。(C カ)
学びに向かう力、人間性等	・言葉がもつよさを認識するとともに、進んで読書をし、国語の大切さを自覚して、思いや考えを伝え合おうとする。

評価規準

知識・技能	❶日常的に読書に親しみ、読書が、自分の考えを広げることに役立つことに気付いている。(〔知識及び技能〕(3)オ)
思考・判断・表現	❷「読むこと」において、文章を読んでまとめた意見や感想を共有し、自分の考えを広げている。(〔思考力、判断力、表現力等〕C カ)
主体的に学習に取り組む態度	❸積極的に読書に親しみ、学習課題に沿って作家や作品の魅力を伝えようとしている。

単元の流れ

次	時	主な学習活動	評価
一	1	**学習の見通しをもつ** これまでどのように本を選んできたかについて振り返る。 学習課題「作家に着目して本をしょうかいし合い、読書の世界を広げよう」を設定し、学習計画を立てる。 自分が読みたい作家を決め、作品を読む。(並行読書)	
二	2	友達に紹介するという目的で『モモ』を読み、何をどのように伝えたいか考える。 『モモ』の紹介文を書き、読み合う。	
	3 4	自分が選んだ作家について、作家や作品の魅力と友達に伝える内容を考える。 作家や作品の魅力について紹介するプレゼンテーションをまとめる。	❸
三	5	**学習を振り返る** 自分が選んだ作家や作品の魅力について、友達と伝え合う。 学習を振り返る。	❶ ❷

授業づくりのポイント

〈単元で育てたい資質・能力〉

本単元のねらいは、作家に着目して複数の作品を読み、友達と紹介し合うことにより、自分の考えや今後の読書生活の幅を広げることである。

作品を複数読むことによって分かるその作家の魅力や、他の作品と比べたからこそ分かる一つ一つの作品の魅力に気付かせることで、同じ作家の作品を複数読むことのよさを実感することができるだろう。また、友達の発表を聞くことで、自分の考えとの共通点や相違点に気付いたり、自分が知らなかった本の世界を知ったりすることができる。それらの学習経験を通して、子供自身が読書のよさに気付き、進んで読書をする態度を養うことにつなげたい。

〈単元構成の工夫〉

単元全体を通し、子供自身が「自分の読書生活を広げる」という目的意識を明確にもって学習に取り組めるようにしていきたい。そのためには、必要感のある学習課題を設定したり、見通しをもった学習計画を立てたりすることが必要である。

本単元では、自分が選んだ作家やその作品について魅力を伝え合う活動を設定した。互いに紹介し合う際は、作家の魅力や作品の内容について、相手に分かりやすく伝えることが重要である。そこで、第２時では、教科書で取り上げられている『モモ』を例に、学級全体で作品の紹介文の書き方を学習する。ここでの学びを自分が選んだ作家や作品の紹介に生かしていけるようにしたい。

［具体例］

○単元の終末に自分が選んだ作家やその作品について友達と紹介し合う活動を行うことを意識して学習計画を立てることが大切である。第３時に入る前までに自分が選んだ作家の作品を複数読んでおく必要があるため、できるだけ時間設定にゆとりをもたせたい。

○第２時で書き方を学んだ紹介文を、自分が選んだ作家や作品についてのプレゼンテーションにも入れるようにすることで、第２時の学習に必要感をもたせることができる。

○第３・４時は、同じ作家を選んだ子供同士であれば、必要に応じて情報を交流しながら活動することも考えられる。

○作家や本の紹介の仕方には、様々な方法が考えられる。ここでは、プレゼンテーションソフトを活用しての紹介活動を設定しているが、時間にゆとりがあれば、ポスターセッションやブックトークなどを取り入れても、子供の関心を高めることができるだろう。学級の実態等に応じ、適切な方法を選択するとよい。

〈ICT の効果的な活用〉

調査：検索を用いて、ミヒャエル＝エンデや自分が紹介したい作家の作品を調べることにより、読みたい作品を見つけたり、紹介したい作品の情報を得たりすることができるようにする。また、友達が紹介した作品についての詳細な情報を得ることにも活用する。

共有：端末のプレゼンテーションソフトを活用して、自分が紹介したい作家やその作品についての紹介資料を作成する。本の表紙の写真等を用いたり、キャッチコピーや紹介文を工夫して提示したりすることで、分かりやすい資料を作成できるようにしたい。学習支援ソフトを活用して、作成した紹介資料を互いに自由に閲覧することができるようにすれば、短時間で多くの友達の紹介資料を見ることができる。

本時案

作家で広げるわたしたちの読書／モモ　1/5

本時の目標

・作家に着目した読書に関心をもち、進んで本を読もうとすることができる。

本時の主な評価

・作家に着目した読書に関心をもち、ミヒャエル＝エンデの作品や自分が読みたい作家の作品を進んで読もうとしている。

資料等の準備

・単元の学習課題と学習計画を書く模造紙

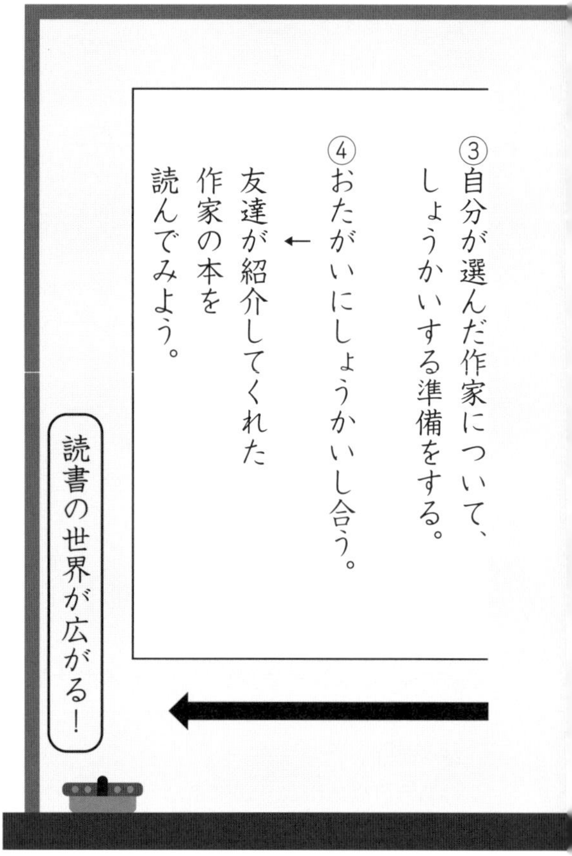

③自分が選んだ作家について、しょうかいする準備をする。
④おたがいにしょうかいし合う。
友達が紹介してくれた作家の本を読んでみよう。
読書の世界が広がる！

授業の流れ ▷▷▷

1 これまでの読書生活を振り返る 〈10分〉

○学習前に本の選び方についてアンケートをとり、実態を把握しておくとよい。

T　普段本を選ぶときは、どのように選んでいますか。

・本屋や図書館でおもしろそうな題名の本を選びます。小説が多いです。

・好きなシリーズを選ぶことが多いです。

・好きな作家の本を選んで読みます。

○普段の読書生活について振り返り、さらに読書の幅を広げるために、作家に着目して複数の本や文章を読んでいこうという意欲をもたせる。

T　読書の幅をもっと広げるために、どんな活動をしてみたいですか。

・友達のおすすめの本や作家が知りたいです。

2 学習課題を設定し、学習計画を立てる 〈15分〉

T　友達のおすすめの本や作家が知りたいという声がありました。今回は「作家に着目して読む」ことに挑戦してみましょう。

・学習の最後に発表し合ったら、友達のおすすめの作家も分かって、それを読めばもっと読書の幅が広がりそうです。

○単元の終末に自分が選んだ作家の本を紹介し合う活動を設定し、そこに至るためにどのようなことを学習する必要があるかを話し合い、学習計画を立てる。

T　では、単元の最後に自分が選んだ作家やその作品についてお互いに紹介し合うことにしましょう。そのためには、どんなことを学習する必要がありますか。

・紹介の仕方をみんなで学びたいです。

作家で広げるわたしたちの読書

1

単元の学習課題を決め、学習計画を立てよう。

○本の選び方
・おもしろそうな題名
・好きなシリーズやジャンル
・好きな作家

2

○単元の学習課題

かたよりがち

作家に着目して本をしょうかいし合い、読書の世界を広げよう。

○学習計画
①しょうかいしたい作家や作品を決める。
②ミヒャエル＝エンデを例に、しょうかいのしかたを考える。

3 自分が読みたい作家を決め、作品を読む 〈20分〉

T　単元の最後に、自分が選んだ作家やその作品について紹介し合うことになりました。自分が読みたい作家やその作品を決めて、しっかりと読んでおきましょう。

・よく読んでいる重松清さんにしようかな。
・私は作家で本を選んだことはないけど、おもしろかったあの作品を書いた作家が他にどんな作品を書いているのか調べてみようかな。

○どのように選んでよいか分からない子供もいることが予想される。友達同士でおもしろかった作品や作家について情報交換する場を設けたり、実際に図書館に行って選ぶ時間を設定したりしてもよい。

よりよい授業へのステップアップ

主体的な学びにつなげる工夫

単元全体を通して子供自身が「自分の読書生活を広げる」という目的意識を明確にもって学習に取り組めるようにすることが大切である。子供と話し合いながら学習計画を立てることで、子供自身が見通しをもち、主体的に学習していけるようにしていきたい。

並行読書

第３時までに自分が選んだ本を読んでおく必要がある。時間設定に余裕をもたせたり、朝読書や家庭学習の時間を使って並行読書をさせたりしておく。

本時案

作家で広げるわたしたちの読書／モモ

2/5

本時の目標

・友達に紹介するという目的をもって『モモ』を読み、作品の魅力を伝えようとすることができる。

本時の主な評価

・進んで『モモ』を読み、学習課題に沿って作品の魅力を伝えようとしている。

資料等の準備

・単元の学習課題と学習計画を書いた模造紙
・ミヒャエル＝エンデの作品（本）
・紹介カード

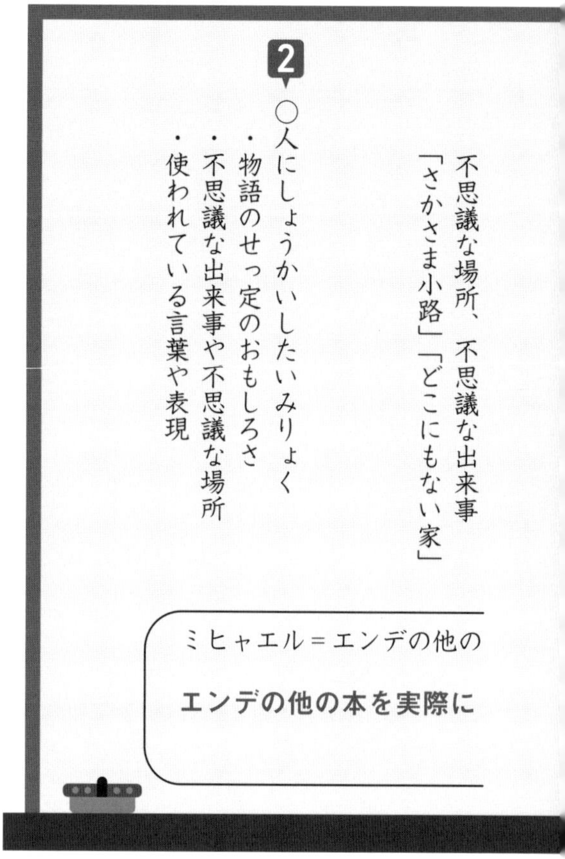

不思議な場所、不思議な出来事
「さかさま小路」「どこにもない家」
2
○人にしょうかいしたいみりょく
・物語のせっ定のおもしろさ
・不思議な出来事や不思議な場所
・使われている言葉や表現
ミヒャエル＝エンデの他の
エンデの他の本を実際に

授業の流れ ▷▷▷

1 『モモ』を読み、内容の大体を確かめる 〈13分〉

○自分が選んだ作家やその作品について紹介するために、『モモ』で紹介の仕方を学ぶという目的をしっかりと意識させる。

T 『モモ』のあらすじを確かめましょう。

・登場人物はモモ、カメ、灰色の男たちです。
・モモは灰色の男たちの大群に追跡されていますが、灰色の男たちはどうしてもモモをつかまえられずにいます。
・「さかさま小路」や「どこにもない家」など不思議な場所がたくさん出てきます。

○時間をかけて詳しく読み取ることはしないが、一読で内容を読み取ることが難しい子供もいると思われるので、登場人物や場面、心情などのあらすじは全体でしっかりと確かめたい。

2 人に伝えたいことを考える 〈12分〉

T 『モモ』を読んで、自分が一番人に伝えたいと思うことはどんなことですか。

・「時間を盗む」という実際の世界にはない話の設定がおもしろいです。
・次々に起こる出来事や「さかさま小路」などの場所がとても不思議で想像がふくらみます。教科書には一部しか載っていないけれど、もっと読みたくなります。
・「真っ四角」とか「空気すら、そよとも動かない」とか、情景が想像しやすい言葉や表現が魅力的だと思いました。

○ミヒャエル＝エンデの他の作品も紹介したい。他の作品を読んだことがあり、『モモ』との共通点や相違点に気付いた子供がいたら、全体に共有するとよい。

作家で広げるわたしたちの読書

○単元の学習課題
作家に着目して本をしょうかいし合い、読書の世界を広げよう。
○学習計画
①しょうかいしたい作家や作品を決める。
★②ミヒャエル＝エンデを例に、しょうかいのしかたを考える。
③自分が選んだ作家について、しょうかいする準備をする。
④おたがいにしょうかいし合う。
←
友達が紹介してくれた作家の本を読んでみよう。

作品のしょうかいのしかたを考えよう。

1
『モモ』　ミヒャエル＝エンデ
○登場人物
モモ・カメ・灰色の男たち
○場面
灰色の男たちがモモを追せき

作品
並べる

3 『モモ』についての紹介文を書き、読み合う　〈20分〉

T　『モモ』について人に伝えたいことを考えて、紹介カードに書きましょう。
・私はミヒャエル＝エンデの他の作品も読んだことがあるから、他の作品と共通していることを書こう。
・魅力的な表現をピックアップして具体的に紹介しよう。
・外国の作家の作品は、日本の作家の作品とは違った雰囲気があるな。
T　友達同士で紹介文を読み合いましょう。
○友達の紹介文を読んで自分に生かしたいと思ったことがあったら、自分の書いたものに付け足したり修正したりしてもよいことを伝えておく。

よりよい授業へのステップアップ

目的意識をもたせる工夫
本時で学んだことを生かして、次時以降は子供一人一人が主体的に学習を進めていけるようにしたい。そのためには、常に単元のゴールを意識しながら学習していけるようにすることが大切である。学習課題や学習計画は常に掲示し、今の活動がどこにつながるのかを捉えやすくしておきたい。

対話的な学び
同じ文章を読んで書いた紹介文を読み合うことで、自分と友達との共通点や相違点に気付いたり、よさを生かしたりすることができるようにする。

本時案

作家で広げる わたしたちの読書／モモ

3·4/5

本時の目標

・自分が選んだ作家やその作品の魅力に気付き、プレゼンテーションをまとめることができる。

本時の主な評価

❸進んで自分が選んだ作家の作品を読み、学習課題に沿って作家やその作品の魅力を伝えようとしている。【態度】

資料等の準備

・単元の学習課題と学習計画を書いた模造紙

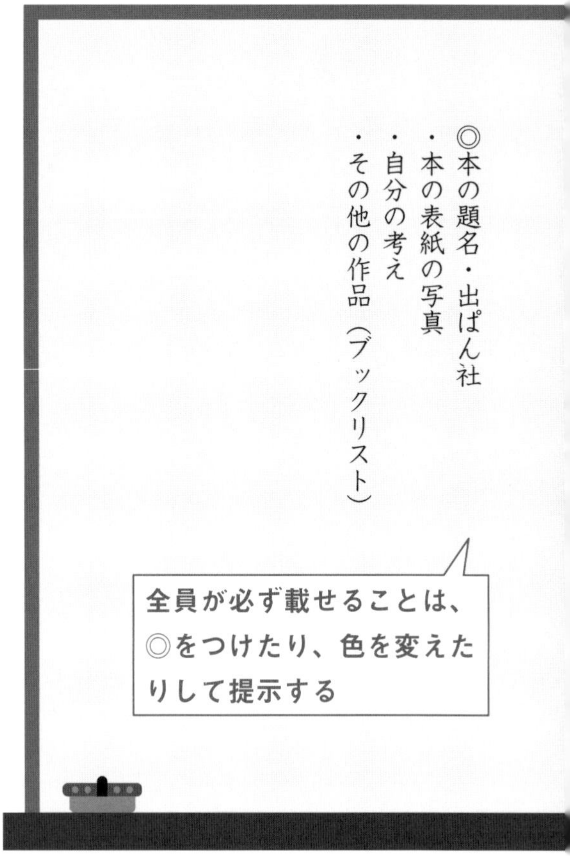
◎本の題名・出ぱん社
・本の表紙の写真
・自分の考え
・その他の作品（ブックリスト）
全員が必ず載せることは、◎をつけたり、色を変えたりして提示する

授業の流れ ▷▷▷

1 プレゼンテーションに載せる内容を考える 〈10分〉

T　今日からは、自分が選んだ作家やその作品について、友達に紹介するためのプレゼンテーションを作りましょう。

T　前回学習した「作品についての紹介文」は必ず書きましょう。その他に載せたらいいと思うことはありますか。

・題名や出版社名が必要です。表紙の写真もあると分かりやすいです。

・複数の作品を読んでいるので、作家の特徴を載せたらいいと思います。キャッチコピーをつけるとか……。

・自分の考えも入れたいです。この作品を読んで考え方が変わったことや感想です。

・紹介した作品以外の作品も載せたら、たくさん読んでもらえると思います。

2 自分が選んだ作家やその作品についてまとめる 〈70分〉

T　では、自分が選んだ作家やその作品について、プレゼンテーションソフトを使ってまとめましょう。

・この作家は家族を題材として扱っている作品が多いから、「家族とつながる心を表現する作家」というキャッチコピーにしよう。

・本の表紙を写真に撮ってプレゼンテーションに使おう。

○プレゼンテーション例

1ページ目：作家名とキャッチコピー

2ページ目以降：1ページに1作品の紹介

最終ページ：自分の考え、まとめ

○同じ作家を選んでいる子供同士であれば、必要に応じて記述の段階で情報交換や助言をし合うことも考えられる。

作家で広げるわたしたちの読書

○単元の学習課題
作家に着目して本をしょうかいし合い、読書の世界を広げよう。

○学習計画
①しょうかいしたい作家や作品を決める。
②ミヒャエル＝エンデを例に、しょうかいのしかたを考える。
★③自分が選んだ作家について、しょうかいする準備をする。
④おたがいにしょうかいし合う。
←
友達がしょうかいしてくれた作家の本を読んでみよう。

自分が選んだ作家やその作品のみりょくをしょうかいするプレゼンテーションを作ろう。

1
○プレゼンテーションにのせること
◎作品についてのしょうかい文
◎作家や作品についてのキャッチコピー

3 発表内容を整理する 〈10分〉

T　次の時間には、まとめたプレゼンテーションを使って、自分の選んだ作家やその作品について紹介し合いましょう。作ったプレゼンテーションの紹介文をそのまま読むのではなく、実際に本を見せたり言葉を付け足したりしながら、相手によく伝わるように話せるといいですね。
・実際に本があった方が分かりやすいから、本を見せながら紹介しよう。
・好きな言葉を引用しながら話そうかな。
・ここに載せた以外の本も持ってきて紹介しよう。
○その本を読んだことがない相手にも、作家やその作品の魅力が伝わるように意識して発表させたい。

ICT 等活用アイデア

紹介プレゼンテーションの作成

プレゼンテーションソフトを活用して、紹介資料を作成する。本の表紙の写真を用いたり、キャッチコピーや紹介文を工夫して提示したりすることで、分かりやすい資料を作成できるようにしたい。短時間でできるだけ多くの友達の紹介資料を見せたい場合は、学習支援ソフトを活用して、紹介資料を互いに自由に閲覧することができるようにするとよい。その際は、友達へのコメントを入れられる設定にしておき、友達からの反応も見ることができるようにしたい。

本時案

作家で広げる わたしたちの読書／モモ

5/5

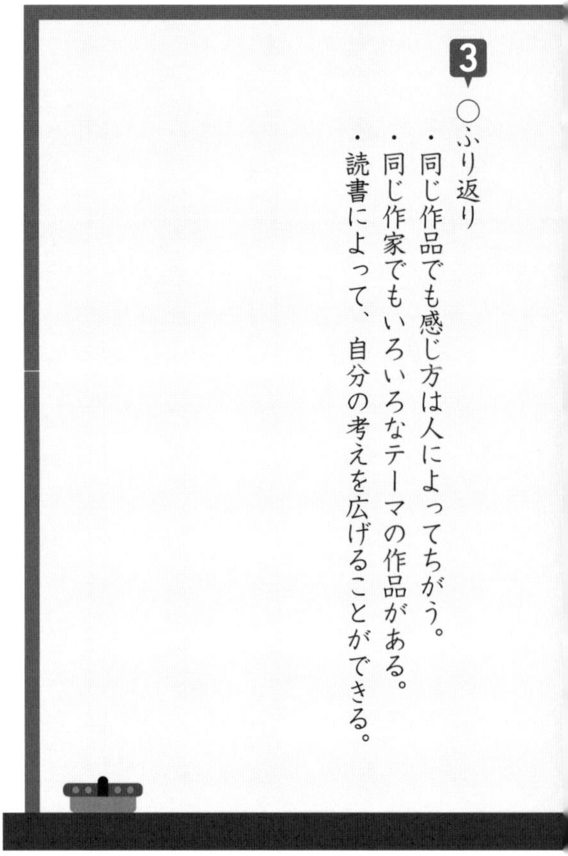
3
○ふり返り
・同じ作品でも感じ方は人によってちがう。
・同じ作家でもいろいろなテーマの作品がある。
・読書によって、自分の考えを広げることができる。

本時の目標

・自分が選んだ作家やその作品について友達に紹介したり、友達の紹介を聞いたりして、自分の考えを広げることができる。

本時の主な評価

❶読書が、自分の考えを広げることに役立つことに気付いている。【知・技】
❷自分が選んだ作家やその作品について友達に紹介したり、友達の紹介を聞いたりして、自分の考えを広げている。【思・判・表】

資料等の準備

・単元の学習課題と学習計画を書いた模造紙

授業の流れ ▷▷▷

1 学習のめあてや流れを確かめる 〈5分〉

T　今日は前回作ったプレゼンテーションを使って、自分の選んだ作家やその作品について紹介し合いましょう。友達の紹介を聞いて、自分も読んでみたい作家や作品が見つかるといいですね。
○紹介し合うことがゴールではなく、この活動を通して読書の幅を広げることが目的であることを確かめる。
T　紹介の仕方を確認しましょう。
・プレゼンテーションを黙って見せたりそのまま読んだりするのではなく、言葉を付け足すなどしながら、相手に分かるように話す。
・実際に本を見せながら話すとよい。
・相手の話を聞いたら、質問や感想を伝える。

2 自分が選んだ作家やその作品について紹介し合う 〈30分〉

○紹介し合う場の設定には様々なものが考えられるが、できるだけ多くの友達の紹介が聞けるようにしたい。集中して聞いたり、質問や感想などのやり取りをしたりすることができるように基本の人数は1対1にするとよい。
○時間を半分に区切り、前半と後半で紹介するグループと聞くグループを交代させる。
○フリーでどんどん相手を変えて聞いていく。
○学習支援ソフトを使って、友達のプレゼンテーションを自由に閲覧できるようにする。この場合は、直接のやり取りができないため、プレゼンテーションを詳しくしたり、質問や感想などのコメントを書き込めるようにしたりしておく必要がある。

作家で広げるわたしたちの読書

○単元の学習課題
作家に着目して本をしょうかいし合い、読書の世界を広げよう。

○学習計画
①しょうかいしたい作家や作品を決める。
②ミヒャエル＝エンデを例に、しょうかいのしかたを考える。
③自分が選んだ作家について、しょうかいする準備をする。
★④おたがいにしょうかいし合う。

← 友達がしょうかいしてくれた作家の本を読んでみよう。

自分が選んだ作家やその作品についてしょうかいし合い、読書の世界を広げよう。

1
○しょうかいのしかた
- ・言葉を付け足すなどしながら、相手に分かるように話す。
- ・実際に本を見せながら話す。
- ・相手の話を聞いたら、感想や質問を伝える。

3 学習を振り返る 〈10分〉

T 友達と紹介し合ってどのようなことを考えましたか。

・○○さんが紹介してくれたさくらももこさんの本を私は読んだことがなかったけれど、おもしろそうだったので、ぜひ読んでみたいと思いました。

・僕と同じ作家を取り上げていた友達がいたけれど、紹介している作品も感じ方も違っていたので、その作家についてもっと深く知りたくなりました。

・いろいろな本を読むことで、自分の視野や考えを広げることができそうだと思いました。

・同じ作家でもいろいろな本を書いているんだなあと思いました。

よりよい授業へのステップアップ

言語活動の工夫

本の紹介の仕方には様々な方法がある。ポスターセッションやブックトークなどの方法も考えられるので、学級の実態に応じて工夫するとよい。

読書生活を広げる工夫

本を紹介し合うことが単元の最終目的ではない。単元後も、学習支援ソフトを使ってお互いのプレゼンテーションを自由に閲覧できるようにしたり、紹介された本を教室に置いたりするなど、友達が紹介した本を手に取りやすくなるような環境をつくり、子供たちの読書の幅を広げられるようにしたい。

詩を味わおう

かぼちゃのつるが／われは草なり （2時間扱い）

単元の目標

知識及び技能	・比喩や反復などの表現の工夫に気付くことができる。((1) ク)
思考力、判断力、表現力等	・詩の全体像を具体的に想像したり、表現の効果を考えたりすることができる。(C エ)
学びに向かう力、人間性等	・言葉がもつよさを認識するとともに、進んで読書をし、国語の大切さを自覚して思いや考えを伝え合おうとする。

評価規準

知識・技能	❶比喩や反復などの表現の工夫に気付いている。(〔知識及び技能〕(1) ク)
思考・判断・表現	❷「読むこと」において、詩の全体像を具体的に想像したり、表現の効果を考えたりしている。(〔思考力、判断力、表現力等〕C エ)
主体的に学習に取り組む態度	❸進んで詩の全体像を想像して、比喩や反復などの表現の工夫に気付き、学習課題に沿って考えたことを伝え合おうとしている。

単元の流れ

時	主な学習活動	評価
1	かぼちゃのつるの写真を見て、知っていること、気付いたことなどを話し合う。 「かぼちゃのつるが」を音読する。 詩を読んで印象に残った言葉や気付いたことなどを交流する。 繰り返しの表現の効果について話し合う。 ・繰り返しの表現があることでどのような様子が想像されるのか。 ・「はい上がり」「葉をひろげ」がどう繰り返され、何を表しているのか。 表現の効果を考えながら「かぼちゃのつるが」を音読する。	❶
2	「われは草なり」を音読して、おもしろいと思ったことや気付いたことを交流する。 繰り返しの表現が使われていることに気付く。 各連に繰り返し出てくる言葉に着目し、各連のイメージについて話し合う。 「われは草なり」とは、どのようなことを表しているのかについて考える。 2つの詩を読んで、繰り返しの表現の効果について考える。 学習を振り返る。	❷ ❸

授業づくりのポイント

〈単元で育てたい資質・能力〉

本単元では反復の表現に着目し、詩の全体像を具体的に想像したり、表現の効果を考えたりする力を育むことをねらいとしている。また、お互いが考えたことを伝える力も育みたい。詩の限られた言葉の中には、優れた叙述や表現がちりばめられている。詩を読み味わうために、作者の表現の工夫に気付き、言葉から受ける印象を確かめながら読む力が必要である。友達との交流を通して、言葉に着目しながら、詩のイメージや詩に対する自分の考えを広げられるようにする。言葉のリズムや響き、言葉と言葉のつながりなどを意識して音読することで、作品に対する様々な考えが生まれるであろう。

〈教材・題材の特徴〉

「かぼちゃのつるが」「われは草なり」は、いずれも反復表現が効果的に用いられている点が特徴的な詩である。反復表現を用いることで、詩全体にリズム感が生まれ、言葉の一つ一つがより印象的なものとして伝わってくる。「かぼちゃのつるが」は、繰り返しの表現によって、かぼちゃのつるが成長していく様子が表されている。音読を取り入れることで、つるが伸びていく様子をより具体的にイメージすることができるであろう。「われは草なり」は４つの連から構成されており、各連に繰り返し出てくる言葉（われは草なり、伸びんとす、緑なり、ああ生きる日の、生きんとす）がある。これらの言葉に着目することで、各連のイメージをより具体的に想像することができるであろう。

〈言語活動の工夫〉

本単元では、詩の反復表現の効果について考え、伝え合うという言語活動を設定した。取り上げた２つの詩にはいずれも反復表現が効果的に用いられているため、それぞれにどのような効果があるのかを比較しながら考えさせたい。また、反復表現の効果を考える際に、写真などの視覚資料を用いてイメージを膨らませることや、音読を取り入れることが大変有効である。詩は読み手によって多様な解釈や見方が存在する。話し合いを通して考えたことを伝え合うことで、様々な見方・考え方に触れながら、詩を読み味わうことの魅力に気付かせていきたい。

[具体例]
○「はい上がり」「葉をひろげ」はどのように繰り返されているのかを話し合う。
○繰り返しの効果を考えながら自分なりに音読をする。
○「われは草なり」の「われ」とは何を表しているのかを話し合う。
○各連に繰り返し出てくる言葉を探し、連が表すイメージについて話し合う。

〈ICT の効果的な活用〉

共有：端末の文章作成ソフトなどを用いて、詩の感想や気付いたことなどをまとめ、グループやクラス全体で共有する。

表現：詩の創作活動へと学習を発展させる場合は、プレゼンテーションソフトなどを活用し、自分なりの詩を創作したり、創作した詩に対してコメントを共有し合ったりすると意欲的に取り組めるだろう。

本時案

かぼちゃのつるが／われは草なり　1/2

本時の目標

・反復表現の効果について考えることができる。

本時の主な評価

❶比喩や反復などの表現の工夫に気付いている。【知・技】

資料等の準備

・各連を書いた用紙（拡大したもの）
・挿絵

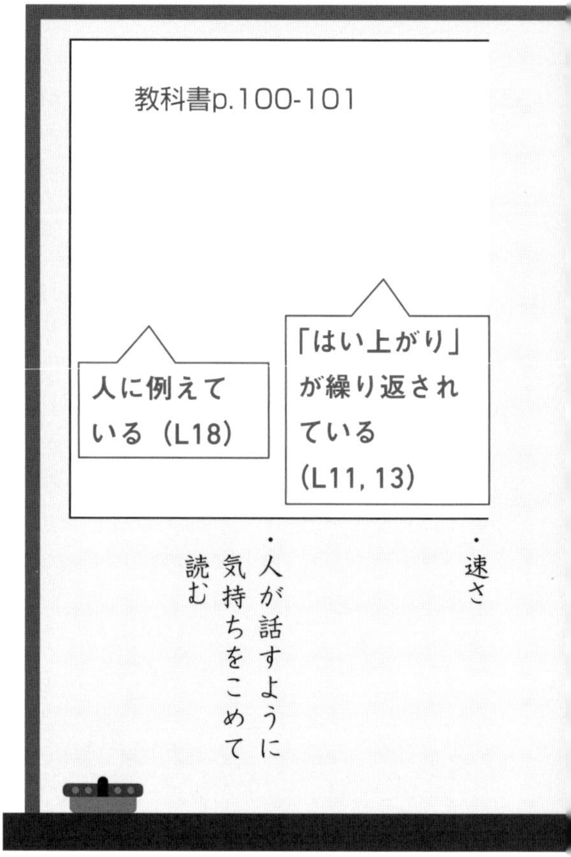

教科書p.100-101
「はい上がり」が繰り返されている（L11, 13）
人に例えている（L18）
・速さ
・人が話すように気持ちをこめて読む

授業の流れ▷▷▷

1 写真を見て知っていること、気付いたことを話し合う 〈10分〉

T　（かぼちゃのつるの写真を掲示し）これは何という植物の写真でしょうか。
T　これはかぼちゃの写真です。写真を見て知っていることや気付いたことはありますか。
・かぼちゃはつるを伸ばして成長している。
T　「かぼちゃのつるが」を音読しましょう。
〇一人読みに加えて、ペアやグループでの交代読みや追い読みなど多様な音読の形態を取り入れるとよい。
T　分からない言葉はありましたか。
・はい上がり、赤子、先端

ICT 端末の活用ポイント

写真を掲示する際に、板書のみならず学習支援ソフト等で写真を共有するとよい。分からない言葉は検索機能で調べる時間を確保する。

2 印象に残った言葉や気付いたことを交流する 〈10分〉

T　「かぼちゃのつるが」を読んで印象に残った言葉や気付いたことを交流しましょう。
・「はい上がり」「葉をひろげ」という言葉が繰り返されている。
〇本時では繰り返しの表現を中心に扱うが、比喩について気付く子供もいると考えられる。その場合は積極的に扱いたい。
〇交流する際には、ペアやグループで交流したり、学習支援ソフト等を活用しながら全体で意見を共有したりするとよい。

ICT 端末の活用ポイント

学習支援ソフトやホワイトボード機能を活用し、グループごとに考えをまとめたり、分類したりするといった活動も考えられる。

かぼちゃのつるが

表現のこう果を考えながら、音読をしよう。

何の写真かな？

Izf／PIXTA

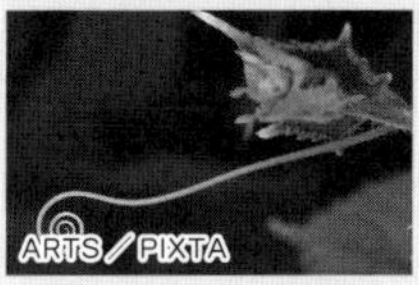
ARTS／PIXTA

kari／PIXTA

かぼちゃのつるが　原田　直友

繰り返しの表現
（L2 ～ 7）

音読の工夫
・強弱をつける
・速さを変える
・読む人数を変える

・強弱
・声の大きさ

3 繰り返しの表現の効果について話し合う 〈15分〉

T　繰り返しの表現にはどのような言葉がありましたか。

・「はい上がり」「葉をひろげ」が繰り返し出てくる。

T　はい上がったり、葉を広げたりしているものは何ですか。

・かぼちゃのつる。

T　「細い先」や「小さな先端」はどうなっていますか。

・屋根や竹の上にはい上がっている。

・いっせいに空をつかもうとしている。

T　繰り返しの表現にはどのような効果がありますか。

・かぼちゃが成長している様子が伝わる。

・植物の力強さを感じる。

4 表現の効果を考えながら音読する 〈10分〉

T　どのように音読をすれば、かぼちゃのつるが成長する様子が伝わるでしょうか。

・繰り返しの表現の部分に強弱をつけて読む。

○ペアやグループで音読の工夫を考えさせる活動を取り入れると、表現に幅が広がる。例えば、繰り返しの表現を分担して読んだり、強弱をつけたり、読む人数を変えたりするといった工夫が考えられる。楽しみながら活動することができるであろう。

ICT 端末の活用ポイント

音読の様子を動画機能を用いて撮影することで、音読の工夫を考えたり、全体で共有したりすることができる。

本時案

かぼちゃのつるが／われは草なり　2/2

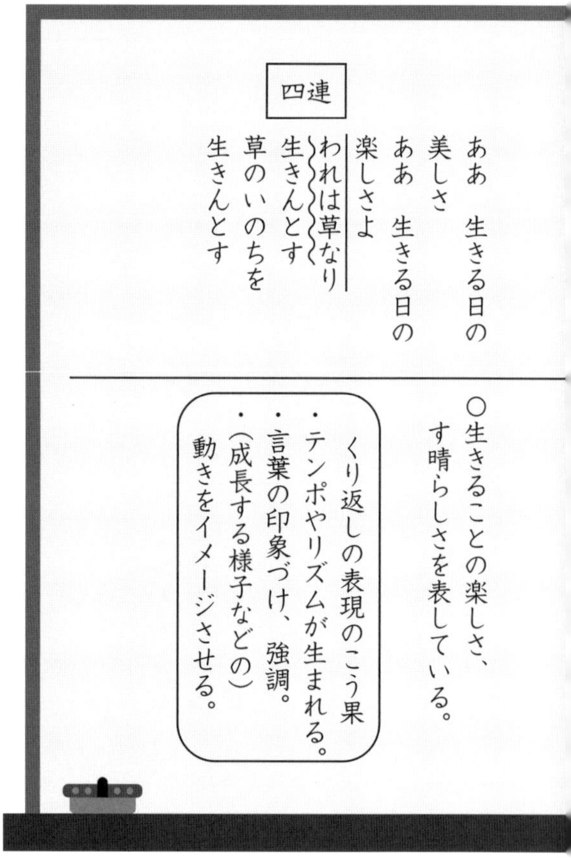
四連
ああ　生きる日の
美しさ
ああ　生きる日の
楽しさよ
われは草なり
生きんとす
草のいのちを
生きんとす
○生きることの楽しさ、
す晴らしさを表している。
くり返しの表現のこう果
・テンポやリズムが生まれる。
・言葉の印象づけ、強調。
・(成長する様子などの)
動きをイメージさせる。

本時の目標

・詩の全体像を具体的に想像したり、表現の効果を考えたりすることができる。

本時の主な評価

❷詩の全体像を具体的に想像したり、表現の効果を考えたりしている。【思・判・表】

❸進んで比喩や反復などの表現の工夫に気付き、学習課題に沿って考えたことを伝え合おうとしている。【態度】

資料等の準備

・各連を書いた用紙（拡大したもの）

授業の流れ ▷▷▷

1 詩を読んで気付いたことなどを交流する 〈10分〉

T　「われは草なり」を音読しましょう。

○範読、一人読み、ペア読みなど段階的に音読に取り組めるようにするとよい。声に出して繰り返し読みながら、詩を味わえるようにする。

T　詩を読んでおもしろいと思ったことや気付いたことを交流しましょう。

・どの連にも「われは草なり」という言葉が出てくる。

・「伸びんとす」や「生きんとす」という言葉の響きがおもしろい。

・「繰り返しの表現」が使われている。

ICT 端末の活用ポイント

端末の学習支援ソフトやホワイトボード機能等を活用して、気付いたことを学級で共有する。

2 繰り返しの表現に着目し、各連のイメージを話し合う 〈15分〉

T　それぞれの連に繰り返し出てくる表現に着目しながら、詩を読み味わいましょう。

T　繰り返し出てくる言葉にはどのような言葉がありますか。

・われは草なり　・伸びんとす　・緑なり

・ああ　生きる日の　・生きんとす　・草

T　全ての連に繰り返し出てくる「われは草なり」にはどのような言葉が続いていますか。連ごとにまとめましょう。

・一連　「われは草なり　伸びんとす」

・二連　「われは草なり　緑なり」

・三連　「われは草なり　緑なり」

・四連　「われは草なり　生きんとす」

T　それぞれの連からどのようなイメージが浮かびますか。

われは草なり

くり返しの表現のこうかについて考えよう。

われは草なり　高見 順

一連

われは草なり
伸びんとす
伸びられるとき
伸びんとす
伸びられぬ日は
伸びぬなり
伸びられる日は
伸びるなり

二連

われは草なり
緑なり
全身すべて
緑なり
毎年かはらず
緑なり
緑の己に
あきぬなり

三連

われは草なり
緑なり
緑の深きを
願ふなり

連のイメージは？

○草がどんどん伸びようとしている。

○草がいつも変わらずに緑色をしている。自分のよさを表している。

○もっと成長したいという願い。

3 「われは草なり」が何を表しているのか、話し合う 〈10分〉

T　各連のイメージをもとに、「われは草なり」はどのようなことを表しているのかを話し合いましょう。

○詩の解釈に関する活動は難しさを感じやすい。個人で十分に考える時間を確保することも大切だが、ペアやグループなどで解釈を自由に考えさせることも大切にしたい。どのように学ぶのかを選択できるようにすると取り組みやすくなる。

・人の成長について表している。

・生きることの素晴らしさを表している。

ICT 端末の活用ポイント

詩の解釈について、検索機能を用いて補助資料を集めるといった活用も考えられる。様々な解釈を参考にするとよい。

4 繰り返しの表現の効果について話し合う 〈10分〉

T　「かぼちゃのつるが」や「われは草なり」の繰り返しの表現はどのような効果があると思いましたか。

・繰り返しの表現があることで、詩にテンポやリズムが生まれる。

・言葉を印象づけたり、強調したりする効果がある。

・成長の様子など、動きをイメージさせる効果がある。

○第 1 時、第 2 時で扱った 2 つの詩を基に、繰り返しの表現の効果について考えさせるとよい。

ICT 端末の活用ポイント

前時の板書を撮影しておき、本時で提示することで、学習に連続性をもたせることができる。

対話の練習

どちらを選びますか （2時間扱い）

単元の目標

知識及び技能	・思考に関わる語句の量を増し、話や文章の中で使うことができる。((1)オ)
思考力、判断力、表現力等	・互いの立場や意図を明確にしながら計画的に話し合い、考えを広げたりまとめたりすることができる。(Aオ)
学びに向かう力、人間性等	・言葉がもつよさを認識するとともに、進んで対話をし、思いや考えを伝え合おうとする。

評価規準

知識・技能	❶思考に関わる語句の量を増し、話や文章の中で使っている。(〔知識及び技能〕(1)オ)
思考・判断・表現	❷「話すこと・聞くこと」において、互いの立場や意図を明確にしながら計画的に話し合い、考えを広げたりまとめたりしている。(〔思考力、判断力、表現力等〕Aオ)
主体的に学習に取り組む態度	❸積極的に自分達の意見と理由を伝え、相手の意見を受け入れながら、学習課題に沿って討論に取り組もうとしている。

単元の流れ

時	主な学習活動	評価
1	学習のおおよその見通しをもち、学習課題を設定する。 違う立場から考え、お互いが納得できるような、説得力のある話し合いをしよう。 海をすすめる理由、山をすすめる理由両方の立場で意見を書き出す。	❶
2	海チーム、山チーム、司会役に分かれ、討論会を行う。(2回以上実施) 質疑応答を行う。 司会役が、双方の意見を聞いた上で、結論を出す。 グループごとに決まった結論を発表する。 自分だったらどのような結論を出すかについて考え、発表する。 学習を終えて学んだことを、自分の言葉でまとめる。	❷ ❸

授業づくりのポイント

〈単元で育てたい資質・能力〉

本単元のねらいは、互いの立場や意図を明確にしながら、計画的に話し合い、考えを広げたりまとめたりする力を育むことである。１つの問題を複数の立場から考え、意見の共通点や相違点を明確にしながら話し合うことを通して、自分の考えを広げたり、二者択一以外の新たな結論を導き出したりすることのよさに気付かせたい。

［具体例］
子供には、「説得力のあったチームはどちらか」よりも、「お互いのチームの意見を聞いた上で、どのような結論に至ったか」を問うようにする。「先生が家族旅行の行き先を悩んでいる」という最初の設定を忘れないようにしたい。

〈教材・題材の特徴〉

本教材は、先生が５年生の子供との家族旅行の行き先について悩んでいるという状況を設定している。海と山という２つの選択肢は、子供にとって分かりやすい対立構造であり、かつゲーム性も高いため、意欲的に学習へと取り組めるであろう。また、先生の悩みとしていることで、自分視点ではなく他者視点に立った理由や結論を考えやすいという点も特徴と言える。教科書に記述はないが、本教材では討論（ディベート）が主な言語活動となっている。討論を通して、論理的思考力や他者意識の向上、多面的な視野の獲得が期待でき、子供に経験させたい言語活動であると言える。一方で、討論は説得力の有無において勝敗をつける形式が一般的であるため、子供が感情的になり、勝敗が話し合いの目的となってしまう懸念もある。「討論をする目的は何か」という問いを毎時間クラス全体で共有し、その上で学習を進めていくといった配慮が必要であろう。

〈言語活動の工夫〉

基本は２人ペアを３つ、計６人編成（海チーム２名、山チーム２名、先生役兼司会・記録２名）で討論を行う。限られた時間の中で全員が討論者の立場を経験できるよう、討論会の回数やグループ編成を工夫することが必要である。また、子供の実態に応じて討論のテーマを変更することも、意欲的に取り組ませる上で有効であろう。

［具体例］
６人編成が困難な場合には、司会を立てない４人グループで討論を実施することが考えられる。その際には、討論終了後、グループ全員で相談して結論を決めさせたい。自分の立場や勝敗にこだわるのではなく、考えを広げたりまとめたりする力を育む練習として、意見を出し合ったことを価値付けるようにする。グループではなく個人で結論を出させ、なぜそう結論付けたのか、考えを交流するといった展開も考えられる。

〈ICT の効果的な活用〉

調査：海・山それぞれの立場において、ウェブブラウザを用いて情報を収集する。写真や資料を用いながら意見を述べることで、より説得力のある伝え方になることを、体感的に学ぶことができる。出典・引用・参考文献といった情報の扱い方に関する指導も合わせて行うと、今後の子供のプレゼンテーションに生きてくる。

記録：端末の録音機能を用いて討論の内容を録音することで、自分たちの話し合いの様子を客観的に捉えながら振り返ることができる。

共有：学習後の振り返り内容を、学習支援ソフトやブラウザ上のアプリを用いてクラウドに保存しておくことで、日常生活でいつでも学習内容を振り返ることができる。

本時案

どちらを選びますか 1/2

本時の目標

・学習の見通しをもち、学習課題に沿って討論に向けての準備を進めることができる。

本時の主な評価

❶学習課題や話し合いの流れを意識して、思考に関わる語句を用いながら、説得力ある意見や理由について考え、ノートに記述している。【知・技】

資料等の準備

・討論の様子を写した動画データ
・「学習課題」「討論会のテーマ」を書く短冊
・討論会の流れ（司会原稿、掲示用）⤓ 20-01
・討論会記録シート（掲示用）⤓ 20-04
・両面印刷された討論会記録シート ⤓ 20-02～03
（海、山両方の理由を書く時に使用、15枚）

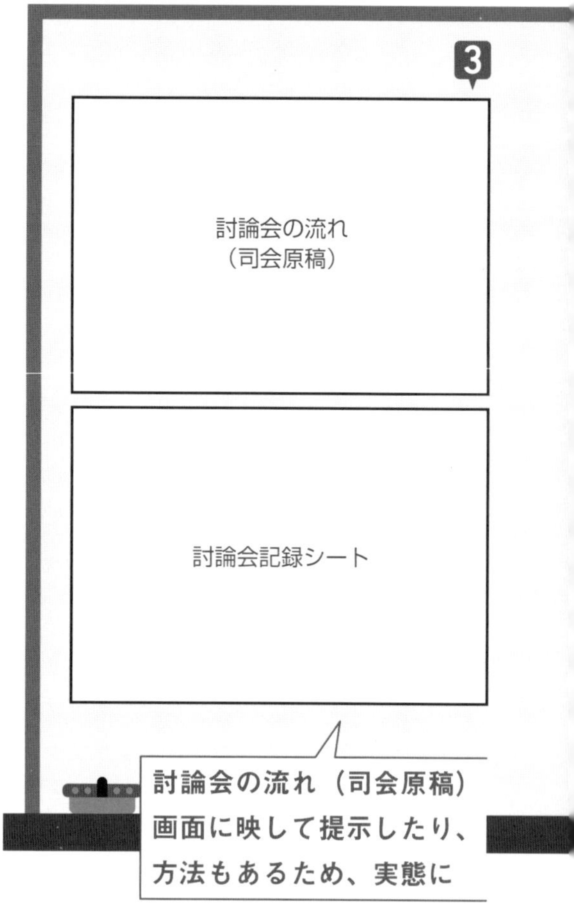

3
討論会の流れ
（司会原稿）
討論会記録シート
討論会の流れ（司会原稿）
画面に映して提示したり、
方法もあるため、実態に

授業の流れ ▷▷▷

1 討論について知り、学習課題をつかむ 〈15分〉

○討論をしている様子の動画を視聴する。
・いろいろな情報を使って話をしているから、説得力があります。
・ケンカみたいになっていました。
T　討論をする目的とは、何でしょう。
・相手を論破するためです。
・自分にない考えを知るためです。
・説得力ある話し方を身に付けるためです。
T　今みなさんから出された意見をまとめると、この学習を通して、どんなことが解決されたらいいでしょうか。
○学習課題を子供と共有し、板書する。学習課題や討論のテーマは単元を通して使用するため、画用紙を貼り合わせて短冊状にし、そこに書き留めておくとよい。

2 討論のテーマや流れを知り、グループに分かれる 〈10分〉

T　先生が、５年生の子供と一緒に家族旅行を計画しています。ですが、行き先は海と山のどちらがよいか悩んでいます。みなさんならどちらをすすめますか。
・私は、海をすすめます。
・ぼくは、山がいいです。
T　今回の討論会は、「家族旅行の行き先で海と山でなやんでいる。どんな結ろんがあるか」をテーマにしましょう。
○学級の実態に応じて、討論のテーマや設定は適宜変更する。
○討論会の流れ（司会原稿）を確認する。
○２人ペアをつくる。学級の実態に応じて、教師がメンバー構成を決めておく。（本単元では30人学級を想定）

どちらを選びますか

1

○とうろんの様子を見て気付いたこと
・資料を使って話していた。
・相手の意見に対しての意見を言っていた。
・ケンカしているみたいだった。

⇦

○とうろんをする目的とは？
・どうして説得力が必要なの？
・相手を打ち負かすことが本来の目的？

2

ちがう立場から考え、おたがいがなっ得できるような、説得力のある話し合いをしよう。

○とうろん会のテーマ
『先生が家族旅行の行き先として、海と山でなやんでいる。どんな結ろんがあるか？』

や討論会記録シートの提示は、拡大印刷以外にも、ICT 端末を学習支援ソフトを使って子供の ICT 端末に配布したりする応じて使い分けるようにする。

3 海、山、両方の立場で、理由を書き出す 〈20分〉

○ペアで相談しながら、海、山、両方の立場でおすすめする理由を考え、討論会記録シートに書き出す。
・写真を見せながら意見を伝えると、説得力が出そうだよ。
○討論会記録シート（掲示用）を用意し、記入の仕方を確認する。
○次時では２回の討論を行うため、１回目と２回目で自分たちのペアは何の役割（海チーム、山チーム、司会・記録）なのかを把握できるよう、整理しておく。

ICT 端末の活用ポイント

ウェブブラウザで検索した写真や資料を用いて意見を述べるよう促す。出典や引用といった情報の扱い方に関する指導も適宜行う。

よりよい授業へのステップアップ

動画視聴や討論のテーマ設定を通して目指す姿を具体化させる

討論というと、「相手を打ち負かす」「論破する」といった印象を抱く子供が多くいることが予想される。そこで、授業の冒頭では、実際の討論の様子を子供に視聴させる。動画視聴を通して、「説得力ある伝え方」と「多面的なものの見方」の両面に気付かせたい。さらに「海と山どちらか」ではなく「どんな結論があるか」を問うことで、多用な結論を許容する素地が育まれることも期待できる。

本時案

どちらを選びますか　2/2

本時の目標

・自分の立場を明らかにして、互いの意見の違いを整理しながら討論を行うことを通して、考えを広げたりまとめたりすることができる。

本時の主な評価

❷互いの立場や意図を明確にしながら計画的に話し合い、考えを広げたりまとめたりしている。【思・判・表】
❸積極的に自分の意見と理由を伝え、相手の意見を受け入れながら、学習課題に沿って討論に取り組もうとしている。【態度】

資料等の準備

・討論会記録シート（意見記入済み、15枚）
・討論会記録シート（司会用、10枚）

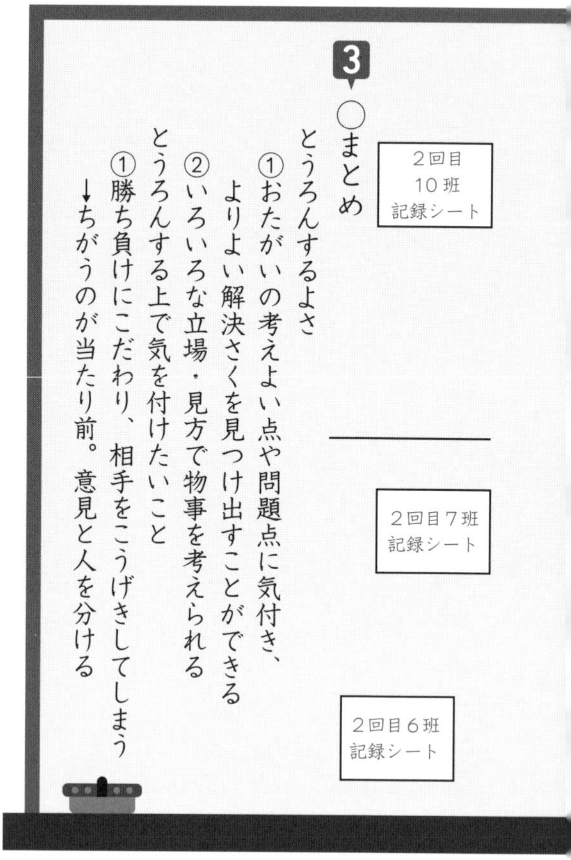

2回目
10班
記録シート
2回目7班
記録シート
2回目6班
記録シート
3
○まとめ
とうろんするよさ
①おたがいの考えよい点や問題点に気付き、
よりよい解決さくを見つけ出すことができる
②いろいろな立場・見方で物事を考えられる
とうろんする上で気を付けたいこと
①勝ち負けにこだわり、相手をこうげきしてしまう
→ちがうのが当たり前。意見と人を分ける

授業の流れ ▷▷▷

1　学習課題、討論のテーマを確認し、討論会を行う　〈20分〉

○机の配置といった討論のための場を事前に作っておく。授業開始時には１回目の討論の場所に着席しておくように促す。
○学習課題と討論のテーマを確認する。
T　討論のテーマは、「家族旅行の行き先」です。先生・司会役の人は、海、山チームそれぞれの意見や理由を聞きながら、先生になったつもりであなたなりの結論を出しましょう。
○討論会を行う。（１回８～10分×２回）

ICT 端末の活用ポイント

討論の様子を録音・録画することで自分たちの姿を客観視できる。本単元内では時間的に難しいため他教科や学級活動等で活用したい。

2　グループごとの結論を比較し、違いについて話し合う　〈10分〉

T　結論が書かれた記録シートを黒板に貼ってください。
T　「海」に行くという結論になったチームは、その理由を教えてください。
T　「山」に行くという結論になったのは、どうしてですか。
T　「海」「山」以外の結論を出したチームがいます。なぜこの結論になったのですか。
○意見が違えば結論も異なる点、同じ結論でもその理由は異なる点に子供が気付けるようにする。

ICT 端末の活用ポイント

一定のタイピング技能があれば、記録シートを学習支援ソフト等で配布し、ICT 端末で記録・結論の共有を行うことも考えられる。

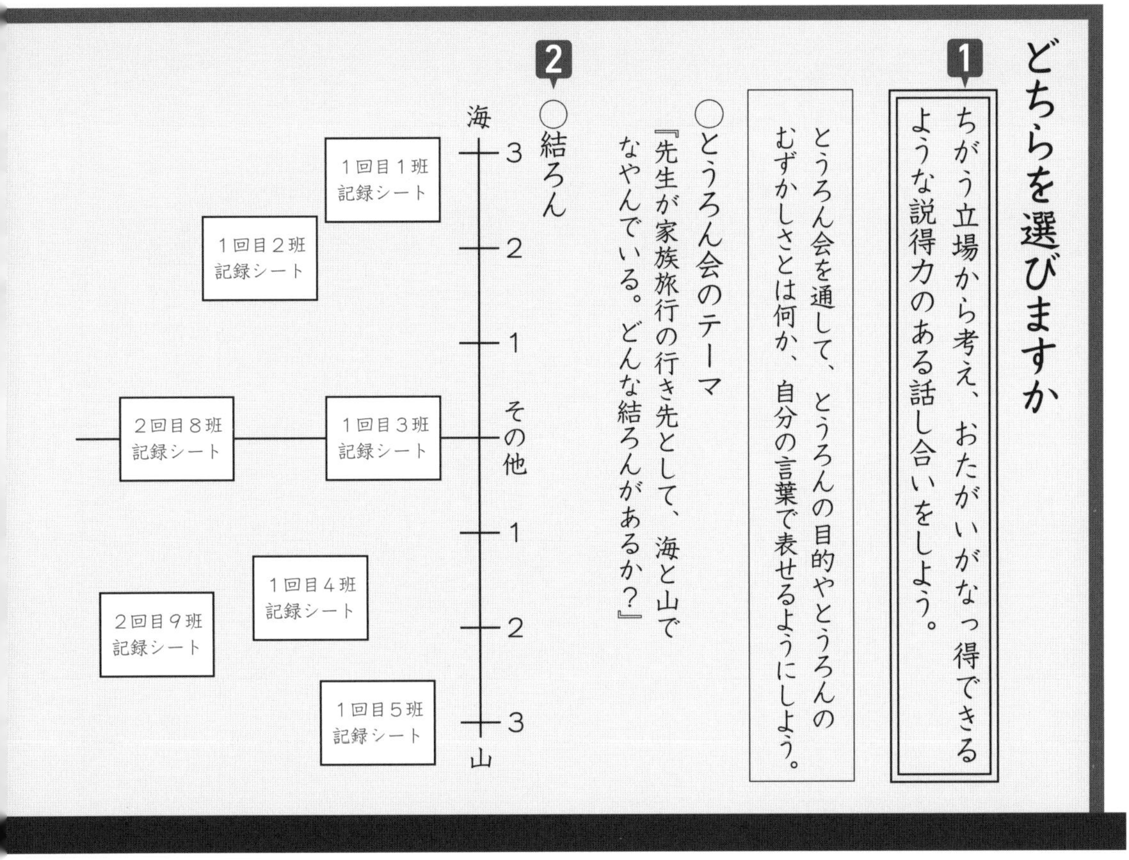

ICT 等活用アイデア

3 学習課題に対する自分の考えをまとめ、交流する〈15分〉

T　「お互いが納得する、説得力ある話し合い」をする上で、気が付いたことはありますか？
・よい点や問題点についても考えられました。
・いろいろな見方ができるようになりました。
・結論を出すために協力して考えました。
・勝ち負けではなく、相手の意見を聞いて納得できたので討論してよかったと思いました。
T　みなさんから出された意見を見て、共通する考えを教えてください。
○子供からの意見を集約し、学習のまとめとする。

ICT 端末の活用ポイント

学習支援ソフトやブラウザ上のアプリを用いてまとめを記述することで、記述と共有を同時に実施でき、短時間で効果的なまとめができる。

本単元の学びを日常生活に生かす

朝の会や授業の冒頭といった時間を活用し、本単元で学習した対話活動を日常的に継続することが大切である。その際、本単元のまとめを学習支援ソフトやブラウザ上のアプリを利用してクラウドに保存しておくことで、いつでも当時の学びを振り返ることができる。また、新たな気付きを追加することも可能となる。さらに、他教科や学級活動等の時間と関連させるといった教科横断的な学習を実現させる上でも、学びを蓄積・関連させることのできるクラウドの利用は有効であろう。

資料

1 第1時資料　司会原稿 20-01

どちらを選びますか
とうろん会の流れ（司会原こう）

年　組　名前（　　　）

場面	話す人	原こう
テーマの確認・はじめの意見	司会	これからとうろん会を始めます。よろしくお願いします。話し合いのテーマを確認します。今回のテーマは「先生が家族旅行の行き先として海と山でなやんでいる。どんな結ろんがあるか。」です。海チーム、山チームの意見や質問を聞きながら、最後に司会でどうするかの結ろんを出します。それでは、海チームから、意見をお願いします。
	海チームの意見	私たちは、海に行くのがいいと思います。理由は□つあります。一つ目は、
	司会	ありがとうございました。次に、山チームから意見をお願いします。
	山チームの意見	私たちは、山に行くのがいいと思います。理由は□つあります。一つ目は、
質疑《ぎ》応答	司会	※同じ意見や対立している意見をまとめ、両チームに伝える。おたがいの意見のちがいがはっきりするよう、質問をし合いましょう。相手チームに質問はありますか。
	海チーム 山チーム	質問し合い、おたがいにその質問に答える。
最後の意見	司会	最後に、ここまでの話し合いを整理して、自分たちの意見を伝えてください。
	海チームの意見	私たちは、やはり海に行くのがいいと思います。初めの□つの理由に加え、さらに□つの理由を追加します。一つ目は、以上のことから、私たちは、海に行くのがいいと思います。
	山チームの意見	私たちは、やはり山に行くのがいいと思います。初めの□つの理由に加え、さらに□つの理由を追加します。一つ目は、以上のことから、私たちは、山に行くのがいいと思います。
結ろん	司会の結ろん	※両チームの意見を聞いた上で、どんな結ろんにするか司会二人で相談する。（一分）両チームの意見を聞いた上で、私たちは、□という結ろんにしました。理由は～だからです。ありがとうございました。

◎□は、テーマを変更して実施した際には言葉が変わる部分を表す、
◎掲示用と子供用共に同じものを使用する

2 第1時資料　記録シート 記入例 20-02

どちらを選びますか　とうろん会記録シート（都会・田舎チーム用）

年　　組　　ペア（　　　　　　　　）（　　　　　　　　）

とうろんテーマ 先生が家族旅行の行き先としてビルが立ち並ぶ都会と自然あふれる田舎でなやんでいる。どんな結ろんがあるか。		
都会に行くのがいい		田舎に行くのがいい
○たくさんのしせつがあり、あきることがない。 ○冷だんぼうがあり、季節を問わず楽しむことができる。	はじめの意見	○ふだんできない体験ができる。 ○自然の中で遊ぶと、気分が晴れやかになる。
○お金がかかる。 →クーポンを使えば安くなる。 ○人が多くて、ならぶと中に入るのに時間がかかる。 →ならんでいる時間に家族との会話を楽しめばいい。	予想される質問と答え	○虫 → ○最 →

◎子供が実際に行う「海か山か」のテーマに近いものがよいと考え、本テーマを提示した。
◎説明として挙げているため、この限りである必要はない。
白紙の状態で掲示し、子供から意見をもらいながら完成させていってもよい。

3 第１時資料　記録シート 20-03

どちらを選びますか　とうろん会記録シート（海・山チーム用）

年　　組　　ペア（　　　　　　　　　　　　）（　　　　　　　　　）

討ろんテーマ 先生が家族旅行の行き先として海と山でなやんでいる。どんな結ろんがあるか。		
海に行くのがいい		山に行くのがいい
	はじめの意見	
	予想される質問と答え	

4 第１時資料　記録シート 20-04

どちらを選びますか　とうろん会記録シート（司会用）

年　　組　　ペア（　　　　　　　　　　　　）（　　　　　　　　　）

討ろんテーマ 先生が家族旅行の行き先として海と山でなやんでいる。どんな結ろんがあるか。		
海チーム　ペア（　　　）（　　　）		山チーム　ペア（　　　）（　　　）
	はじめの意見	
	相……の	
結ろん 理由		

司会時に、それぞれの意見をメモするために使用。本単元ではメモを取ることは重視していないが、『きいて、きいて、きいてみよう』で記録しながら聞く学習を行っているため、定着した力を活用させる上でも、メモをとらせる経験を積ませたいと考え、本ワークシートを用意した。

生活の中で読もう

新聞を読もう　（2時間扱い）

単元の目標

知識及び技能	・文章の構成や、文章の種類とその特徴について理解することができる。((1)カ)
思考力、判断力、表現力等	・目的に応じて、文章と図表などを結び付けるなどして必要な情報を見付けたり、論の進め方について考えたりすることができる。(C ウ) ・事実と感想、意見などとの関係を叙述を基に押さえ、文章全体の構成を捉えて要旨を把握することができる。(C ア)
学びに向かう力、人間性等	・言葉がもつよさを認識するとともに、進んで読書をし、国語の大切さを自覚して、思いや考えを伝え合おうとする。

評価規準

知識・技能	❶文章の構成や、文章の種類とその特徴について理解している。(〔知識及び技能〕(1)カ)
思考・判断・表現	❷「読むこと」において、目的に応じて、文章と図表などを結び付けるなどして必要な情報を見つけたり、論の進め方について考えたりしている。(〔思考力、判断力、表現力等〕C ウ) ❸「読むこと」において、事実と感想、意見などとの関係を叙述を基に押さえ、文章全体の構成を捉えて要旨を把握している。(〔思考力、判断力、表現力等〕C ア)
主体的に学習に取り組む態度	❹進んで必要な情報を見つけたり、論の進め方について考えたりしながら、学習課題に沿って新聞記事を読もうとしている。

単元の流れ

時	主な学習活動	評価
1	学習の見通しをもつ 教科書の新聞記事を基に、新聞の一面で「見出し」「リード文」「本文」などの言葉を、教科書の説明と対応させながら理解する。 リード文と本文を、全国紙と地方紙で比べ、どのような記述の違いがあるかを見つける。 「東京五輪の記事」(p.108、109) を読み比べ、違いとその理由を考える。 新聞記事の特徴をまとめる	❶ ❸
2	学級全体では、全国紙3社の新聞記事を読み、前時の復習をする。 個人では、割り当てた新聞記事を読み、要約や考えをスライドに記入する。 グループの人数の分異なる記事を用意し、グループ内で、スライドを共有し、記事について記入したことを発表し合う。 個人で、提出したグループから、他グループのスライドを読み、コメントを投稿する。	❷ ❹

授業づくりのポイント

〈単元で育てたい資質・能力〉

本単元のねらいは、新聞記事の構成や工夫を知り、その読み方を身に付け、生活や学習において生かすことである。紙面を目的に応じて読み取り、考える力を育てていく。そのために、まず新聞の一面がどのように構成されているのか理解する必要がある。文章と図表などを結び付け、必要な情報を捉え、書き手がどのような意図で記述しているのか、論の進め方について考える力を育てる。

〈教材・題材の特徴〉

新聞の朝刊や夕刊の紙面は、一面だけでなく社会面や経済面といった「面」によって、構成されている。そのため、各面の入り口である一面には多くの工夫がある。例えば、「一面の果たす役割とは何か」と子供に問いかけ、考えるよう促すと、目次やリード文の最後に「○○面△△」「□□面◇◇」と、各面につながる記事が掲載されている記述に注目する発言があるかもしれない。インターネットのホームページと同様、一面はトップページとして「○○面△△」という表記によってハイパーリンクのように、関連する記事がどの面にあるのか示していることが実感できる。教科書に掲載されている全国紙と地方紙を読み比べることで、想定される読み手によって記述が異なることに気付くことができる教材である。どの程度の情報が、どの順序で記述されているのか、子供が読み進めることで発見できるよう配列されている。

〈言語活動の工夫〉

教科書以外に、複数の新聞記事を集め比較することで、新聞社によって意図が異なることに気付くことをねらいとする授業が考えられる。例えば、野球の米大リーグをはじめとしたスポーツ選手やノーベル賞受賞者、宇宙飛行士など特定の人物が成し遂げた偉業について、実際に複数の新聞記事を比較する言語活動が考えられる。今後扱う「やなせたかし――アンパンマンの勇気」では、伝記を読み、自分の生き方について考える機会がある。その際につながる記事や出来事を選定したい。伝記では、「事実の説明」「筆者の考え」「人物の行動や会話」について記述されることが多い。新聞での実際の紙面ではどのように記述されているのか、新聞記事の内容を説明したり、自分の生き方について考えたことを伝え合ったりする活動として工夫することができる。

〈ICT の効果的な活用〉

調査：新聞社のウェブサイトを参照し、紙で印刷された新聞とどの程度情報が異なるのかを調べる。新聞社によっては全国各地の地域面を参照して比較することができる。

共有：新聞社のウェブサイトの記事を引用し、子供が考えを画像に書き込み、学習支援ソフトで提出することで、学級・学年全体で考えを共有し、考えについてコメントすることができる。

記録：テレビ番組のように、記事をフリップに貼付し、解説や意見をコメントする短い動画を ICT 端末で撮影し、学習支援ソフトで提出する。提出前に、何度も撮影が可能で、どのように伝えるのかという視点で、子供が自らの言葉や仲間の言葉について振り返ることができる。

本時案

新聞を読もう　1/2

本時の目標

・新聞記事の叙述を基に押さえ、紙面全体の構成を捉えて要旨を把握することができる。

本時の主な評価

❶文章の構成や、文章の種類とその特徴について理解している。【知・技】
❸事実と感想、意見などとの関係を叙述を基に押さえ、文章全体の構成を捉えて要旨を把握している。【思・判・表】

資料等の準備

・「リード文」などの見出しカード
・スクリーン（黒板）に教科書の新聞記事を拡大して投影（紙で掲示）。あるいは、画像データを ICT 端末で共有。（拡大した画像は、紙に印刷して色のついたペンで書き込む。

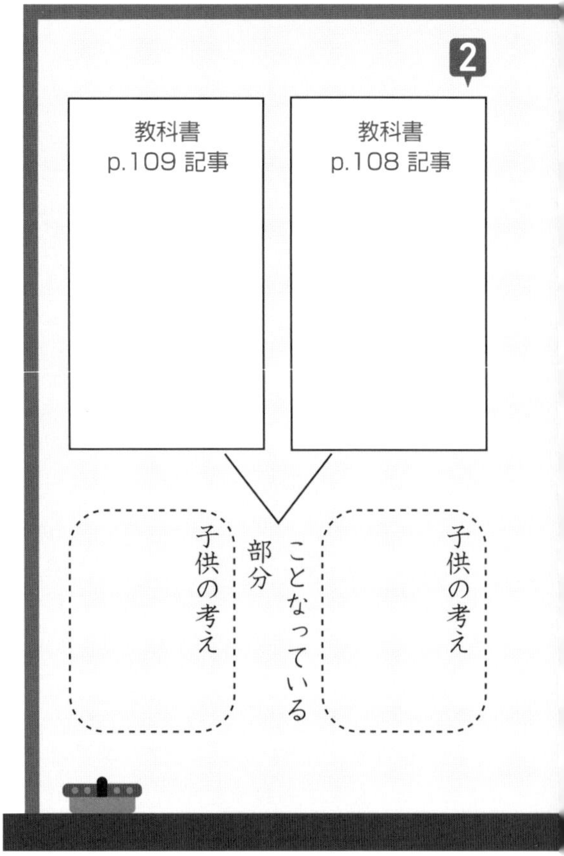

授業の流れ ▷▷▷

1　新聞の構成を知る　〈15分〉

○新聞記事に触れることで、どのような特徴があるのか子供の気付きを大切に導入したい。
T　新聞記事がどのように書かれているか、気付いたことは何ですか。
・「見出し」があります。
・まとめた文が書いてあります。
T　「リード文」といいます……。
○「リード文」などのカードを拡大し、新聞紙面に貼り付けると強調でき、次時の別の新聞でも使用できる。

ICT 端末の活用ポイント

教科書の新聞記事を画像として保存し、クラス全体で共有したり、「リード文」などをカード形式にしてグループで、画像の上に移動させたりする活動につなげることができる。

2　2 つの記事を読み比べる　〈20分〉

T　教科書（p.108と p.109）では、同一の出来事を扱う記事でも同じことだけでなく、異なることが書かれています。異なる箇所に線を引きましょう。
・神戸の新聞は、最初に「神戸市」の出身だと書かれています。
○どこが異なるのか。違いに注目して読むことで、「伝える相手や目的」で記事の内容に注目できるよう指導したい。

ICT 端末の活用ポイント

教科書（p.108と p.109）の新聞記事を画像として保存し、端末のカラーペンを使用し、異なる部分を色分けすることで対応関係が一覧しやすくなる。その結果をデータで提出すると、クラス全体での共有もしやすくなる。

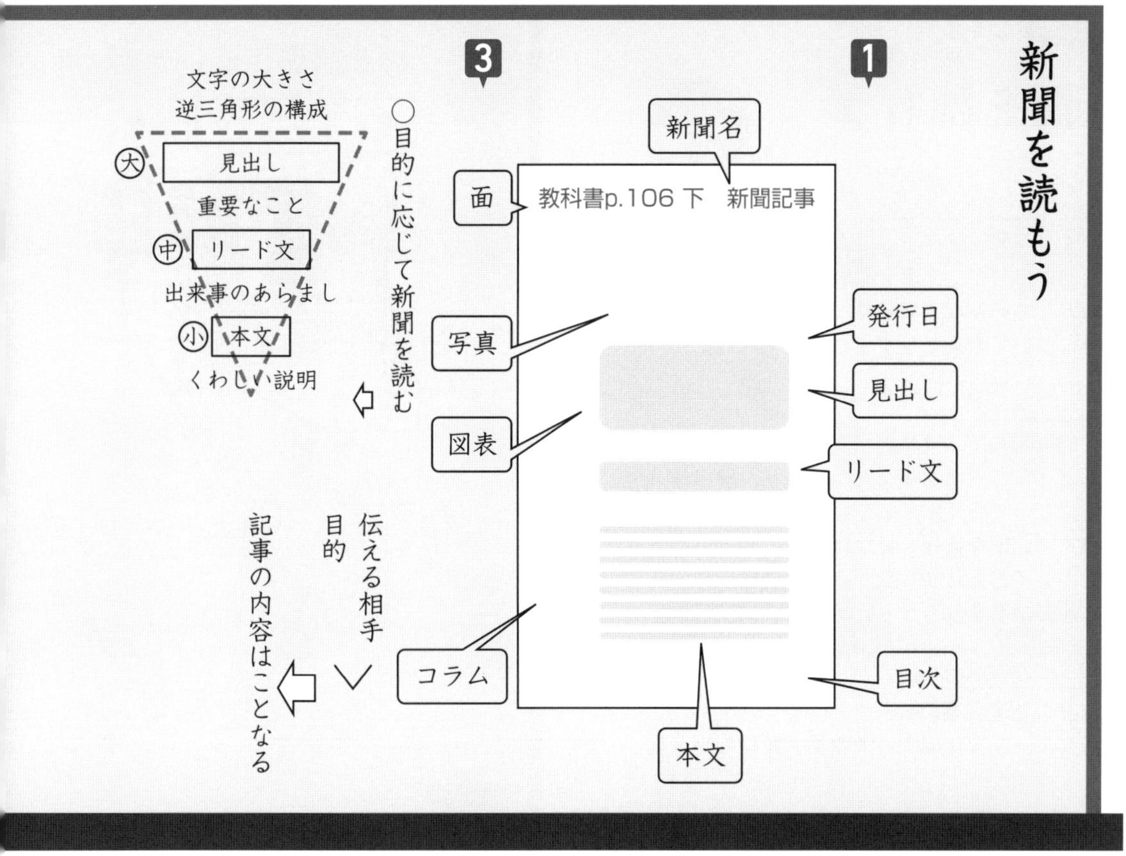
新聞を読もう
1
新聞名
面
教科書p.106 下　新聞記事
発行日
写真
見出し
図表
リード文
コラム
目次
本文
3
○目的に応じて新聞を読む
文字の大きさ
逆三角形の構成
大 見出し
重要なこと
中 リード文
出来事のあらまし
小 本文
くわしい説明
伝える相手
目的
記事の内容はことなる

3 新聞記事の特徴をまとめる〈10分〉

T　「見出し」「リード文」「本文・図表」の順で書かれていました。なぜ、このような順で書かれるのでしょうか。

・だんだん詳しくなっています。

T　２つの記事を比べました。異なる部分をたくさん挙げることができました。なぜ、異なる箇所があるのでしょうか。

・全国紙と違い、神戸の人に伝える紙面は、選手が地元とどのようなつながりがあるかが書かれていました。

○板書中央の図はキーワードを書き、最後に三角形で囲み「逆三角形の構成」という言葉でまとめると、理解しやすくなる。

ICT 等活用アイデア

画像に視覚的な印をつける

ICT 端末では、教科書の一部を画像として保存し、子供と共有することで、理解しやすくすることができる。

例１．上記の板書右のように重要語句カードを、選択肢として用意して、新聞の１面記事の画像の上にカードをあてはめる活動。

例２．板書左の記事の比較では、記述内容の違いを色分けして視覚的な印をつけることで、対応関係を一覧しやすくする活動。

個人や少人数グループ（画面を共有）で取り組ませるとよい。

本時案

新聞を読もう　2/2

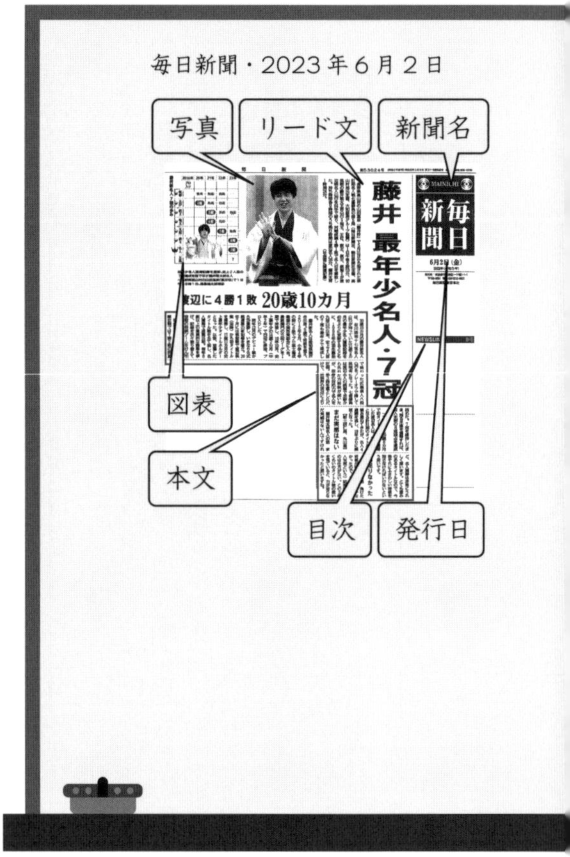

本時の目標

・目的に応じて、文章と図表などを結び付けるなどして必要な情報を見つけたり、論の進め方について考えたりすることができる。

本時の主な評価

❷目的に応じて、文章と図表などを結び付けるなどして必要な情報を見つけたり、論の進め方について考えたりしている。【思・判・表】

❹進んで必要な情報を見つけたり、論の進め方について考えたりしながら、学習課題に沿って新聞記事を読もうとしている。【態度】

資料等の準備

・３社の新聞記事のデータ
・各グループで作成するスライド資料のひな型

授業の流れ ▷▷▷

1　前時の復習をする　〈10分〉

○全国紙３社の新聞記事（１面のみ）の「見出し」などを確認する。

T　では、前回のように「リード文」などの言葉を全国紙３社の新聞記事で、当てはめ、気付いたことは何ですか。

・どの記事も「逆三角形の構成」です。
・図や表が分かりやすく書かれています。
・「名人」を強調している新聞は、見出しも写真も合わせています。

○１面を比較することで、各社の伝えたい意図に特徴があることを気付かせたい。

ICT 端末の活用ポイント

黒板の新聞記事では、細かい文字を読むことができない。しかし、子供の端末でデータを共有すると、拡大が自由にできるようになる。

2　割り当てた新聞記事を読み、考えを書く　〈15分〉

○グループごとに１社の新聞記事（５面程度）を割り当てる。新聞記事を読み伝える相手や目的をスライドに記入する。

T　では、これから各グループに１社の記事を渡します。１面と各面の書かれている内容を比較して、考えたことをスライドに書きましょう。

・グループで記事は分担していいですか。

T　１社の記事は５面程度あるので、全体を見ながら、協力してスライドに書き込んでください。黒板の例を参考に書きましょう。

ICT 端末の活用ポイント

スライドを共同編集することで、お互いの進捗が随時把握できるため、分担して学習が進めやすくなる。

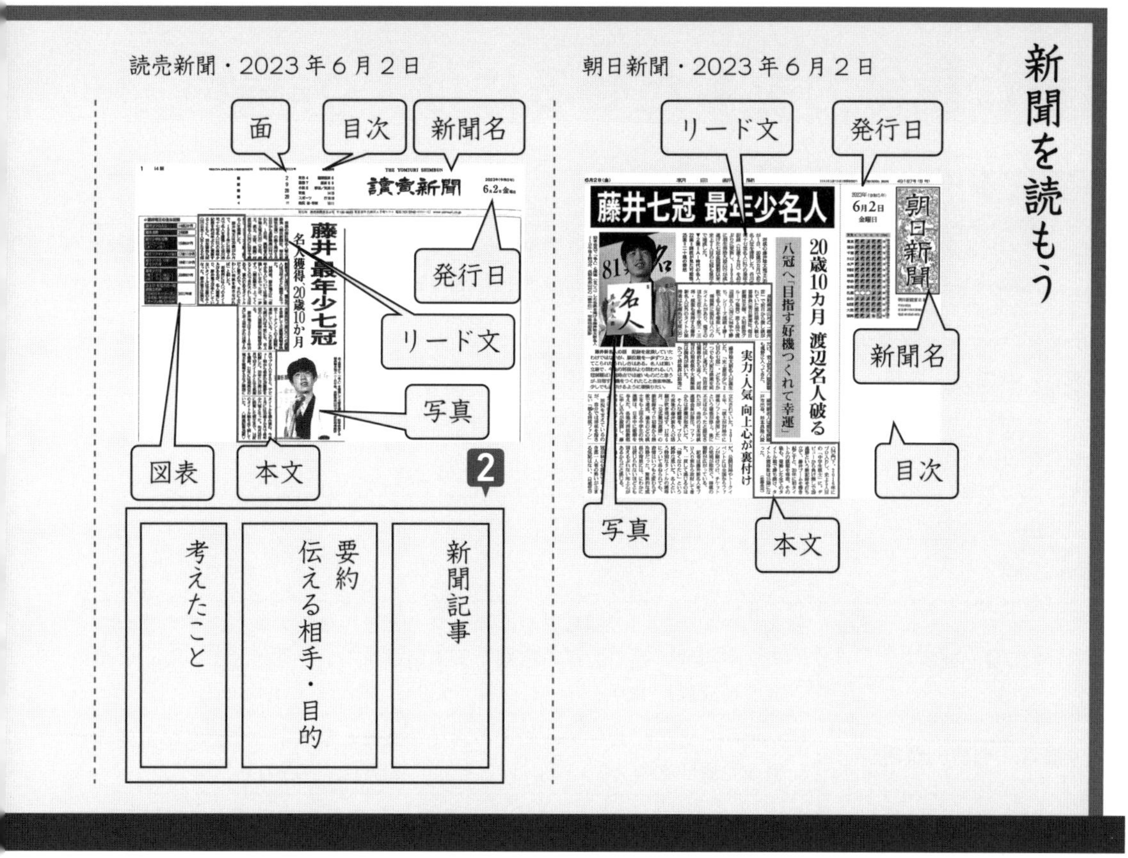
新聞を読もう
読売新聞・2023年６月２日
面
目次
新聞名
発行日
リード文
写真
図表
本文
藤井 最年少七冠
名人獲得、20歳10カ月
2
新聞記事
要約
伝える相手・目的
考えたこと
朝日新聞・2023年６月２日
リード文
発行日
藤井七冠 最年少名人
20歳10カ月 渡辺名人破る
八冠へ「目指す好機つくれて幸運」
実力・人気 向上心が裏付け
朝日新聞
新聞名
目次
写真
本文

3 スライドを共有し、記事について発表し合う 〈10分〉

○各グループで、スライドを共有し、記事について記入したことを発表し合う。

T　各グループで発表し合うポイントは何ですか。

・１面と比較して、各面の特徴で何が詳しく書かれているのか、伝える相手や目的です。

○１面と比べて、何を強調している面なのか。スライドにキーワードを書く際に考えたことを伝え合うよう指導する。

ICT 端末の活用ポイント

スライドを共有して伝え合い、グループ内でアドバイスすると、その場で加除・修正することができる。スライドの順番も入れ替えやすい。

4 他グループのスライドにコメントを投稿 〈10分〉

○他グループのスライドを読み、コメントを投稿する。その際、自分のグループと同じ新聞社を選んだグループから読むように指導する。

T　では、最後に自分たちのグループとの違いは何か、他グループでは、何に気付いたのか、コメント機能で書き込んで伝えましょう。

○同じ資料であっても、どのように解釈したのか、その違いを指摘し合うよう指導したい。

○スライドをクラス全体で共有すると、本時で学んだことを理解しやすい。

ICT 端末の活用ポイント

多くのグループのスライドを読むことができる子供と、じっくり取り組む子供。それぞれの進度で無理なく取り組むことができる。

書くときに使おう

文章に説得力をもたせるには （2時間扱い）

単元の目標

知識及び技能	・文の中での語句の係り方や語順、文と文との接続の関係、話や文章の構成や展開、話や文章の種類とその特徴について理解することができる。((1)カ)
思考力、判断力、表現力等	・筋道の通った文章となるように、文章全体の構成や展開を考えることができる。(Bイ)
学びに向かう力、人間性等	・言葉がもつよさを認識するとともに、進んで読書をし、国語の大切さを自覚して思いや考えを伝え合おうとする。

評価規準

知識・技能	❶文の中での語句の係り方や語順、文と文との接続の関係、話や文章の構成や展開、話や文章の種類とその特徴について理解している。(〔知識及び技能〕(1)カ)
思考・判断・表現	❷「書くこと」において、筋道の通った文章となるように、文章全体の構成や展開を考えている。(〔思考力、判断力、表現力等〕Bイ)
主体的に学習に取り組む態度	❸積極的に筋道の通った文章となるように文章全体の構成や展開を考え、学習の見通しをもって考えたことを伝え合おうとしている。

単元の流れ

次	時	主な学習活動	評価
一	1	**学習の見通しをもつ** 意見文における「主張」と「根拠」について知る。 **文章に説得力をもたせるには、どのような構成で、何を書くとよいだろうか。** 「主張」と「根拠」がどのように書かれているかを確かめる。 「予想される反論」と「反論に対する考え」があるのとないのでは主張の伝わり方がどのように変わるかを考える。 「まとめ」で「主張」と同じ内容が繰り返されていることの意味を考える。	❶
二	2	自分が毎日を安全に過ごすための方法について意見文を書くと仮定して、構成やどのまとまりにどんなことを書くかを考えて、伝え合う。 「たいせつ」を基に、学習を振り返る。	❷ ❸

授業づくりのポイント

〈単元で育てたい資質・能力〉

本単元のねらいは、説得力をもたせた文章を書くために、文章全体の構成や展開を考える力を育むことである。そのためには、「主張」と「根拠」など、文章を構成するまとまりが筋道立っている必要がある。また、「予想される反論」と「反論に対する考え」をどのように示すかを考え、工夫する力も大切である。文例を基に構成について学び、実際に意見文を書くと仮定して学習活動に取り組むことで、構成の効果や内容について考えられるようにする。

〈教材・題材の特徴〉

本教材は、文章に説得力をもたせるために必要な要素を、文例を基に捉えることができる教材である。文例の題材の「毎日を安全に過ごすための方法」は、子供にとって身近でありながら、一度立ち止まって見つめないと考えることの少ない話題である。日常的に周囲から「安全」に関する話をたくさん聞いているだろうが、自分自身が考えをもち、行動することが重要である。本単元の例文は、子供にとって身近で、かつ重要な題材を扱うことで、「予想される反論」や「反論に対する考え」があることによる説得力の高まりを実感できる内容となっている。自分だったらどう書くかを考える際にも生かされるだろう。

〈言語活動の工夫〉

「毎日を安全に過ごすための方法」について意見文を書くことを想定して、構成を考えて交流する活動を設定した。

本単元では、意見文を書くための構成を考えることが中心である。意見に説得力をもたせるには「主張」と「根拠」、「予想される反論」と「反論に対する考え」、双括型で書くことなどが重要である。それぞれのまとまりにどのようなことを書くかを考え、友達と伝え合うことで筋道立てて考えられているか、説得力があるかなど確かめることができる。

[具体例]

○第1時で文例を読む際に、「予想される反論」と「反論に対する考え」を抜いた文例を提示する。まず、主張と根拠を読み、どのような反論やその反論に対する答えが予想されるかを学級で考える。例えば、「名前を書いているところが見えづらいと誰のものか分かりにくい」「絵の具セットのように名前を書くところにふたをつければよい」「ふくろの内側に名前を書くとよい。」などである。また、「予想される反論」と「反論に対する考え」があるのとないのとでは、主張の伝わり方がどのように変わるかも捉えられるようにする。上記の文章の工夫があることで、「違う立場の人にも納得してもらえる」「別の意見も書くと、幅広く考えていることが伝わって、より説得できる」など、説得力が高まることを確認したい。

〈ICT の効果的な活用〉

共有：学習支援ソフトを用いて、文例を共有する。その際、「予想される反論」「反論に対する考え」のまとまりを抜いた文例と入れた文例を提示し、比較できるようにする。

記録：端末のソフトを用いて、構成表を作成する。テキストボックス等で移動ができるようにし、構成を検討する。また、端末の画面を見せ合い、考えた構成について伝えることもできる。

本時案

文章に説得力をもたせるには 1/2

本時の目標

・意見文の特徴を知り、文章の組み立てや説明などにおける論の進め方について理解することができる。

本時の主な評価

❶意見文の特徴を知り、文章の組み立てや説明などにおける論の進め方について理解している。【知・技】

資料等の準備

・教科書 p.110～111「予想される反論」「反論に対する考え」を抜いた「西村さんが書いた文章」の拡大コピー
・教科書 p.110～111「西村さんが書いた文章」の拡大コピー

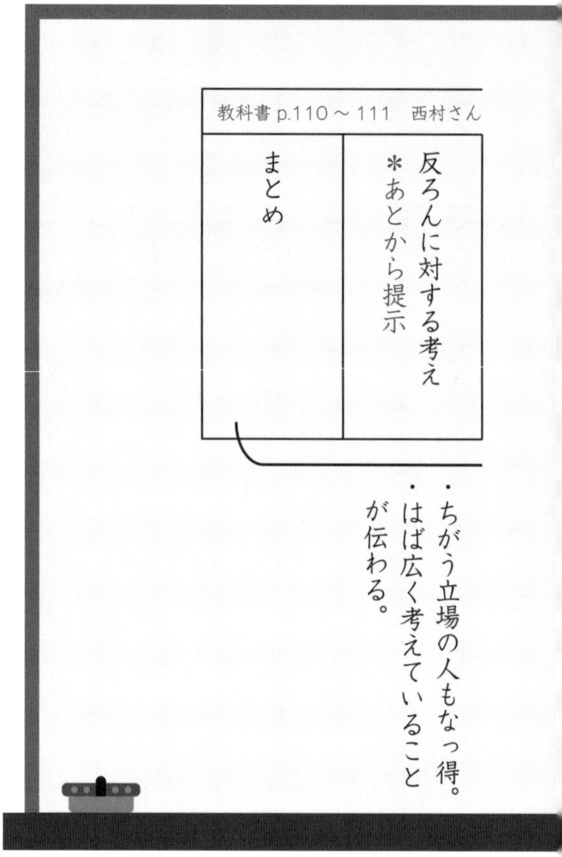

教科書 p.110～111　西村さん
反ろんに対する考え
＊あとから提示
まとめ
・ちがう立場の人もなっ得。
・はば広く考えていることが伝わる。

授業の流れ ▷▷▷

1 意見文の特徴を知り、学習の見通しをもつ 〈5分〉

T　自分が考えたことを伝えたいとき、意見文に書いて伝えるという方法があります。意見文を読んだ相手が「なるほど。」と納得するためには、文章に説得力をもたせる必要があります。
・意見文は、どうすれば書けるのだろう。
・どうすれば説得力をもたせられるのだろう。
○本時のめあてを板書する。また、教科書 p.110の冒頭に書かれている「主張」と「根拠」の説明を読み、それぞれの意味を理解できるようにする。

2 「主張」と「根拠」の書き方を確かめる 〈10分〉

○「西村さんが書いた文章」を読む前に、「毎日を安全にすごすための方法」について、どのような方法があるかなど、予想してから文章を読むようにしたい。
○意見文（反論なし）を読み、どのように「主張」と「根拠」が書かれているかを確かめる。
T　「主張」と「根拠」は、それぞれどのように書かれているか確かめましょう。
・主張は、「～だ。」「～と考える。」という文末表現が使われている。
・根拠は、西村さんの母親の経験が書かれている。
・聞いた話だから「～そうだ。」「～という。」という文末表現が使われている。

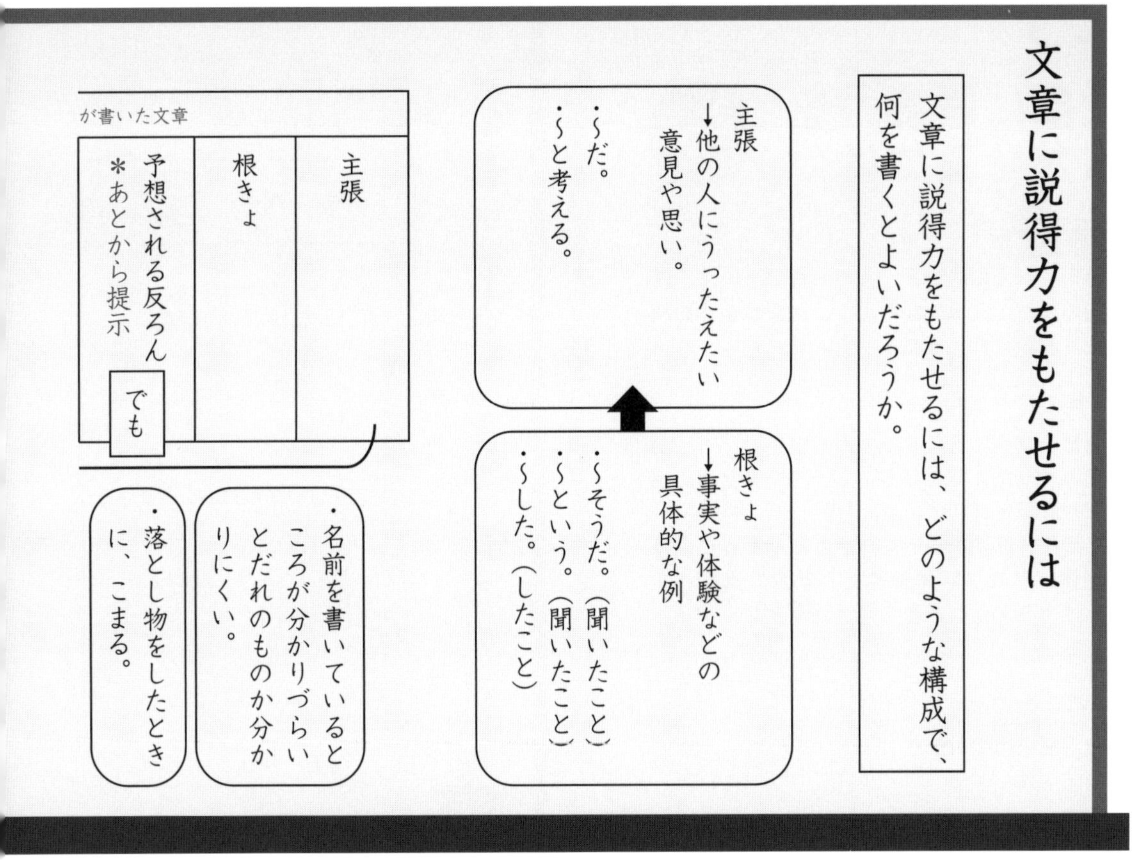
文章に説得力をもたせるには
文章に説得力をもたせるには、どのような構成で、何を書くとよいだろうか。
主張
↓他の人にうったえたい意見や思い。
・〜だ。
・〜と考える。
根きょ
↓事実や体験などの具体的な例
・〜そうだ。(聞いたこと)
・〜という。(聞いたこと)
・〜した。(したこと)
が書いた文章
主張
根きょ
予想される反ろん
＊あとから提示
でも
・名前を書いているところが分かりづらいとだれのものか分かりにくい。
・落とし物をしたときに、こまる。

3 「予想される反論」などがあることの効果を考える 〈20分〉

T 「西村さんが書いた文章」の「主張」と「根拠」に対して、「でも〜」に続けて反論を言うとしたら、どんな反論を考えますか。
・でも、名前を書いているところが分かりづらいと誰のものか分かりにくい。
・でも、落とし物をしたときに、困る気がする。
T 反論が出てきましたが、何かよい解決法を思いつく人はいますか。
・名前を書くところにふたをつければよい。
・ふくろの内側に名前を書くとよい。
○「予想される反論」と「反論に対する考え」を提示し、主張の伝わり方の違いを考える。
・違う立場の人にも納得してもらえる。
・「でも」と思ったけど、さらにその答えがあって納得した。

4 意見文の構成を確かめ、双括型の効果を考える 〈10分〉

○これまで学習した文章の構成を想起させ、3つのまとまりを確認する。
T この意見文を、「初め・中・終わり」のまとまりで分けてみましょう。
・「初め」に「主張」、「中」に「根拠」、「予想される反論」、「反論に対する答え」、「終わり」に「まとめ」がある。
・「初め」と「終わり」は、どちらも意見が書かれている。
T 「初め」と「終わり」に同じ内容が書いてあると読む人に対してどんな効果があるでしょう。
・「初め」に主張を伝え、「中」の事実や具体例で納得させて、最後に最終的な自分の主張を伝えるから説得力が高まる。

本時案

文章に説得力をもたせるには　2/2

本時の目標

・毎日を安全に過ごすための方法について、筋道の通った文章になるように、文章全体の構成や展開を考えることができる。

本時の主な評価

❷毎日を安全に過ごすための方法について、筋道の通った文章になるように、文章全体の構成や展開を考えている。【思・判・表】

❸積極的に筋道の通った文章となるように文章全体の構成や展開を考え、学習の見通しをもって考えたことを伝え合おうとしている。【態度】

資料等の準備

・端末配信用構成シート

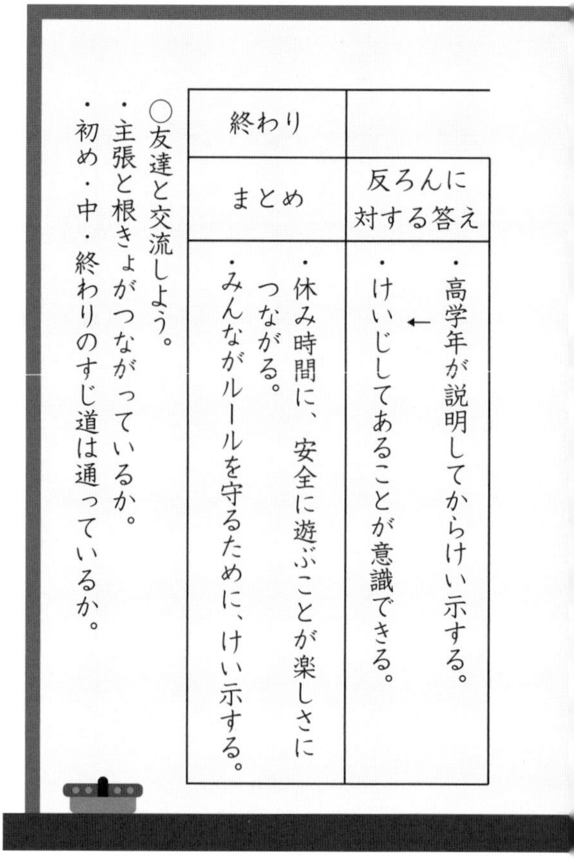

終わり
まとめ
反ろんに対する答え
・高学年が説明してからけい示する。
←
・けいじしてあることが意識できる。
・休み時間に、安全に遊ぶことが楽しさにつながる。
・みんながルールを守るために、けい示する。
○友達と交流しよう。
・主張と根きょがつながっているか。
・初め・中・終わりのすじ道は通っているか。

授業の流れ

1 前時を振り返り、本時の見通しをもつ　〈10分〉

○前時に学習した文章に説得力をもたせる方法を振り返り、本時のめあてを確かめる。

T　意見文に説得力をもたせるには、どのような構成で、何を書くとよいのでしたか。

・「主張」や「根拠」を示す。

・「予想される反論」と「反論に対する考え」を書く。

・「初め」と「終わり」で主張を述べる。

T　西村さんと同じように、毎日を安全に過ごすための方法について考え、実際に構成表を書いてみましょう。

○本時で重点を置く学習は構成の検討であるため、「毎日を安全に過ごすための方法」についての意見は、全体で共有し、意見をもつための参考にできるようにする。

2 構成やそれぞれのまとまりに書くことを決める　〈25分〉

○説得力のある構成を考えながら、構成シートに書き込む。

T　自分の主張を決め、構成シートに書き込みましょう。説得力をもたせるために、どこに主張を示すか、予想される反論とそれに対する考えをどのように示すかなどを考えながら進めましょう。

・「初め」と「終わり」に主張を書くと、説得力がもたせられるな。

・予想される反論はどのようにすればいいかな。友達に相談してみよう。

○必要に応じて、友達と相談しながら、説得力が高められるように、考えを明確にしていくようにしたい。

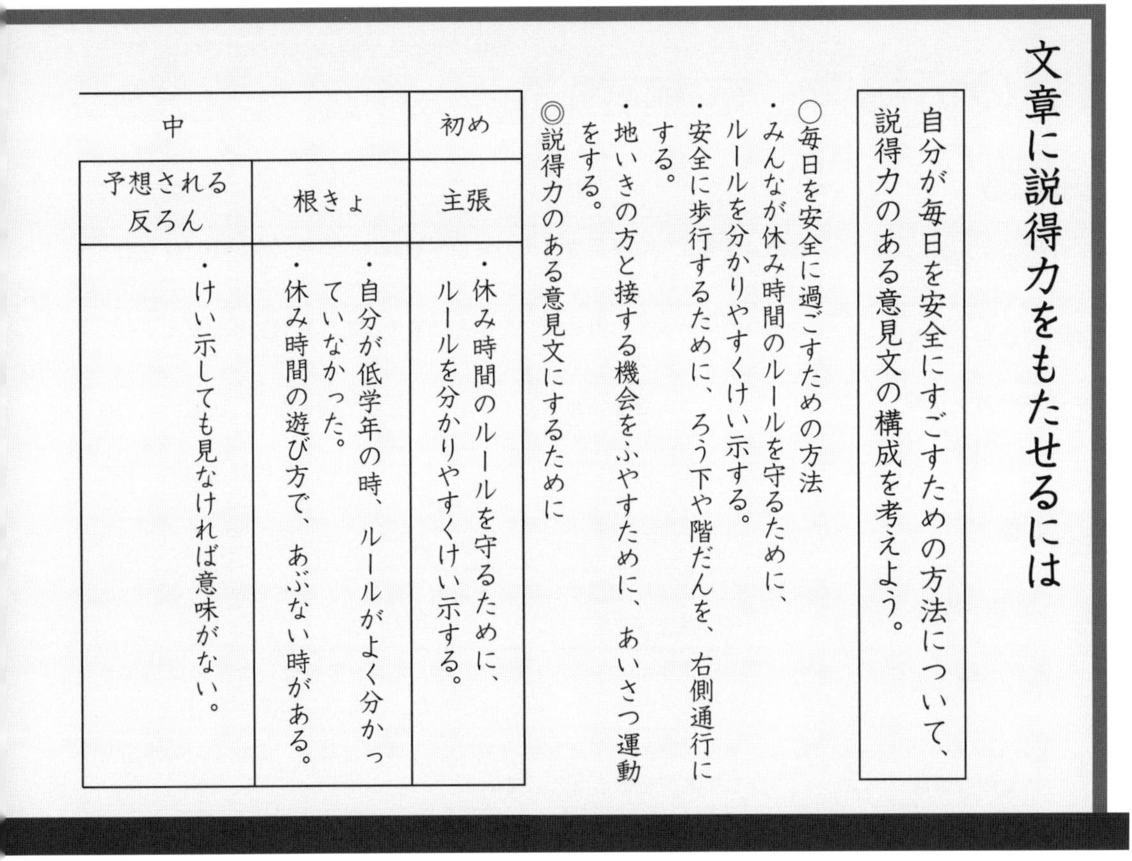
文章に説得力をもたせるには
自分が毎日を安全にすごすための方法について、説得力のある意見文の構成を考えよう。
○毎日を安全に過ごすための方法
・みんなが休み時間のルールを守るために、ルールを分かりやすくけい示する。
・安全に歩行するために、ろう下や階だんを、右側通行にする。
・地いきの方と接する機会をふやすために、あいさつ運動をする。
◎説得力のある意見文にするために
初め
主張
・休み時間のルールを守るために、ルールを分かりやすくけい示する。
中
根きょ
・自分が低学年の時、ルールがよく分かっていなかった。
・休み時間の遊び方で、あぶない時がある。
予想される反ろん
・けい示しても見なければ意味がない。

3 構成を友達と伝え合い、感想を交流する 〈10分〉

T 「毎日を安全に過ごすための方法」について、構成シートにまとめることができましたね。構成シートを見せながら、友達と伝え合い、感想を交流しましょう。説得力をもたせるためのポイントを確認しながら伝えられるといいですね。

・「初め」と「終わり」に主張を書いていて、分かりやすいね。
・根拠にしている経験が、自分にも似た経験があったから、とても分かりやすかったよ。
・予想される反論が「そうそう」と自分が思っていたことだったから、反論に対する答えで納得したよ。

ICT 等活用アイデア

手軽に試行錯誤する

書くことの学習において、何度も書いたり消したりを繰り返すことで苦手意識を高めてしまう子供がいる。そこで、本単元ではICTを活用し、考えを一貫して述べたり内容のまとまりを考えたりすることを厭わずにできるようにしたい。端末のソフトを使い、テキストボックスなどに文字を入力することで、順序などを手軽に変更することができる。その際、文字の入力はキーボード入力やフリック入力、音声入力など子供の実態に応じた方法でよいこととする。

漢字の広場②　1時間扱い

単元の目標

知識及び技能	・第４学年までに配当されている漢字を書き、文や文章の中で使うことができる。((1)エ)
思考力、判断力、表現力等	・文章全体の構成や書き表し方などに着目して、文や文章を整えることができる。(Bオ)
学びに向かう力、人間性等	・言葉がもつよさを認識するとともに、進んで読書をし、国語の大切さを自覚して、思いや考えを伝え合おうとする。

評価規準

知識・技能	❶第４学年までに配当されている漢字を書き、文や文章の中で使っている。(〔知識及び技能〕(1)エ)
思考・判断・表現	❷「書くこと」において、文章全体の構成や書き表し方などに着目して、文や文章を整えている。(〔思考力、判断力、表現力等〕Bオ)
主体的に学習に取り組む態度	❸進んで第４学年までに配当されている漢字を書き、これまでの学習を生かして文章を書こうとしている。

単元の流れ

時	主な学習活動	評価
1	これまでに学習した漢字を使って文章を書き、共有するという学習の見通しをもつ。 漢字を使って文章を書くために、学習支援ソフトで共有したデータを文書作成ソフトで開く。 次の①か②のどちらかを選んで文章を書く。 ①教科書（p.112）に提示されたイラストや言葉を基に、登山家の高山のぼるさんの、生誕から祝賀会までを１段落となるような文章を書く。 ②５年生で最初に扱った文学的な文章「銀色の裏地」の主人公が自らについて語る様子を文章に書く。 学習支援ソフトにでき上がった文章を提出する。 すでに提出された文章にアドバイスを記入する。	❶ ❷ ❸

授業づくりのポイント

〈単元で育てたい資質・能力〉

本単元のねらいは、これまでに学習した漢字を正しく書き、文章で適切に使う力を育むことである。そのために、教科書（p.112）に掲載の５年生で習った漢字およそ50字を使って文章を書く活動を行う。できれば、教科書に提示されている熟語から連想した言葉も用いながら、その単語を用いて文章全体の構成や書き表し方を意識して、文や文章を整える力も付けていくことを目指す。

〈教材・題材の特徴〉

作家として、登山家の半生を文章に書くことを想定した教材である。教科書では、すでに学習した漢字が単語としてイラストとともに提示されている。登山家の半生として、ストーリーをイメージしやすいように視覚情報が豊富にあることで、文章を書きやすい特徴がある。そのため、イラストを見ながら文章を書く活動に多くの子供が取り組むことができる。教科書には、高山のぼるさんの半生として、就業から祝賀会までで一段落を迎える様子が13の場面で描かれている。そのため、「〜して」「それから〜」などの言葉でつなぐように伝えることで、単語をつないで文章を書くことができる。

〈言語活動の工夫〉

教科書の単語をイラストの流れに沿ってつなげると、多くの子供が似た展開の文章を書くかもしれない。

そこで、文章全体の構成や書き表し方を子供が工夫する可能性を広げるためのアプローチが考えられる。子供の多様な工夫が反映された文章が書かれることで、仲間の文章を読み合う取り組みが充実する。そのために、使用する漢字を示し、文学的な文章の登場人物を参考に物語を作るような活動が考えられる。漢字を熟語にする過程で語彙を広げ、既習の物語を読み直し人物像を振り返ることにつなげることができる。語彙を使い慣れていく活動を工夫することで、子供が自ら使いたい語彙を選択することができる。

個別最適な学びのために、次の①②のうち子供がどちらかを選んで文章を書く活動が考えられる。

①教科書の単語をそのまま使用し登山家の半生を書く。

②漢字を熟語にして、既習の物語をもとに書く。

すでに学んだ漢字を用いて文章に書くことは同じでも、言語活動の幅を広げることができる。

〈ICT の効果的な活用〉

共有：文書作成ソフトで入力したファイル（p.112の４年生で習った漢字およそ50字）を、学習支援ソフトで共有する。

例えば、漢字から連想する熟語を作るよう伝える。「末」の字であれば、教科書にある「週末」だけでなく、「学年末」や「末吉」「末の子」などが考えられる。支援の必要な子供には、漢字を検索すれば、習った漢字がどの字と結びつくのか候補を見つけることができると伝える。

表現：次に、単語を並びかえながら物語を作るような活動が考えられる。言葉だけでストーリーを構成することが難しいのであれば、５年生で最初に扱った文学的な文章「銀色の裏地」の主人公が自らについて語る文章を作るよう場面を設定できるとよい。文学的な文章で描かれた記述を振り返ったり、文章全体の構成や書き表し方を工夫したりする機会が自然に設けられる。

最後に、学習支援ソフトに出来上がった文章を提出する。提出後には、すでに提出された他の子供の文章を読み、「どのように考えたのか」「言葉をこのように使うとよりよい文章になる」というようにアドバイスし合う展開が考えられる。文章を作成する、読み合う、表現の工夫を伝え合う、という流れになる。

どの子供もまず自らの文章作成に集中する段階から、個々のペースで学級全体での共有に移行できる。多くの学習支援ソフトは、自らの文章を提出後に初めて仲間の文章を読むことができるように設定されているため、個々のペースに合わせた学習展開が可能になる。

本時案

漢字の広場②

1/1

本時の目標

・第４学年までに配当されている漢字を書き、文や文章の中で使うことができる。

本時の主な評価

❶第４学年までに配当されている漢字を書き、文や文章の中で使っている。【知・技】
❷文章全体の構成や書き表し方などに着目して、文や文章を整えている。【思・判・表】
❸進んで第４学年までに配当されている漢字を書き、これまでの学習を生かして文章を書こうとしている。【態度】

資料等の準備

・教科書 p.112（拡大して、黒板（スクリーン）に投影できるよう、画像を撮影（または、デジタル教科書））

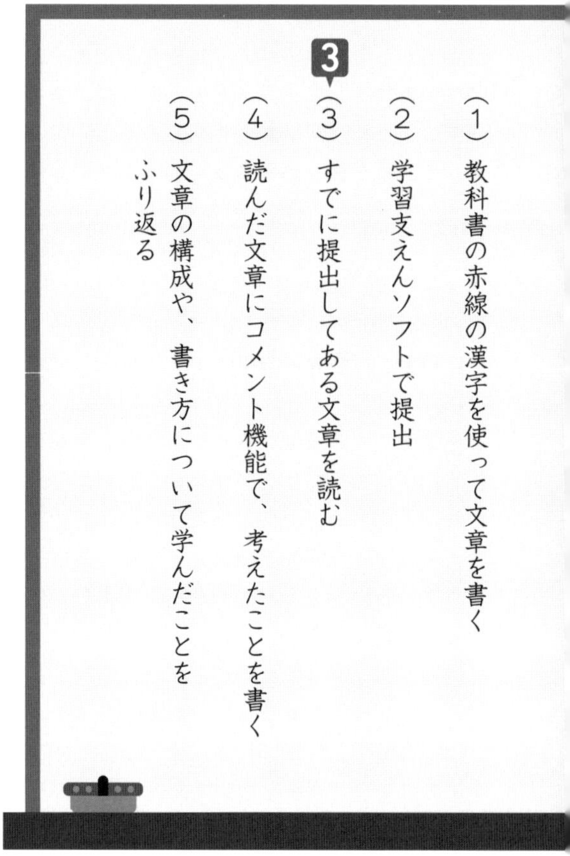
（1）教科書の赤線の漢字を使って文章を書く
（2）学習支えんソフトで提出
3
（3）すでに提出してある文章を読む
（4）読んだ文章にコメント機能で、考えたことを書く
（5）文章の構成や、書き方について学んだことをふり返る

授業の流れ ▷▷▷

1 これまでに習った漢字を確認し、学習を見通す 〈10分〉

T　教科書 p.112で、赤線の引かれている漢字を学習しました。すでに「氏」は「氏名」のように「名」が加えられてどのような意味か分かりやすいです。他に「氏」を使った言葉はありますか。
・「氏」は、○○氏で名字が入り別の言葉になります。
T　教科書の言葉をそのまま使っても、別の言葉にしても文章が作れそうですね。

ICT 端末の活用ポイント

最初に、クラス全体で学習の流れを確認した後の展開を工夫したい。子供が個別に文章を作成し、グループ等で共有しコメントすることができる。その後、個人の振り返りまで、学びのペースを自由に進めることができる。

2 習った漢字を使って、作家のように文章を書く 〈20分〉

T　教科書 p.112は、高山のぼるさん（登山家）の半生がイラストと一緒に見やすく書かれていますね。これから、言葉を付け加えて文章にして、物語を完成させましょう。
・赤線の漢字を別の文字と組み合わせ、別の言葉にして物語を作ってもいいですか。
T　いいですよ。せっかくの機会です。以前読んだ「銀色の裏地」の主人公が語る続きの文章に挑戦したい人は、変更して書いてみてください。どちらかを選んでください。

ICT 端末の活用ポイント

文章作成アプリで入力することで、漢字変換時の候補として、いくつかの同音異義語にも触れることができる。

漢字の広場

文章の構成や書き方を意識して文章を書こう。

1

教科書p.112 拡大（教師用端末で投影）

卒

氏

郡

教科書で赤線の漢字に印をつけて、確認する。

黒板（スクリーン）に画像を直接投影し、チョーク（マーカー）で、既習の漢字に印をつけることができる

2

①登山家の半生

高山のぼるさんという登山家は、……

②銀色の裏《うら》地

この話の続きは、……

①②のどちらかを選ぶ　文章作成アプリ使用

3 書いた文章を読み合う　〈15分〉

T　では、これからみなさんが書いた文章をお互いに読み合い、文章の構成や、書き方について考えたことを伝えましょう。

・どのようにコメントすればよいですか。

T　「同音異義語など、漢字は適切に使われているのか」さらに「文章として興味をもった箇所とその理由」を短い言葉で伝えられるとよいですね。

・分かりました。書いた人に、「あなたの文章のよいところはこんなところだ」と伝わるようにコメントします。

T　とてもよいですね。他にも、文章を読んだ感想とどのようなことを考えたのか「読み手としての意見」も分かりやすく伝えられるようにしましょう。

ICT 等活用アイデア

文書作成アプリの「コメント機能」と「変更履歴機能」

文章作成の過程でどのように漢字を使い慣れていくのかを学ぶために、文章作成アプリのコメント機能を使用して、お互いの文章に考えたことを書き込み、伝えることが効果的である。

さらに、多くの文書作成アプリには、「変更履歴機能」がある。この機能を有効にすることで、各児がどのように文章を変更するプロセスを積み重ねてきたのか、指導に生かせる情報が記録されている。各児がどのように試行錯誤を積み重ねて文章を作成していたのか理解する材料として活用したい。

物語の全体像をとらえ、考えたことを伝え合おう

たずねびと　6時間扱い

単元の目標

知識及び技能	・比喩や反復などの表現の工夫に気付くことができる。((1)ク)
思考力、判断力、表現力等	・人物像や物語などの全体像を具体的に想像したり、表現の効果を考えたりすることができる。(C エ)
学びに向かう力、人間性等	・言葉がもつよさを認識するとともに、進んで読書をし、国語の大切さを自覚して思いや考えを伝え合おうとする。

評価規準

知識・技能	❶比喩や反復などの表現の工夫に気付いている。(〔知識及び技能〕(1)ク)
思考・判断・表現	❷「読むこと」において、人物像や物語などの全体像を具体的に想像したり、表現の効果を考えたりしている。(〔思考力、判断力、表現力等〕C エ)
主体的に学習に取り組む態度	❸粘り強く物語の全体像を具体的に想像し、学習の見通しをもって考えたことを伝え合おうとしている。

単元の流れ

次	時	主な学習活動	評価
一	1	学習の見通しをもつ 教師の範読を聞き、初読の感想を書いて交流する。	
	2	「問いをもとう」「目標」を基に学習課題を設定し、学習計画を立てる。 何が、どのようにえがかれているかに着目して物語の全体像を捉え、読んで考えたことを伝え合おう。 物語の設定を捉える。	
二	3	「きれいな川」や「ただの名前」は、「綾」にとってどんなものに変わったかを考える。	❶
	4	「綾」が訪ねた場所や出会った人は、それぞれ、「綾」に何を伝える役割をしていたかについて、自分の考えをもつ。	❷
	5	原爆や戦争に対する「綾」の見方がどう変わったかを考える。	
三	6	自分の思いや考えにどのような変化があったかについて、ノートにまとめる。 まとめたことを友達と伝え合う。 学習を振り返る。 ・初発の感想と比べて、自分の読みの深まりを自覚する。	❸

授業づくりのポイント

〈単元で育てたい資質・能力〉

本単元のねらいは、人物像や物語などの全体像を具体的に想像したり、表現の効果を考えたりすることができる力を育むことである。そのためには、場面の移り変わりとともに、心情がどのように表現されているかを確かめ、中心人物である「綾」の心情の変化を捉える力が必要になる。また、広島で出会ったものそれぞれが綾に与えた影響や、表現から解釈できることを中心に読み、作品全体を通した考えをもてるように指導していきたい。

〈教材・題材の特徴〉

「たずねびと」は、11歳の「楠木綾」が、もう一人の「アヤ」を広島まで探しに行く中で、原爆や戦争の悲惨さや、現在の平和の大切さについて実感していく物語である。主人公の年齢が11歳という設定は、学習する子供と同じ年代である。また、作品全体を通して綾の視点で書かれている一人称の作品であることから、子供は共感的に物語を読み進めていくことができるだろう。

綾の心情の変化は、広島で出会う様々なものや人によって影響を受けている。それぞれの出来事が綾の考え方にどのような影響を与え、彼女の原爆や戦争に対する見方をどう変えたのか、一つ一つの出来事の意味について考えさせたい。

また、表現の工夫として情景描写が使われることが挙げられる。川の情景描写を読むことで、戦争や原爆の影響を知る前と、知った後の綾の心情の変化が読み取れるだろう。青と赤の色が対照的に描かれていることで、色彩語の効果にも着目させたい。

〈言語活動の工夫〉

物語の学習では、単元の導入で初読の感想を書かせることが一般的である。しかし、ただ漠然と感想を書かせるだけでは、観点が明確でなく、単元後の自分の読みの深まりが実感できない場合がある。単元の導入と終末で、同じ観点で感想を書かせることで、自分の読みの深まりをより実感できるだろう。

[具体例]

○①綾の変化について、②戦争や原爆について考えたこと、の２点を感想の観点として提示する。単元の導入と、単元の終末で同じ観点で考えを書かせて比較する。そうすることで自分の読みの深まりを実感することができる。

〈ICT の効果的な活用〉

調査：作品の中で、「平和記念資料館」や、「追悼平和祈念館」など、広島にある実在の施設が出てくる。施設の概要をウェブブラウザで調べることで、綾の出会ったものの理解につながるだろう。また、マップを基に綾の旅の行程を調べることで、広島の中心地に施設が固まって存在していることにも気付くことができる。

共有：各時間で考えを交流する際に、考えを記したノートを写真に撮って学習支援ソフトにアップロードすることで、グループだけでなく学級全体で互いの解釈を読み合ったり、交流したりできるだろう。また、互いの意見に対してコメントし合うことで活発な交流が期待できる。

本時案

たずねびと

1/6

本時の目標

・題名から物語の内容や展開を予想することができる。
・物語を読み、観点に沿って初読の感想を感想を書くことができる。

本時の主な評価

・題名から物語の内容や展開を予想している。
・作品を読み、観点に沿って初読の感想を書くことができる。

資料等の準備

・ワークシート 24–01

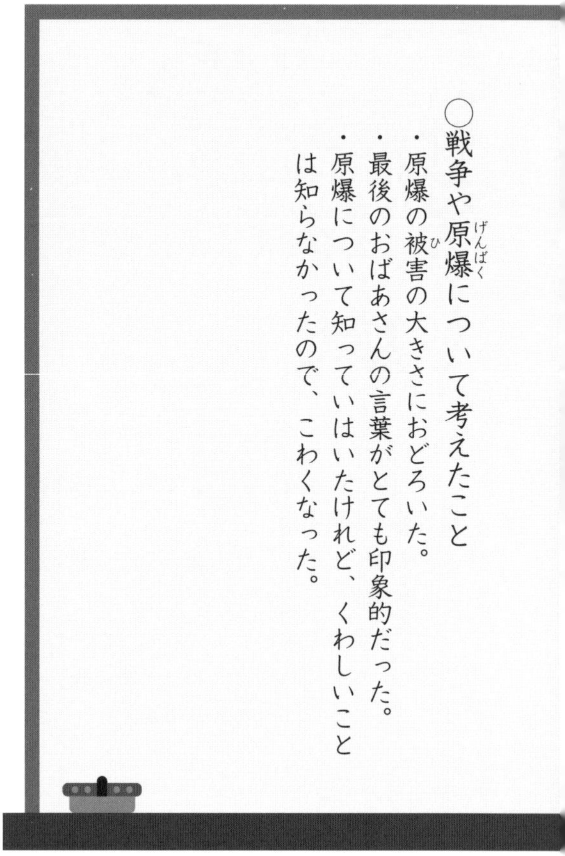
○戦争や原爆《げんばく》について考えたこと
・原爆の被《ひ》害の大きさにおどろいた。
・最後のおばあさんの言葉がとても印象的だった。
・原爆について知っていはいたけれど、くわしいこと
は知らなかったので、こわくなった。

授業の流れ ▷▷▷

1 題名から作品の印象を予想する 〈10分〉

T　今日から「たずねびと」という物語を学習していきます。この物語はどんなお話なのか、予想してみましょう。
・誰かが誰かを探したり、見つけたりするお話かな。
・たずねる人が誰かいるのかも。
・何かを探していく人が「たずねびと」なのかもしれない。
○題名から話の概要を予想させることで、これからの学習に期待感をもたせたい。

2 範読を聞き、気になった箇所にサイドラインを引く 〈15分〉

T　先生が物語を読みます。みなさんはお話を聞きながら、自分が気になったり、不思議に思ったりしたところに線を引きましょう。
○叙述にサイドラインを引かせることで、物語の言葉に着目させ、その部分を感想や課題作りに生かすことができるようにする。
○指導者が直接読み聞かせることが望ましい。適宜言葉の解説等も入れると、語彙の拡充にもつながる。
T　気になったところはどんなところでしたか？　教えてください。
・色に関する言葉が使われているところが印象的でした。
・「ただの名前」という言葉が気になりました。

たずねびと

朽木 祥

1 ○どんなお話しかな？

・誰かをさがす物語
・たずねる人がいる。
・何かをさがすうちに自分もたずねびとになる。

物語を読んで、初発の感想をまとめよう。

2 先生のはん読
→気になったところに線を引く

3 ○綾《あや》の変化について

・主人公である「綾」の心情の変化が大きい作品だと思った。
・川のびょう写が物語前半と後半ではちがっていた。綾の心情と結びついているのかもしれないと思った。
・「ただの名前」という言葉が気になった。
・語り手が「綾」だから、変化が分かりやすかった。

3 初読の感想をもつ 〈10分〉

T　お話を読んで思ったことや、考えたことをまとめましょう。線を引いたところを中心にまとめられるといいですね。お話を聞いて疑問がある人は、そこについても自分の疑問をまとめましょう。

○感想がまとめられない子供については、気になった叙述を基に、なぜ気になったのかを問うことで感想を意識させる。

ICT 端末の活用ポイント

ノートに書いた感想を学習支援ソフトなどで取り込んだり、文書作成ソフトで書いたりすることで全体で共有しやすくなる。

4 感想を全体で交流する

T　感想を全体で交流しましょう。

・原爆の被害の大きさがすごいと思った。戦争の悲惨さについて分かった。
・最後のおばあさんの言葉が印象的だった。
・中心人物である「綾」の心情の変化が大きい作品だと思った。
・語り手が「綾」になっているから、心の中の描写が多い印象だった。

T　興味深い感想がたくさんありましたね。次回はこのお話をより深く読んでいきましょう。

○作品の内容から、原爆の被害や、戦争の内容のみについて意識が向くことが予想される。基礎的な知識は重要であるが、あくまで物語の学習であることを意識させたい。

本時案

たずねびと

2/6

本時の目標

・単元の目標を確認し、初発の感想から学習計画を立てることができる。
・物語の設定について理解することができる。

本時の主な評価

・単元の目標を捉え、積極的に学習計画を立てようとしている。
・物語の設定について理解している。

資料等の準備

・原爆ドーム（画像）
・平和記念公園（画像）
・追悼平和祈念館（画像）
・平和記念資料館（画像）
・原爆供養塔（画像）

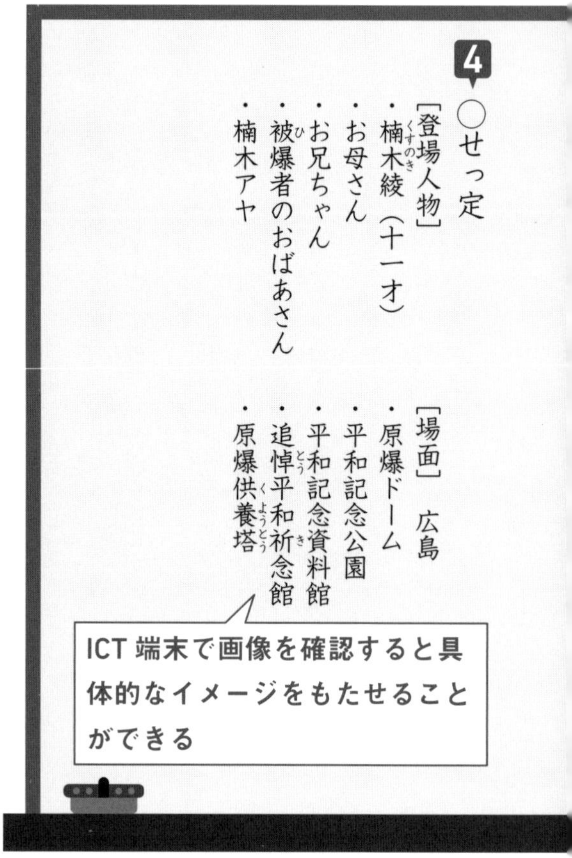
4
○せっ定
［登場人物］
・楠木《くすのき》綾（十一才）
・お母さん
・お兄ちゃん
・被《ひ》爆者のおばあさん
・楠木アヤ
［場面］　広島
・原爆ドーム
・平和記念公園
・平和記念資料館
・追悼《とう》平和祈《き》念館
・原爆供養塔《くようとう》
ICT 端末で画像を確認すると具体的なイメージをもたせることができる

授業の流れ ▷▷▷

1 初発の感想から全体像を捉える〈10分〉

T　（いくつかの初発の感想を紹介する。）前回「たずねびと」を読んでいろいろな感想をもっていることが分かりましたね。暗い話でしたか。それとも明るい話でしたか。
・戦争の話だから暗かった。
・綾が成長したから明るい話かもしれない。
・どちらともいえない。
T　みなさんが作品に対して思った印象を作品の全体像といいます。今回は物語の全体像をみんなで考えていきます。
○全体像という言葉の意味を確認したうえで単元の目標につなげていく。

2 印象的だった言葉を例にして、単元の学習課題を確認する〈10分〉

T　全体像を決めていくのは一つ一つの言葉です。この作品の中で印象的だった言葉はどんな言葉ですか。
・「ただの名前」という部分が気になりました。
・「川」の書き方が前半と後半で違います。
T　今、出てきたところには、意味がたくさんありそうですね。今回は作品の描かれ方にも注目して物語を読んで、最後にまた感想をまとめてみましょう。
○具体的な言葉を取り出すことで、その描かれ方がわざわざ選ばれた理由について、意識を向けるようにしたい。
○教科書の「問いをもとう」の部分に触れながら考えるとよい。

たずねびと　朽木　祥

学習計画を立て、せっ定を確にんしよう。

1
物語全体の印象 → 全体像
作品の印象を決めるのは言葉一つ一つ（表現）

問いをもとう ← この物語を読んで、「戦争」や「原爆《げんばく》」について感じた思いとその理由を考える。

2
○単元の目標 ← ◎何がどのようにえがかれているのかに着目して、物語の全体像をとらえ、読んで感じたことを伝え合おう。

3
○学習計画
①初発の感想を書く。
②学習計画・せっ定の確にん
③「ただの名前」や「きれいな川」は、「綾《あや》」にとってどのようなものに変わったか。
④「綾が」が出会った物や人は、「綾」にどんなことを伝える役わりをしていたか。
⑤「戦争」や「原爆」に対する「綾」の見方はどのように変わったのか。
⑥読んで感じたことを交流する。

3　学習計画を立てる　〈10分〉

T　みんなが考えてみたい表現や、注目したいことはありますか。
・「ただの名前」や「きれいな川」には、中心人物である綾の心情が関わっていると思うので、考えるといいと思います。
・どんなところから綾の心情が変わったのか考えるとよいと思います。
・「戦争」や「原爆」がテーマになっているので、綾が戦争や平和についてどんなことを考えたか考えるとよいと思います。
○学習計画を立てる際には、子供から出てきた言葉を中心にしてまとめていくとよい。

4　設定を確認する　〈15分〉

T　設定をまとめましょう。設定は誰が読んでも変わらないところです。登場人物は誰が出てきますか。
・楠木綾
・楠木アヤ
・おばあちゃん
T　この物語には実在する施設もたくさん出てきます。綾が訪ねたところはどこでしょう。
・平和記念資料館

ICT端末の活用ポイント

施設の写真や映像を提示することで、作品のイメージがもちやすくなる。各施設の配置についてマップで調べさせることも考えられる。

本時案

たずねびと

3/6

本時の目標

・描写を基に、登場人物の心情の変化を捉えることができる。
・比喩や反復などの表現の工夫に気付くことができる。

本時の主な評価

・描写を基に、登場人物の心情の変化の変化を捉えている。
❶比喩や反復などの表現の工夫に気付いている。【知・技】

資料等の準備

・交流のポイント（掲示用にしておくと本時以降も確認できる。）

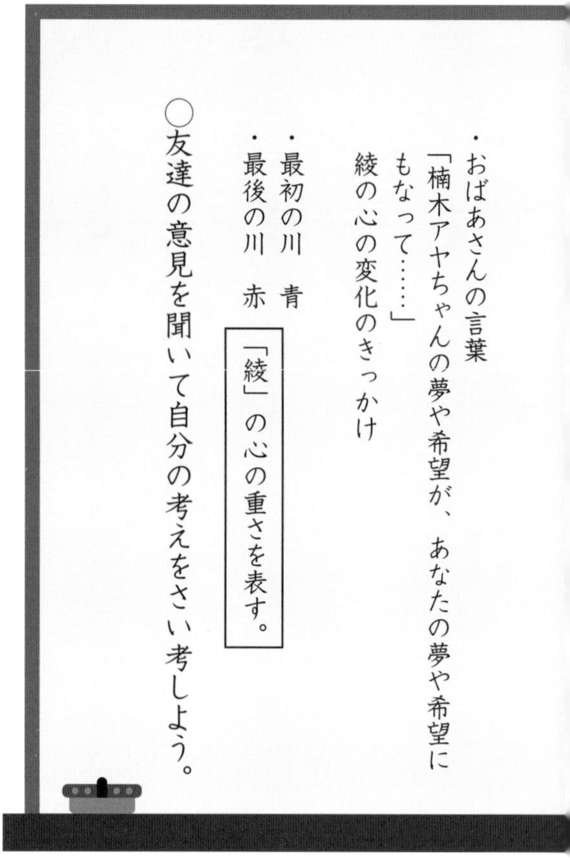

・おばあさんの言葉
「楠木アヤちゃんの夢や希望が、あなたの夢や希望にもなって……」
綾の心の変化のきっかけ
・最初の川　青
・最後の川　赤
「綾」の心の重さを表す。
○友達の意見を聞いて自分の考えをさい考しよう。

授業の流れ ▷▷▷

1 課題を捉える 〈10分〉

T　学習計画を確認しましょう。今日はどんなことを学習しますか。
・「ただの名前」や「きれいな川」が、「綾」にとってどんなものに変わったのかを考えます。
T　「ただの名前」や「きれいな川」がどの部分に書かれているか、確認しましょう。最初はどのような書かれ方をしていますか。
・ポスターを見た時はただの名前で、「ただの名前でしかなかったように。」と書かれています。
・「ゆったり流れる川にも空の色がうつっていた。」という表現から、「夕日を受けて赤く光る水。」という表現に変わっています。

2 課題について一人読みをする 〈10分〉

T　物語の前半と後半で、名前も川も表現の仕方が変わっています。綾の中で何がどう変わったか、文章の言葉を手掛かりにして考えてみましょう。
○川に関する色の描写の変化に注目させたり、反復されて使われている心情を表す言葉に注目させたりするとよい。
【着目させたい言葉】
・頭がくらくらしてきた
・うちのめされるような気持ち
・気が遠くなりそう

たずねびと　朽木 祥

1 「きれいな川」や「ただの名前」は、「綾」にとってどんなものに変わったのだろうか。

2 ポスターを見た
（原爆供養塔納骨名簿）
←
「ただの名前」ではなくなった。

秋の空は高く青くすんで、ゆったり流れる川にも空の色がうつっていた。
←
静かに流れる川。夕日を受けて赤く光る水。

3 ○グループで自分の考えを共有しよう。

注目するポイント
・自分の考えと同じところ・ちがうところ
・選んだ言葉の違い

交流のポイントを明示しておく

4 ○綾の中で何がどう変わったのか。
・戦争に対する気持ちや理解の変化
「頭がくらくらしてきた」
「うちのめされるような気持ち」
「気が遠くなりそう」

くり返しの言葉
↓戦争のこわさを実感することを強調している。

・「ただの名前」↓ 人の生きたあかし
文字でしかないものが実際にいた人として実感できた。

3 グループや全体で交流し、自分の意見を再考する　〈25分〉

T　考えたことをグループで交流しましょう。友達とどんなところが同じだったか、それとも違ったのかを確認しましょう。

○交流する際には、解釈の違いだけでなく、選んだ叙述の違いにも触れさせたい。適宜グループを回りながら、アドバイスしていくとよい。

T　課題に対する自分の考えを全体で発表し合いましょう。

・僕は「名前」が人の生きた証しだと思いました。ただの文字でしかなかったものが、おばあさんとの出会いなどをきっかけにして綾にとって実感できるものに変わったのだと思います。

○グループや全体での意見を基に再考させる。

ICT 等活用アイデア

多様な意見に触れさせるための共有アイデア

読みの学習では、友達との交流を通して、自分の考えを広げたり、確かめたりすることが重要である。学習支援ソフト等で記載したノートの写真を集約し交互に参照できるようにすることで、自席にいながらそれぞれの考えを共有したり、比較したりすることが可能になる。また、互いの意見にコメントしていくことで、自分の意見に対する反応も知ることができる。ICT と対面を相互に使うことで、より多くの意見に触れさせ、子供それぞれの考えをよりよいものへと発展させたい。

本時案

たずねびと 4/6

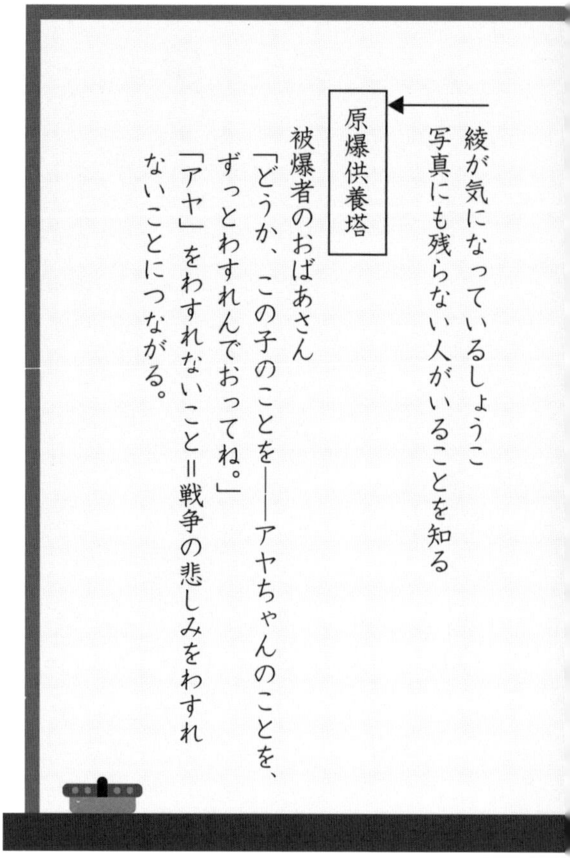
綾が気になっているしょうこ
写真にも残らない人がいることを知る
原爆供養塔
被爆者のおばあさん
「どうか、この子のことを――アヤちゃんのことを、
ずっとわすれんでおってね。」
「アヤ」をわすれないこと＝戦争の悲しみをわすれ
ないことにつながる。

本時の目標

・綾の出会ったものが、綾の心情にどのような影響を与えるかを考えることができる。

本時の主な評価

❷人物像や物語などの全体像を具体的に想像したり、表現の効果を考えたりしている。【思・判・表】

資料等の準備

・ワークシート 24-02
・平和記念公園（画像）
・平和記念資料館（画像）
・追悼平和祈念館（画像）
・原爆供養塔（画像）

授業の流れ ▷▷▷

1 課題を捉える 〈10分〉

T　学習計画を確認しましょう。今日はどんなことを学習しますか。
・「綾」が出会ったものや人は「綾」にどんなことを伝える役割をしていたのか考えます。
T　課題を考える前に、綾が広島で出会ったものについて確認しましょう。
・平和記念公園で原爆ドームを見ました。
・追悼平和祈念館で、子供たちの写真を見ました。
・原爆供養塔でおばあさんに出会いました。

ICT 端末の活用ポイント

施設の写真や映像を提示することで、綾が出会ってきたものの順番を確認したり、イメージをもたせやすくしたりする。

2 課題について一人読みをする 〈10分〉

T　綾が広島で出会ったものが確認できましたね。それぞれのものが、「綾」にとってどんな役割をしていたのか、考えてみましょう。
○学級の実態によっては、平和記念公園を例として、与えた影響を全体で確認することも考えられる。具体的な叙述と解釈のつながりを確認したい。
○ まずは、「最も影響を与えたもの」から考えると取り組みやすい。解釈が異なることで、次のグループでの交流の際に、考えを比較しやすくなる。また、心情を表す言葉が繰り返し使われていることから、場面の変化と結び付けて捉えさせたい。

たずねびと

朽木　祥

1 「綾」が出会ったものや人は、「綾」にどんなことを伝える役わりをしていたのだろうか。

2 **3** **4**

平和記念公園

原爆ドーム
戦争への見方の変化のきっかけ
広島に来て最初に見たもの
↓印象が強い

平和記念資料館

炭化した弁当箱
くにゃりととけてしまったガラスびん
「十四万人」具体的な数　頭がくらくらしてきた。
被害の大きさを実感　うちのめされたような気持ち
「現実感」につながる

追悼平和祈念館

モニターの中の子供たち
気が遠くなりそう
「どうしても目がはなせなかった。」

綾が出会ったものや人を時系列順に整理する

3 グループ・全体で交流し、自分の意見を再考する　〈25分〉

T　考えたことをグループで交流しましょう。友達とどんなところが同じだったか、それとも違ったのかを確認しましょう。

◯友達の意見の中で影響を受けたところをノートにメモさせるとよい。

T　グループで話し合ったことを基に、課題に対する自分の考えを教えてください。

・私は原爆供養塔で出会ったおばあさんの言葉が綾の戦争に対する考え方を変えたと思いました。「アヤ」を忘れないことは、戦争の悲しみを忘れないこととつながると思いました。

◯グループや全体での意見を基に再考させる。

よりよい授業へのステップアップ

文学の交流で大切にしたいこと

子供たちの解釈には、叙述から分かることだけでなく、それぞれがもっている生活経験が基になることがある。本時の場合は、「綾」が出会った様々なものの役割について検討するのが目的となるが、個々の出来事の意味付けにこそ、それぞれの読みが表れる。「○○についてなぜそう思うのか」など、それぞれの意味付けを丁寧に問うことを大切にしたい。グループでの交流でも、叙述を根拠に理由をたずね合う話し合いが展開されるよう、視点を明確にして話し合わせることが必要である。

本時案

たずねびと

5/6

本時の目標

・「綾」の人物像や、物語の全体像を具体的に想像したり、表現の効果を考えたりすることができる。

本時の主な評価

❷人物像や物語などの全体像を具体的に想像したり、表現の効果を考えたりしている。【思・判・表】

資料等の準備

・特になし

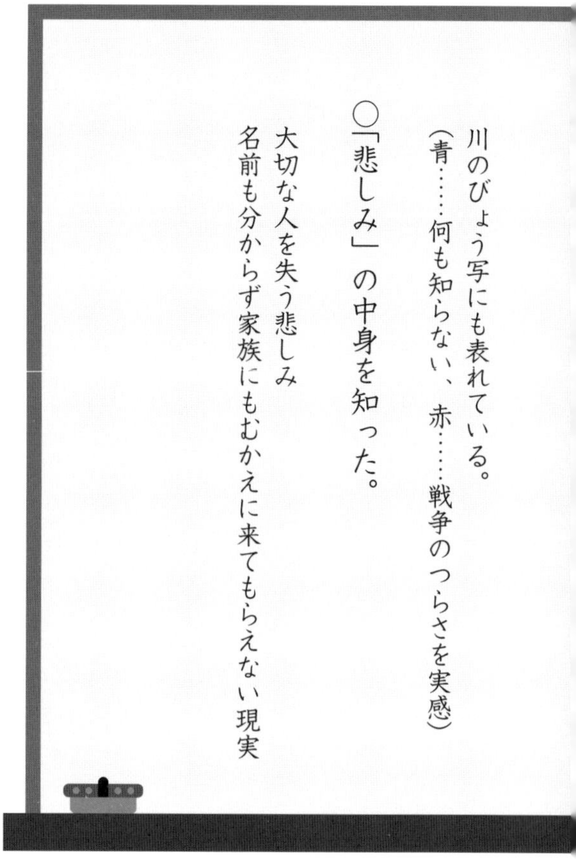
川のびょう写にも表れている。
（青……何も知らない、赤……戦争のつらさを実感）
○「悲しみ」の中身を知った。
大切な人を失う悲しみ
名前も分からず家族にもむかえに来てもらえない現実

授業の流れ ▷▷▷

1 課題を捉える 〈10分〉

T　学習計画を確認しましょう。今日はどんなことを学習しますか。

・「原爆」や「戦争」に対する「綾」の見方がどう変わったのか考えます。

T　前回、綾が広島で出会ったものが綾にどんなことを伝えたのかを考えました。それを生かして、綾は「原爆」や「戦争」に対してどんな見方をもったのか、どう変化したのか、考えていきましょう。

◯第２時で立てた学習計画を基に確認させる。

2 課題について一人読みをする 〈10分〉

T　見方が変わるとはどのようなことでしょうか。

・考え方が変わる。

・前まで思っていたことが、何かをきっかけにして違うものになる。

T　出会ったものの中でも、特にどの部分が影響を与えたのか、考えられるといいですね。

◯課題を確実につかませるためには、一人読みの段階の前に課題を焦点化しておく必要がある。綾が出会ったものや人から受けた影響が、「戦争」や「原爆」に対する見方にどのように影響を与えるかという部分を焦点化し、課題に正対させたい。

たずねびと

朽木 祥

1 「原爆」や「戦争」に対する「綾」の見方はどのように変わったのだろう。

2 ○綾が広島で出会った人やものから伝わるもの

← 「原爆」や「戦争」への見方が変わる。

← 見方はどんなものに変化したのか。

課題に正対するための条件を確認する

3 ○戦争を二度と起こしてはいけないという気持ちを強くした。

・綾の言葉「世界中のだれも二度と同じようなめにあわないですむのかもしれない」

・十四万人という現実を知ったこと

・名前でさえない人のそん在があったこと

・おばあさんの「わすれんでおってね。」という言葉

4 ○「原爆」や「戦争」に対する現実感

最初は軽い気持ち（他人事）

← 実際にあったこととしてとらえられるようになった。

← （アヤとの出会いやさがす道の中で）

3 グループで交流する 〈10分〉

T 考えたことをグループで交流しましょう。友達とどんなところが同じだったか、それとも違ったのかを確認しましょう。また、友達の意見の中で、よいなと思ったところについては、ノートにメモしましょう。

○どの叙述からそう思ったのか、考えの根拠を明確にしながら話し合わせると、互いの考えの違いが明確になる。

・私は「悲しみ」の中身を知ったのだと思います。綾は広島に行く前は、戦争で大切な人を失うということを実感していなかったけれど、写真やおばあちゃんの言葉から実感できるようになったのだと思います。

4 クラス全体で交流し、自分の意見を再考する 〈15分〉

T グループで話し合ったことを基に、課題に対する自分の考えを教えてください。

・私は戦争を二度と起こしてはいけないという気持ちが強くなったのだと思います。「世界中のだれも二度と同じようなめにあわないですむのかもしれない」というところから考えました。

・広島に行く前と行った後では、戦争や原爆について、より現実感をもって捉えたのだと思います。「14万人」という具体的な数や、写真を見たことによって、被害の大きさを実感したのだと思います。

T グループや全体で出た意見を基に、課題について再考してみましょう。

本時案

たずねびと

6/6

本時の目標

・これまで読んできたことを生かして、作品の感想を観点に沿ってまとめることができる。
・言葉がもつよさを認識するとともに、進んで思いや考えを伝え合おうとする態度を養う。

本時の主な評価

・これまで読んできたことを生かして、作品の感想を観点に沿ってまとめている。
❸粘り強く物語の全体像を具体的に想像し、学習の見通しをもって考えたことを伝え合おうとしている。【態度】

資料等の準備

・ワークシート ⤓ 24-01

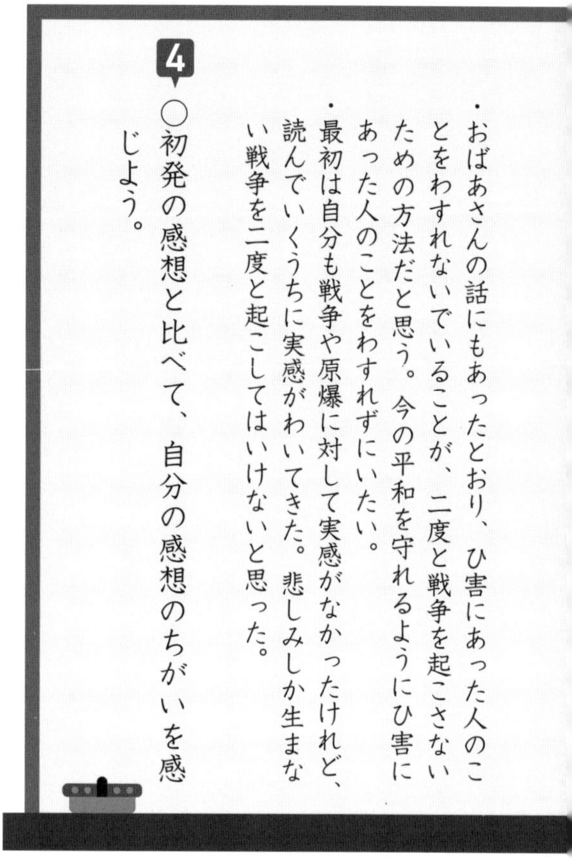

・おばあさんの話にもあったとおり、ひ害にあった人のことをわすれないでいることが、二度と戦争を起こさないための方法だと思う。今の平和を守れるようにひ害にあった人のことをわすれずにいたい。
・最初は自分も戦争や原爆に対して実感がなかったけれど、読んでいくうちに実感がわいてきた。悲しみしか生まない戦争を二度と起こしてはいけないと思った。
4
○初発の感想と比べて、自分の感想のちがいを感じよう。

授業の流れ ▷▷▷

1 課題を捉える 〈5分〉

T 学習計画を確認しましょう。今日はどんなことを学習しますか。
・最初に書いた感想を比べると違いが分かると思います。
・最後の感想をまとめて友達と交流します。
T 前回まで物語を詳しく読んできました。単元の中で読み深めたことを生かして、最後の感想をまとめましょう。
○第2時で立てた学習計画を基に、確認させる。

2 物語の感想をまとめる 〈20分〉

T 単元のめあては、「何がどのように描かれているのかに着目して、物語の全体像を捉え、読んで感じたことを伝え合おう」でした。初発の感想では、①綾の変化について、②戦争や原爆について考えたこと、を基に感想をまとめましたね。最後の感想もその2つの観点に沿ってまとめましょう。
○初発の感想と同じ観点で感想を書かせることで自分の感想の深まりを実感できるようにしたい。

たずねびと　朽木　祥

1 読んできたことをいかして物語の感想をまとめ、交流しよう。

2 何がどのようにえがかれているのかに着目して、物語の全体像をとらえ、読んで感じたことを伝え合おう

3 ○学習後の感想

綾の変化について

・綾の変化は、戦争について現実感をもつという変化だと思った。死んでしまった人の数を具体的にイメージしたり、ひ害にあったものを見たりしたことで、戦争や原爆について本当にあったこととして理解したのだと思う。

・綾の変化は、「川」や「名前」のびょう写にも表れている。綾にとってポスターの名前が「ただの名前」でなくなったのは、戦争について実感をもって理解したからだと思う。

戦争や原爆について考えたこと

3 全体で発表し合う 〈10分〉

T　まとめた感想を全体で共有しましょう。

・綾の変化は、戦争について現実感をもつという変化だと思った。死んでしまった人の数を具体的にイメージしたり、被害にあったものを見たりしたことで、戦争や原爆について本当にあったこととして理解したのだと思う。

・最初は自分も戦争や原爆に対して実感がなかったけれど、読んでいくうちに実感がわいてきた。悲しみしか生まない戦争を二度と起こしてはいけないと思った。

4 学習を振り返る 〈10分〉

T　学習の最後に、最初に書いた自分の感想と最後に書いた感想を読み比べてみましょう。

・私も「綾」と同じように「戦争」や「原爆」に対する見方が変わりました。

・最初に読んだときには気が付かなかった表現の意味が分かるようになりました。

・初めに作品を読んだときは、ただ「暗い話だな」くらいにしか思っていなかったけれど、悲しさの意味が分かって作品をよく理解することができました。

T　作品を深く読むことができましたね。表現を深く読むことで新しいことが見えてきます。次の物語の学習でも生かしていきましょう。

資　料

1 第１・６時資料　ワークシート 24-01

たずねびと　第一時・第六時　ワークシート

五年　組　名前（　　　　　　）

【初めの感想】

①綾の変化について

②戦争や原爆について考えたこと

【最後の感想】

①綾の変化について

②戦争や原爆について考えたこと

○初めの感想と最後の感想を比べて、自分はどんなところが変化しただろうか。

2 第４時資料　ワークシート 24-02

たずねびと　第四時　ワークシート

五年　組　名前（　　　　　　）

今日のめあて

綾の出会った物・人 → 綾の出会った物・人 → 綾の出会った物・人 → 綾の出会った物・人

綾に与えたえいきょう

綾に与えたえいきょう

綾に与えたえいきょう

綾に与えたえいきょう

○綾に一番えいきょうを与えたものはなんだろう。

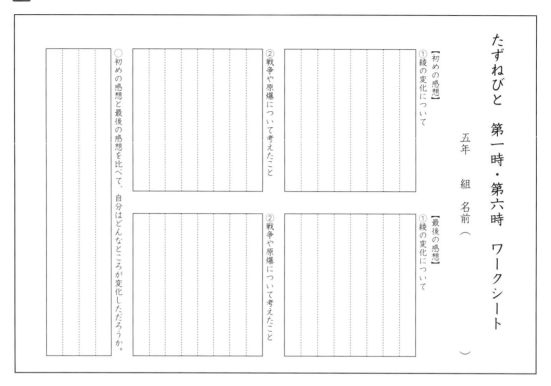

3 資料　参考WEBサイト一覧 24-03

① 原爆供養塔納骨名簿
［広島市 WEB サイト］
https://www.city.hiroshima.lg.jp/site/atomicbomb-peace/15518.html

② 原爆ドーム
［広島市 WEB サイト］
https://www.city.hiroshima.lg.jp/site/atomicbomb-peace/163434.html

③ 平和記念資料館
［広島平和記念資料館 WEB サイト］
https://hpmmuseum.jp/

①　②　③

④ 追悼平和祈念館
［国立広島原爆死没者追悼平和祈念館 WEB サイト］
https://www.hiro-tsuitokinenkan.go.jp/

⑤ 原爆供養塔
［総務省 WEB サイト］
https://www.soumu.go.jp/main_sosiki/daijinkanbou/sensai/virtual/memorialsite/hiroshima_hiroshima_003/index.html

⑥ 相生橋（あいおいばし）
［広島県 WEB サイト］
https://www.pref.hiroshima.lg.jp/soshiki/97/aioi-bridge.html

④　⑤　⑥

監修者・編著者・執筆者紹介

＊所属は令和５年11月現在。

［監修者］

中村　和弘（なかむら　かずひろ）	東京学芸大学 教授

［編著者］

井上　陽童（いのうえ　ようどう）	実践女子大学 専任講師
小木　和美（おぎ　かずみ）	東京都 大田区立田園調布小学校 主任教諭

［執筆者］　＊執筆順。

中村　和弘	（前出）	●まえがき　●「主体的・対話的で深い学び」を目指す授業づくりのポイント　●「言葉による見方・考え方」を働かせる授業づくりのポイント　●学習評価のポイント　●板書づくりのポイント　● ICT 活用のポイント
井上　陽童	（前出）	●第５学年の指導内容と身に付けたい国語力
小木　和美	（前出）	●第５学年の指導内容と身に付けたい国語力
橋本　祐樹	東京都 世田谷区立等々力小学校 主任教諭	●ひみつの言葉を引き出そう　●名前を使って、自己しょうかい／続けてみよう　●たずねびと
松江　宣彦	東京都 中野区立平和の森小学校 主任教諭	●かんがえるのって　おもしろい　●銀色の裏地
須田美和子	東京都 港区立高輪台小学校 指導教諭	●図書館を使いこなそう　●作家で広げるわたしたちの読書／モモ
浅井　哲司	香川大学 講師	●漢字の成り立ち　●新聞を読もう　●漢字の広場②
本村　文香	東京都 新宿区立愛日小学校 主任教諭	●春の空　●古典の世界（一）　●夏の夜
小林　孝行	東京都 立川市立第八小学校 主任教諭	●きいて、きいて、きいてみよう　●どちらを選びますか
佐々木恵里	東京都 武蔵野市立井之頭小学校 主任教諭	●見立てる／言葉の意味が分かること／原因と結果　●同じ読み方の漢字
渡邊　克吉	山梨県 富士河口湖町立小立小学校 教諭	●敬語　●かぼちゃのつるが／われは草なり
吉田　知美	東京都 調布市立緑ヶ丘小学校 主任教諭	●日常を十七音で　●漢字の広場①　●文章に説得力をもたせるには
清水　良	東京学芸大学附属世田谷小学校 教諭	●目的に応じて引用するとき　●みんなが使いやすいデザイン

『板書で見る全単元の授業のすべて 国語 小学校５年上～令和６年版教科書対応～』付録資料について

本書の付録資料は、東洋館出版社ホームページ内にある「マイページ」からダウンロードすることができます。なお、本書のデータを入手する際には、会員登録および下記に記載しているユーザー名とパスワードが必要になります。入手の方法は以下の手順になります。

【東洋館出版社 HP】

URL https://www.toyokan.co.jp　東洋館出版社 検索

❶東洋館出版社オンラインのトップページにある「丸いアイコン」をクリック。

❷会員の方はメールアドレスとパスワードを入力しログイン、未登録の方は「アカウント作成」から新規会員登録後ログイン。

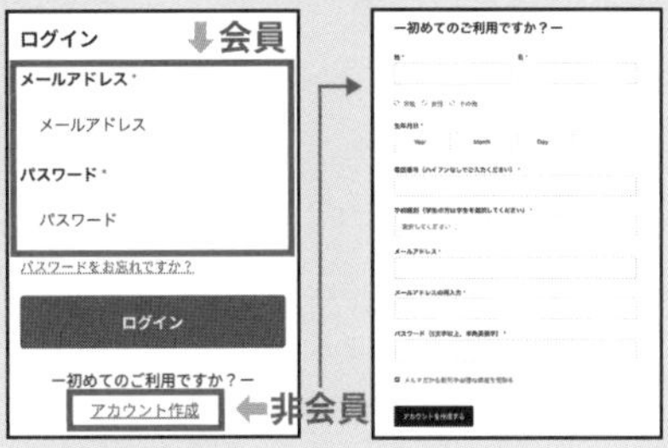

❸マイアカウントページにある「ダウンロードコンテンツ」をクリック。

❹対象の書籍をクリック。下記のユーザー名、パスワードを入力。

ユーザー名：shokoku_5j
パスワード：U8EEq6Pk

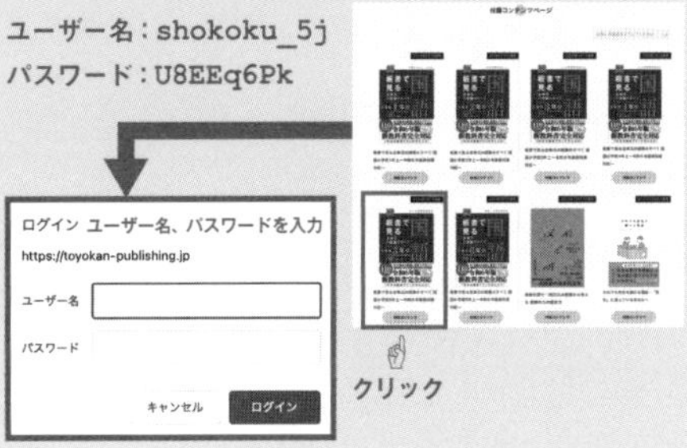

【使用上の注意点および著作権について】

・リンク先にはパソコンからアクセスしてください。スマートフォンではファイルが開けないおそれがあります。
・PDFファイルを開くためには、Adobe Readerなどのビューアーがインストールされている必要があります。
・収録されているファイルは、著作権法によって守られています。
・著作権法での例外規定を除き、無断で複製することは法律で禁じられています。
・収録されているファイルは、営利目的であるか否かにかかわらず、第三者への譲渡、貸与、販売、頒布、インターネット上での公開等を禁じます。
・ただし、購入者が学校での授業において、必要枚数を生徒に配付する場合は、この限りではありません。ご使用の際、クレジットの表示や個別の使用許諾申請、使用料のお支払い等の必要はありません。

【免責事項・お問い合わせについて】

・ファイル使用で生じた損害、障害、被害、その他いかなる事態についても弊社は一切の責任を負いかねます。
・お問い合わせは、次のメールアドレスでのみ受け付けます。tyk@toyokan.co.jp
・パソコンやアプリケーションソフトの操作方法については、各製造元にお問い合わせください。

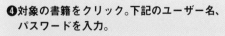

板書で見る全単元の授業のすべて
国語 小学校 5 年上
～令和 6 年版教科書対応～

2024(令和 6)年 4 月 1 日　初版第 1 刷発行

監 修 者：中村　和弘
編 著 者：井上　陽童・小木　和美
発 行 者：錦織　圭之介
発 行 所：株式会社東洋館出版社
　　　　：〒101-0054　東京都千代田区神田錦町 2 丁目 9 番 1 号
　　　　　コンフォール安田ビル 2 階
　　　　　代　　表　電話 03-6778-4343　FAX 03-5281-8091
　　　　　営 集 部　電話 03-6778-7278　FAX 03-5281-8092
　　　　　振　　替　00180-7-96823
　　　　　U　R　L　https://www.toyokan.co.jp

印刷・製本：藤原印刷株式会社

装丁デザイン：小口翔平＋村上佑佳（tobufune）
本文デザイン：藤原印刷株式会社
画像提供：PIXTA

ISBN978-4-491-05398-1　　Printed in Japan